KB242201

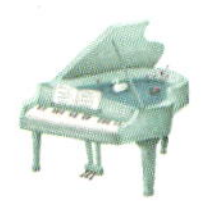

선생님,
클래식과
어떻게 친해져요?

선생님, 클래식과 어떻게 친해져요?

초판인쇄 · 2014년 9월 17일
초판발행 · 2014년 9월 24일

지 은 이 · 윤희수
펴 낸 이 · 고명진
펴 낸 곳 · 가람누리

출판등록 · 2011년 7월 29일 제312-2011-000040호
주   소 · 서울 서대문구 홍은1동 455번지 벽산아파트상가B/D 304호
전   화 · (02)396-9651~2 / FAX (02)396-9653
E-Mail · garamnuri@daum.net
홈페이지 · www.munyei.com

I S B N · 978-89-97272-17-4 (03670)

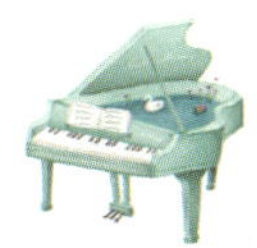

선생님,
클래식과
어떻게 친해져요?

윤희수 지음

가람누리

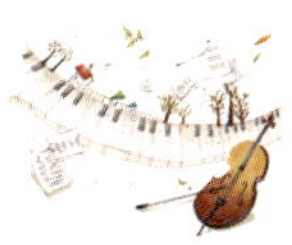

"클래식 음악과 어떻게 하면 친해지나요?"

많은 사람들이 저에게 묻곤 합니다. 그럴 때마다 저는 이렇게 대답하지요. "초등학생 때 처음 만난 친구처럼 대하면 됩니다."

무슨 뜻이냐고요? 한번 떠올려 보세요, 초등학교 입학식 날을. 처음 보는 친구들과 선생님, 그리고 낯선 교실……. 모든 것이 서먹서먹하기만 했지요. 아무리 활발한 성격이라도 이날만큼은 쥐죽은듯 조용해지게 마련이에요. 아마 옆에 앉은 짝꿍 얼굴도 자세히 보지 못했을 거예요. '학교에 왜 왔지?' 하는 생각까지 들 수도 있어요.

그런데 며칠 지나면 슬슬 상황이 달라져요. 친구들과 장난을 치다가 선생님한테 들켜서 꾸중을 듣기도 하고, 서로 어울려 운동도 하지요. 1학년 때뿐만 아니라 학년이 올라갈 때마다 첫 수업 때에는 비슷한 상황을 겪곤 해요.

자, 제가 말한 뜻이 무엇인지 알겠지요? 그러니까 클래식 음악도 처음 만

난 친구처럼 대하면 된다는 거예요. 처음엔 낯설지만, 시간이 지나면 지날수록 좋은 친구가 되거든요. 그런데 주의할 것이 있어요. 학교는 싫든 좋든 계속 나가야 하지만, 클래식 음악은 싫어지면 안 들어도 누가 뭐라고 할 사람이 없어요. 그래서 클래식 음악과 친해지기가 그리 쉬운 것만은 아니랍니다.

클래식 음악과 친해지려면 우선 자주 만나는 것이 최고입니다. 공연장을 직접 찾아가는 것이 가장 좋지만, 음반을 들어도 되고, 라디오나 텔레비전에서 클래식 음악이 나올 때 귀를 기울이는 것도 좋은 방법이에요.

그런데 무턱대고 만나면 곤란해요. 왜냐하면 좋은 친구인지 아닌지 처음부터 알아보기 힘들잖아요. 예를 들어, 좋은 친구를 알아보지 못하고 나중에 '어? 쟤 진짜 괜찮은 아이였잖아!' 하는 경우도 있으니까요. 여행을 갈 때도 미리 여행 정보를 챙기면 좋은 곳을 놓치는 일이 없지요. 클래식 음악도 정보를 어느 정도 알고 만난다면 좋답니다.

하지만 책을 통해서 완벽히 알 수는 없어요. 그리고 선입견이 생겨서 어떤 경우에는 친해지기 어려울 수도 있어요. 음악과 친구가 된다는 것은 책을 통해 음악 지식을 얻는 것이 아니에요. 음악이 전하는 감동을 만나는 것이니까 책으로는 완벽하게 알 수 없답니다. 책은 클래식 음악이라는 거대한 산의 초입에 지나지 않는 거지요.

그럼에도 저는 이 책을 통해 우리 어린이들이 클래식 음악과 친해지기를 기대하며 글을 썼습니다. 클래식 음악에 대해 알아보려고 하면 사실 어디서부터 접근해야 할지 막막한 경우가 많지요. 음악에 관한 책들을 보면 대부분

지루하고 딱딱하기 그지없고요. 그래서 저는 클래식 음악의 모든 것을 담자는 생각은 버렸어요. 거대한 산을 세세히 소개하기보다 괜찮은 등산로를 소개한다는 생각으로 책을 썼어요.

이 책에서 저는 클래식 음악에 관한 기본 상식 몇 가지를 살펴보고 모차르트와 베토벤, 그리고 여러 음악가를 다루었습니다. 모두 클래식 음악이라는 거대한 산을 이루고 있는 봉우리들이자 안내자들입니다. 장황하게 설명하지 않고 각각 주제를 정해 소개하니 짬짬이 읽어도 좋을 거예요. 오늘은 모차르트라는 봉우리를, 내일은 베토벤이라는 봉우리를 찾아간다는 기분으로 읽으면 좋겠습니다.

끝으로 이 책이 어린이 여러분의 창의력 향상에 조금이나마 도움이 되기를 기대합니다.

2014년 여름
윤 희 수

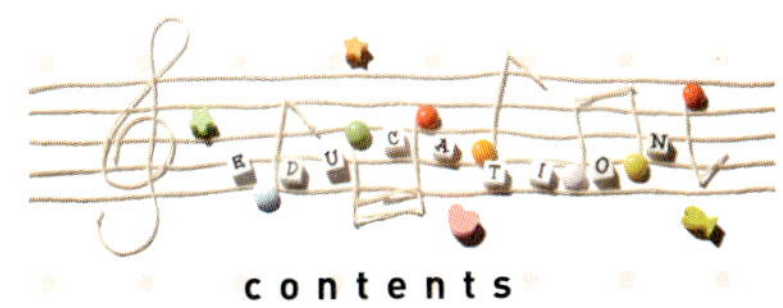

contents

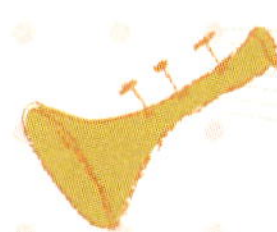

1장 클래식 음악과 친해지기

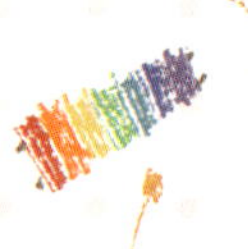

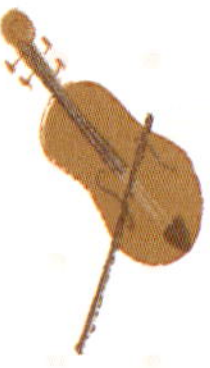

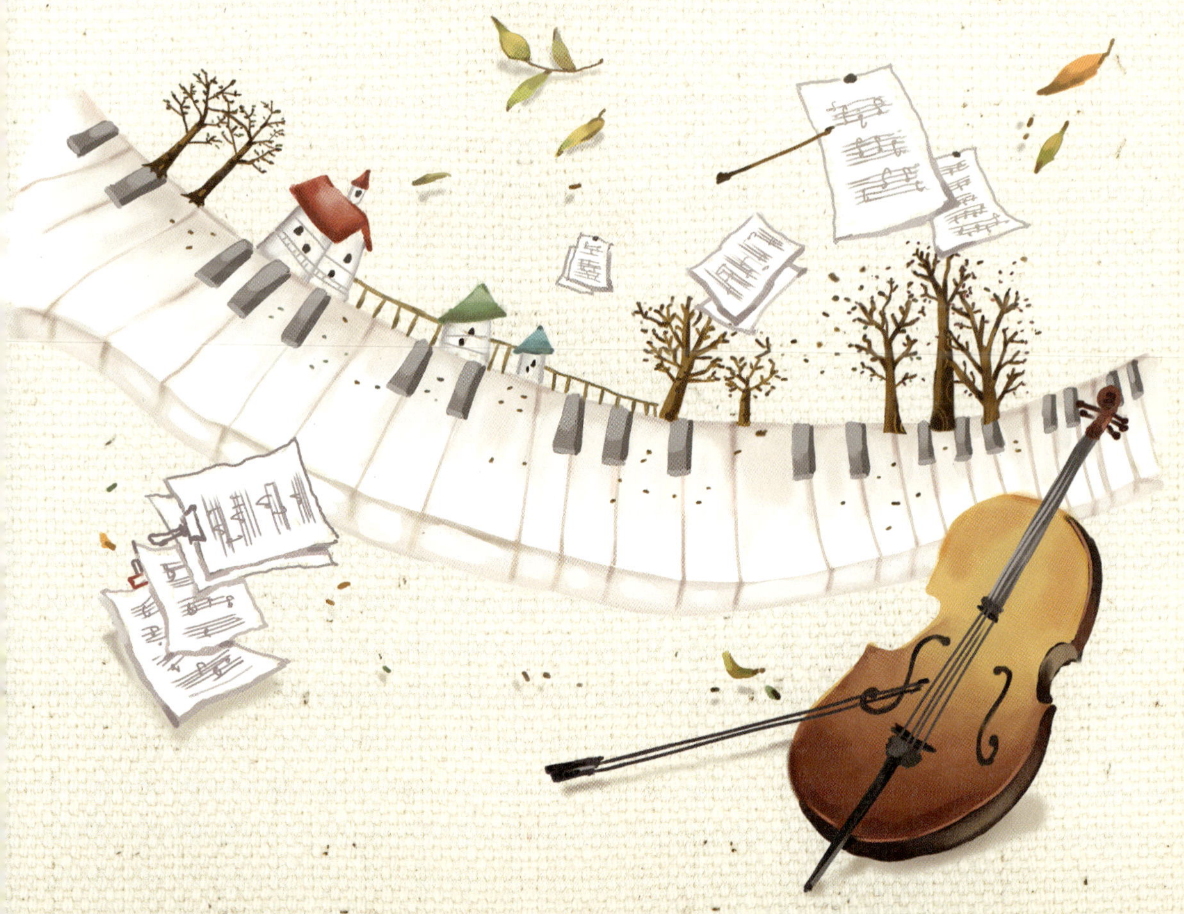

1장
클래식 음악과 친해지기

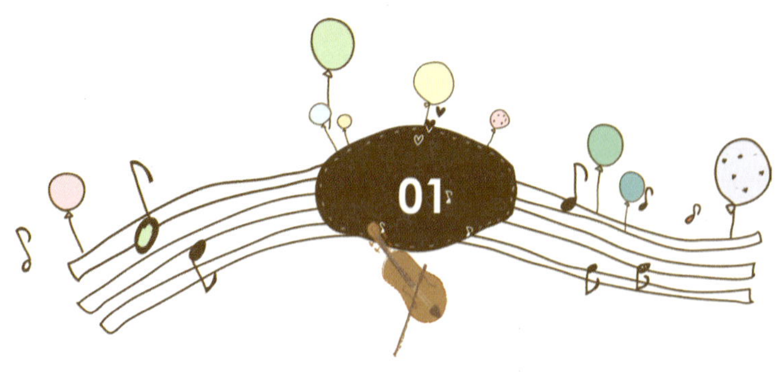

클래식 음악이 뭐예요?

세상에는 여러 음악이 있어요. 팝송, 재즈, 동요는 물론이고 찬송가나 민요, 대중가요도 다 음악이에요. 클래식 음악도 그중 하나이고요. 클래식 음악 하면 괜히 어렵게 느껴지는데, 사실 우리는 매일 클래식 음악을 듣고 있어요. 텔레비전이나 라디오, 영화, 광고에 수도 없이 나오거든요. 거리를 걷다 보면 가게에서도 흘러나오곤 하죠.

그런데 어떤 음악을 클래식 음악이라고 할까요? 먼저 클래식이 뭔지 알아야 해요. 클래식은 '클래스(class)'에서 나온 말이에요. 클래스는 '학급'을 뜻하지만 다른 뜻도 있어요. 우리는 가끔 이런 말을 하지요.

"그 사람은 우리랑 클래스가 달라!"

여기에서 클래스는 '등급'을 의미해요. 그런데 클래스는 본래 단순히 등급을 의미하는 것이 아니었어요. 고대 로마에서는 군인들이 오를 수 있는 최고 등급을 클래스라고 했거든요. 클래식 음악이라는 말은 바로 '최고 등급의 음악'이라는 뜻이에요.

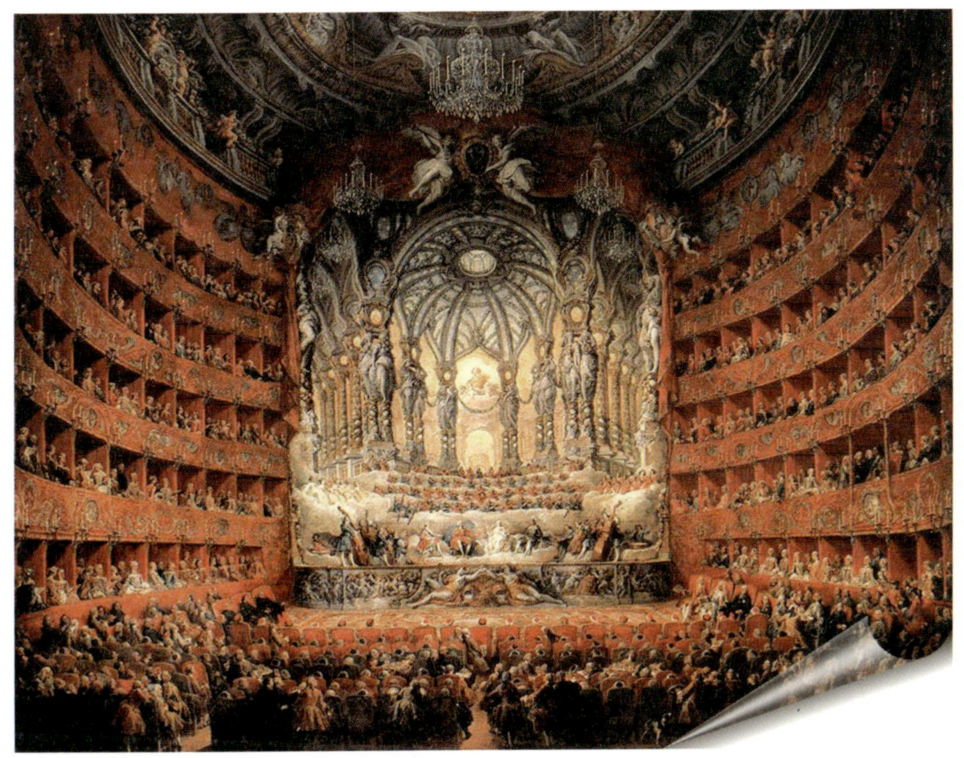

바로크 시대의 화려한 음악회

클래식 음악은 보통 '고전 음악'이라고 번역하지요. 고전은 옛날 작품 중에서 오랫동안 사람들에게 감동을 준 모범적인 것을 가리켜요. 그러니까 옛날에 만들어졌다고 다 고전이 되는 건 아니랍니다.

그리고 클래식 음악을 단순하게 고전 음악이라고 하면 곤란해요. 왜냐하면 우리나라에서 고전 음악이라고 하면 궁궐에서 연주한 궁중 음악을 가리키는 용어이기도 하거든요. 그래서 클래식 음악을 굳이 우리말로 하려면 앞에 '서양'이라는 말을 붙여야 해요. 바로 '서양 고전 음악'이 클래식 음악을 정확히 표현한 용

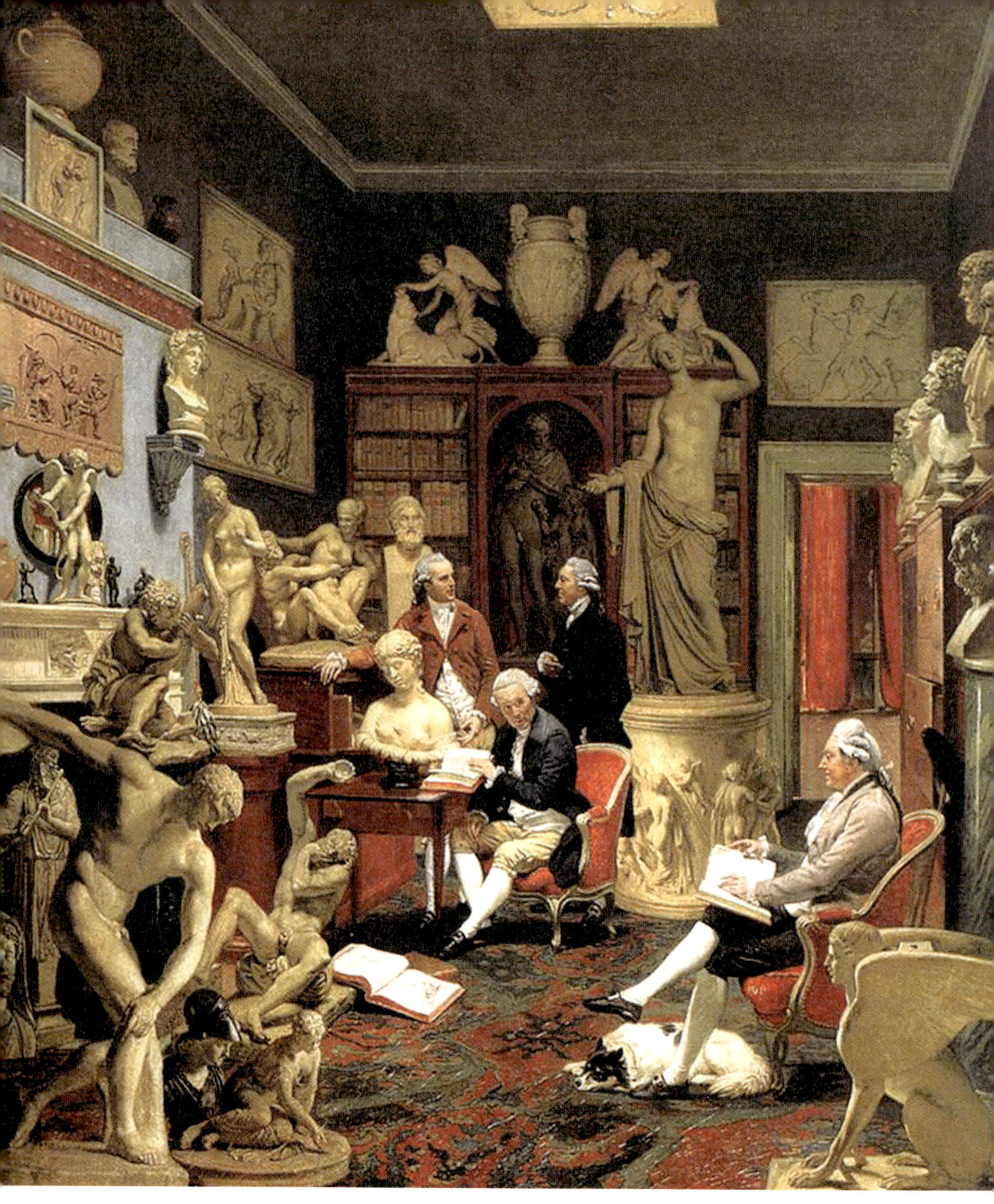

음악, 미술, 건축 등 모든 분야에서 눈부신 성과를 거둔 르네상스 시대

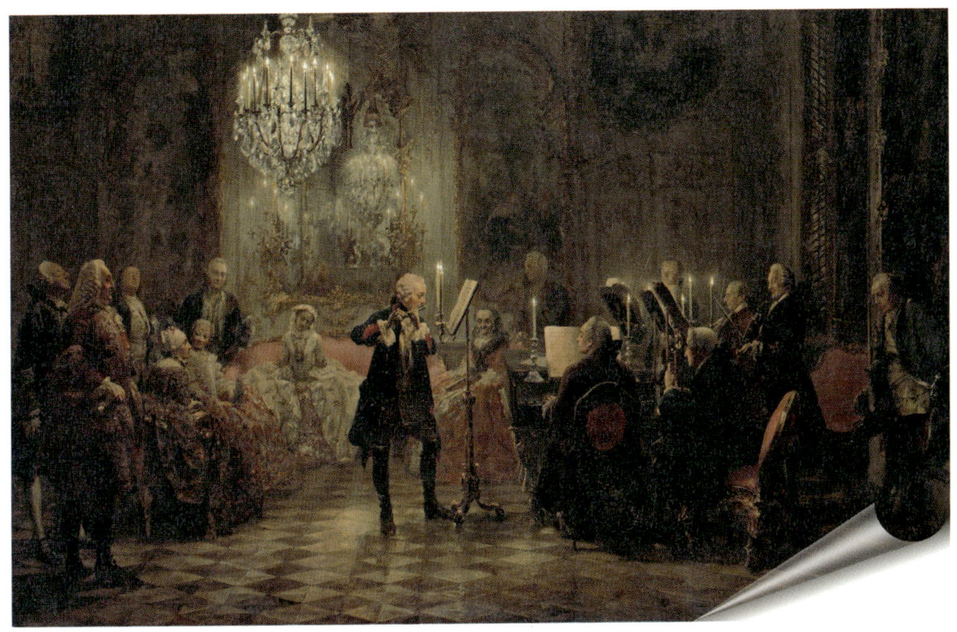

궁정에서 열린 음악회

어예요.

　그러면 어떤 음악이 클래식 음악일까요? 이것을 알려면 먼저 서양 음악의 역사를 살펴봐야 해요. 서양 음악은 오랫동안 종교 음악이 중심이었어요. 가톨릭이 천 년 동안이나 유럽 대부분을 지배했기 때문이죠. 그 시대를 중세 시대라 하고, 그때의 음악을 중세 음악이라고 불러요.

　이것이 1430년부터 슬슬 바뀌기 시작했어요. 가톨릭이 지배하기 이전, 즉 고대 그리스와 로마의 문화를 되살리려는 운동이 일어나기 시작한 것이죠. 종교가 아니라 인간 본연의 감정을 중요시하는 문화를 되찾자는 운동으로 이를 '르네상스'라고 불러요. 1430년부터를 르네상스 시대라고 하는데, 미술이나 건축보다 음악은 약간 늦어서 1450년부터 르네상스 음악이 시작되었어요.

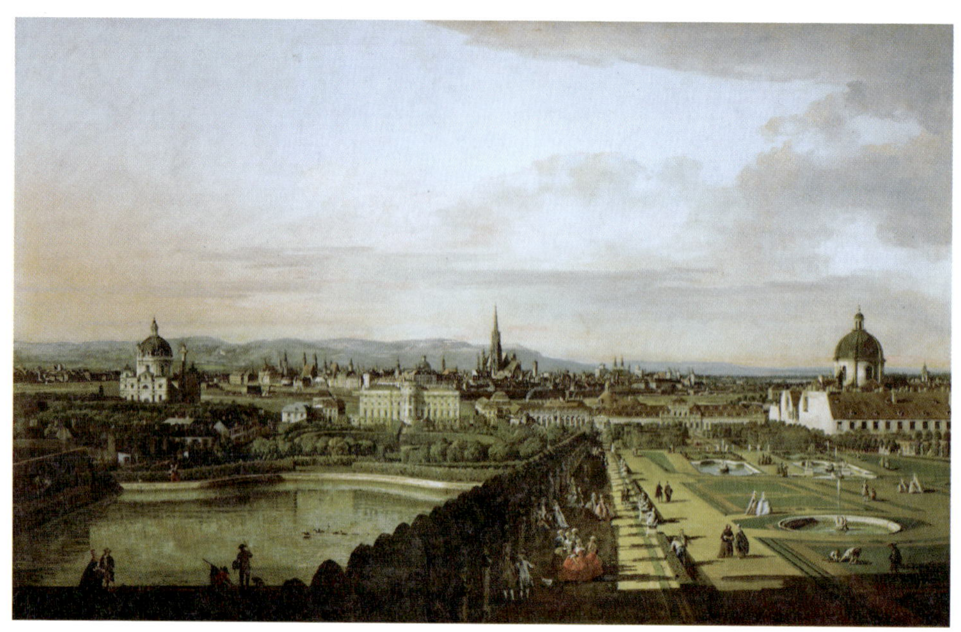

고전파 음악의 중심지 빈

　르네상스 음악은 종교로부터 벗어나려고 무던히 애를 썼어요. 시의 내용을 살린 음악이 만들어졌고, 악절과 악절이 뚜렷하게 구분되는 형식이 등장했어요. 또 소리의 울림과 높낮이가 다양해졌어요. 신에게 바치는 음악이 아니라 음악을 좋아하는 사람들을 위한 음악이 작곡되었어요. 다양한 악기도 발명되어 좀더 수준 높은 음악이 등장하기 시작했어요. 이는 분명 종교 음악보다 클래스가 높은 음악이었지요. 하지만 클래식 음악이라고는 하지 않아요. 왜냐하면 최고라는 수식어를 붙이기에는 아직 부족하기 때문입니다.

　르네상스 음악에 이어 1600년부터 또다시 새로운 음악의 시대가 열립니다. 바로크 음악이 그것이지요. 바로크 음악은 뒤에서 자세히 설명할 텐데, 간단히 말하자면 자유로운 생각을 담은 음악을 뜻해요. 바로크는 '일그러진 둥근 보석'이라는 뜻이에요. 이미 용어 자체에서 틀을 과감히 깨트리는 느낌이 나죠.

바로크 시대에 들어와 작곡 방법이 다양해지고, 특히 악기들이 중요한 역할을 하기 시작했어요. 전에는 악기라고 해야 오르간 등 몇 가지 안 되었거든요. 그런데 바로크 시대에 들어서면서 바이올린, 피아노 등 훌륭한 악기들이 개발되었어요. 드디어 최고의 음악을 만들 수 있는 여건이 마련되었고, 이때부터 음악이 확 달라지기 시작합니다.

특히 음악의 아버지와 어머니로 불리는 바흐와 헨델이 등장해 기존과는 다른 음악을 선보였어요. 여기서부터 음악은 월등히 높은 클래스에 들어가게 되었어요. 바로 클래식 음악 시대가 열린 거죠.

모차르트와 베토벤이 이끈 고전파 음악은 인류 최고의 음악으로 평가받곤 해요. 그래서 고전파 음악만을 따로 클래식 음악이라 부르기도 하죠. 고전파 음악의 뒤를 잇는 낭만파 음악은 개인의 다양한 감정을 음악으로 표현했는데, 역시 클래스가 달라요. 보통 클래식 음악이라고 하면 바로크 음악과 고전파 음악, 그리고 낭만파 음악을 통틀어 이른답니다.

음악의 역사에서 클래식 음악 시대를 표시하면 다음과 같아요. 1600년대 바로크 음악에서 1800년대 낭만파 음악이 바로 클래식 음악이에요.

아주 먼 옛날~200년	고대 음악
200~1450년	중세 음악
1450~1600년	르네상스 음악
1600~1750년	**바로크 음악**
1750~1830년	**고전파 음악**
1830~1900년	**낭만파 음악**
1900년 이후	현대 음악

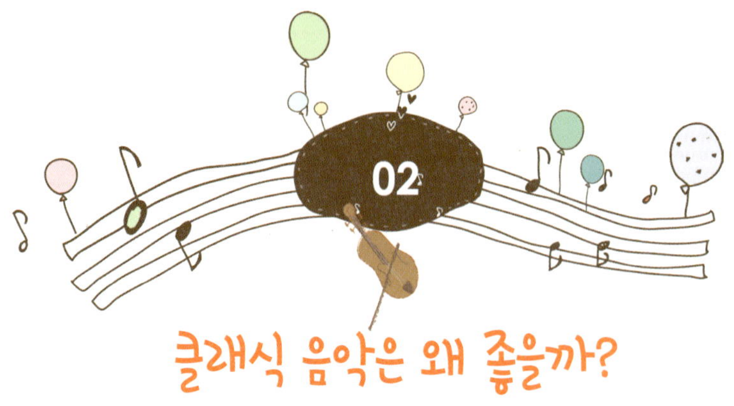

클래식 음악은 왜 좋을까?

"클래식 음악은 너무 졸려!"

이런 말을 하는 친구들이 많아요. 좋기는 한데 왠지 밍밍하다고 말하는 친구도 있고요. 자주 들어보면 분명 더 좋아할 텐데, 요즘은 너무 다양한 음악이 우리 주변에 있으니까 클래식 음악과 쉽게 친해지지 못해서 그런 것 같아요.

그런데 클래식 음악과 일부러라도 친해져야 해요. 클래식 음악을 자주 들으면 공부를 더 잘하게 되거든요. 실제로 클래식 음악을 많이 들으면 집중력이 향상되고 감성지수도 높아져요. 머리가 맑아지면 자연스럽게 공부를 전보다 더 잘할 수 있지요. 요즘 스마트폰에도 공부가 잘 되게 도와주는 클래식 음악 앱이 있을 정도랍니다.

클래식 음악이 우리에게 얼마나 좋은지 연구가 아주 활발하게 진행되고 있어요. 학교에 입학하기 전 8개월 동안 피아노를 배운 아이가 컴퓨터 게임을 즐긴 아이보다 공간 지각 능력이 45퍼센트나 더 높다든지, 모차르트의 음악을 들은 대학생들이 듣지 않은 대학생들에 비해 공간 추리력이 월등히 높아졌다든지, 음악을 들려준 식물이 그렇지 않은 식물보다 더 잘 자란다든지 하는 연구 결과가 아주 많아요.

특히 대학생들에게 모차르트 음악을 들려준 실험한 결과는 놀라워서 '모차르트 효과'라는 말까지 생겼어요. 미국 캘리포니아대학교 프랜시스 로셔 박사는 모차르트의 〈두 대의 피아노를 위한 소나타〉 D장조 K448로 실험을 했어요. 그 결과 모차르트의 음악을 들은 대학생들이 공간 추리력 테스트에서 훨씬 우수한 점수를 받았답니다. 당시 실험에 사용되었던 모차르트의 음악이 큰 화제를 모았지요. 우리나라에서도 그때 클래식 음반으로는 드물게 25만 장이나 팔렸어요.

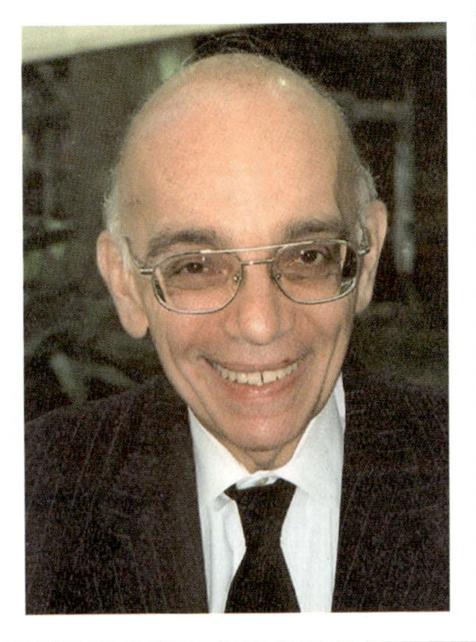

엘 시스테마 운동을 주도한 아브레우 박사

또 아이큐 테스트를 하기 전 모차르트의 음악을 들려준 그룹과 아무것도 들려주지 않은 그룹을 비교했더니, 모차르트의 음악을 들은 쪽이 훨씬 높은 점수를 기록했다고 해요. 이런 결과를 100퍼센트 믿기는 어렵지만, 클래식 음악이 얼마나 대단한가를 보여준 사례라고 생각해요.

클래식 음악은 특히 태교 음악으로 많이 쓰이죠. 엄마 뱃속에서 6개월 정도 된 태아는 정신 활동을 할 수 있는데, 이때 클래식 음악을 들려주면 태아의 정서에 아주 좋대요. 또 음악은 우울증 치료에도 효과가 있어요. 클래식 음악을 자주 들으면 알게 모르게 우리의 정신 건강이 좋아진다는 것을 알 수 있지요.

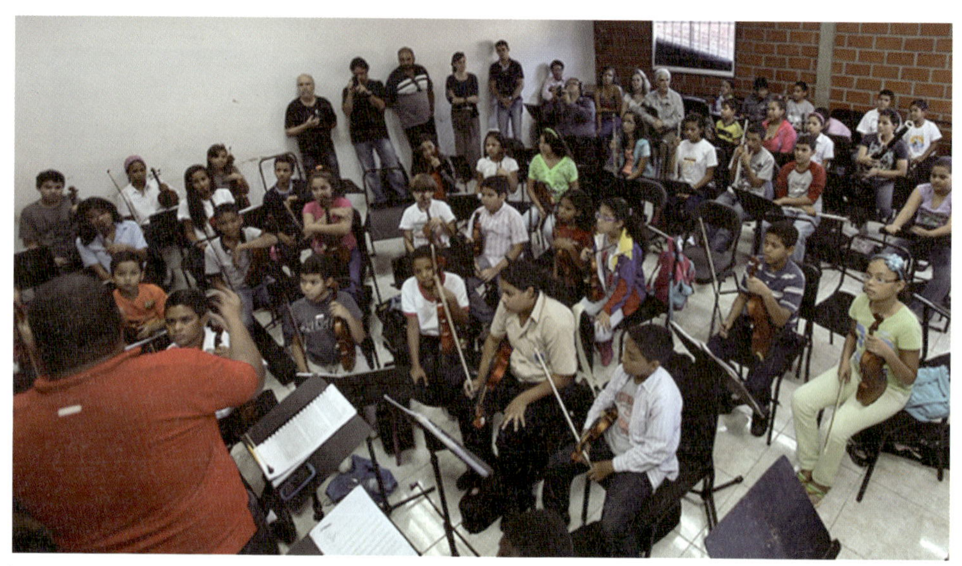

클래식 음악을 배우는 베네수엘라의 빈민가 아이들

많은 사람이 모이는 곳에 클래식 음악을 틀어서 효과를 본 경우는 아주 많아요. 영국 런던에서는 2003년부터 지하철역 40여 곳에서 클래식 음악을 들려주었어요. 그 결과 지하철 범죄가 급격하게 줄었대요. 18개월 동안 강도는 33퍼센트가 줄었고, 직원 공격은 25퍼센트, 기물 파손은 37퍼센트 이상 줄었답니다. 게다가 이들 지하철역을 이용하는 시민들의 반응도 놀라웠어요. 700명을 대상으로 설문 조사한 결과, 대다수가 출퇴근할 때 클래식 음악을 들었더니 스트레스가 해소되었다고 대답했어요. 더 나아가 행복하다고 대답한 사람도 많았답니다. 물론 아주 일부는 시끄러워 방해가 되었다고도 했지요.

클래식 음악이 얼마나 대단한 효과가 있는지 보여주는 '엘 시스테마(El Sistema) 운동'도 있어요. 이 운동은 1975년 베네수엘라의 호세 안토니오 아브레우 박사가 시작했어요. 정치가이자 경제학자인 아브레우 박사는 베네수엘라의 빈민층을 위해 무엇을 할까 고민했어요. 빈민층에서 범죄가 많이 일어나 사회적으로 문제가 되었거든요. 그는 궁리를 한 끝에 빈민가 아이들에게 클래식 음악을 가르치기로 했어요.

아브레우 박사는 우선 베네수엘라의 수도인 카라카스에서 낡은 차고를 하나 빌렸어요. 주위 사람들로부터 낡은 첼로와 바이올린 등 악기를 기부 받아서 빈민가 아이들 열한 명을 모아놓고 클래식 음악을 가르치기 시작했어요. 환경이 워낙 좋지 않은 곳에 사는 아이들이라 처음에는 적응하기 힘들어했어요. 나쁜 아이들과 어울리는 등 유혹에 빠지기 쉽잖아요.

그러나 아브레우 박사는 포기하지 않았고, 아이들은 점점 음악의 아름다움에 눈을 뜨기 시작했어요. 그들은 동생과 친구 들을 데려왔고, 자신이 직접 연주를 하면서 자신감도 얻었어요. 음악에 자신감이 붙으니 다른 과목들도 잘하게 되었다고 해요.

그렇게 30여 년이 흐른 오늘날, 엘 시스테마 운동은 전 세계로 퍼져 나갔어요. 저소득층 아이들 몇십만 명이 이 운동에 참가해 클래식 음악과 친해지고 있거든요. 이 운동 덕분에 빈민층 범죄가 많이 줄었어요. 물론 뛰어난 음악가도 많이 나왔고요.

특히 이 운동에 참가한 아이들 가운데 사회적으로 훌륭한 직업을 가진 예가 아주 많아요. 교수도 되고, 변호사나 의사 등 사회 지도층이 된 예가 수두룩하답니다. 클래식 음악이 없었다면 더러운 골목에서 나쁜 짓을 하고 있을지도 모르는 아이들이 사회에 큰 보탬이 되는 어른으로 성장한 거죠. 클래식 음악이 얼마나 대단한지 알 수 있겠죠?

클래식 음악의 가장 큰 효과는 역시 정서 순화랍니다. 부드럽고 온화한 선율이

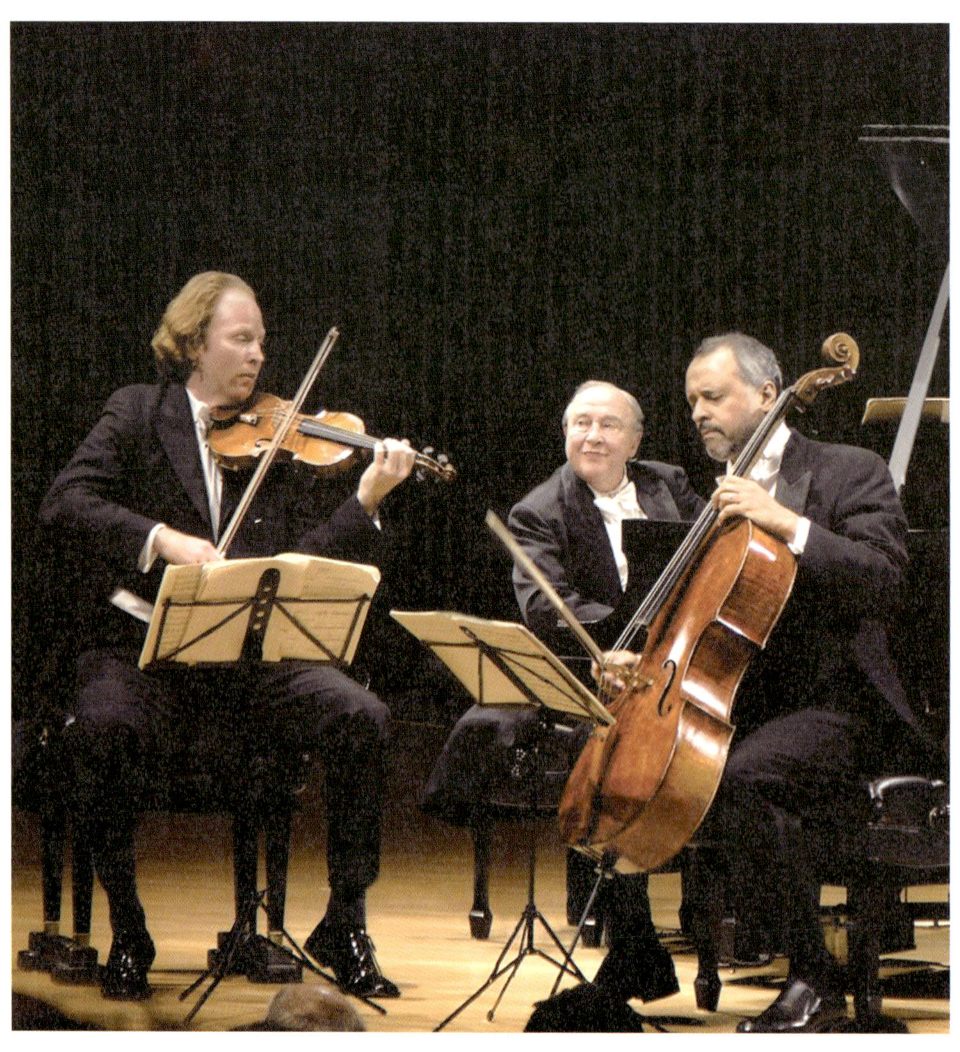

부드럽고 온화하게 가슴을 적시는 클래식 선율

불안감이나 긴장감을 해소해 주거든요. 다른 모든 것을 제쳐두고 정서 순화만 해 준다고 해도 클래식 음악과 친해져야 할 이유가 충분하죠.

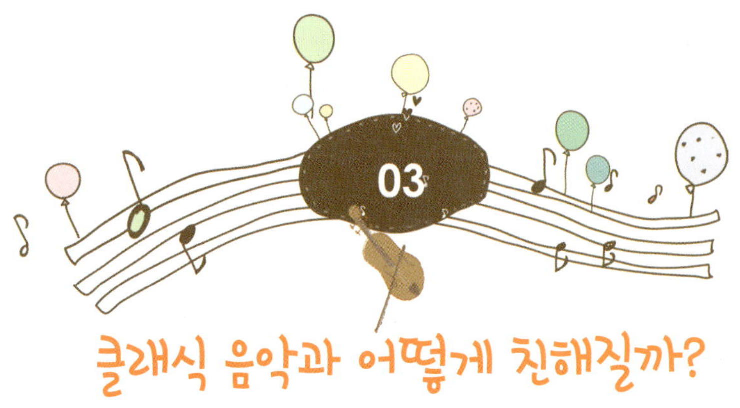

클래식 음악과 어떻게 친해질까?

새 학기가 시작되면 낯선 친구들을 많이 만납니다. 처음엔 서먹서먹하지만 한 달 두 달 지나면 서로 장난도 칠 정도로 친해지지요.

클래식 음악도 마찬가지예요. 처음엔 왠지 졸리고 따분한 음악 같아요. 그러나 자주 만나면 '이렇게 좋은 음악을 이제야 알다니!'라는 말이 저절로 나오게 됩니다. 더구나 앞에서 알아보았듯, 클래식 음악은 아주 좋은 친구입니다. 잘 사귀다 보면 여러분을 아주 훌륭한 사람으로 키워줄 거예요. 그런 친구라면 꼭 사귀어야겠지요?

자, 친구가 되기로 마음을 먹었다면 행동에 옮기도록 해요. 먼저 친구가 되려면 자주 만나는 것이 좋아요. 같은 반 친구라면 좋든 싫든 매일 만나는데, 클래식 음악이라는 친구는 같은 반이 아니니까 내가 먼저 찾아가야겠죠?

우선 클래식 음악 듣기부터 시작해 보아요. 요즘은 디지털 시대라서 특별한 장비가 없어도 얼마든지 클래식 음악을 만날 수가 있어요. 컴퓨터나 조그만 MP3 플레이어, 스마트폰으로 만나도 좋아요. 친구와 친해지려면 상대방의 말을 많이 들어줘야 하듯, 클래식 음악을 많이 들어주세요. 무슨 말을 하는지 몰라도 돼요. 그냥 소리 나는 대로 들으면 된답니다.

그리고 클래식 음악에 대해 조금은 알아야 해요. 친구를 사귈 때도 이름이 뭔지, 어디 사는지, 무엇을 좋아하는지, 가족 관계는 어떤지 조금씩 알아가잖아요. 클래식 음악을 소개하는 여러 책들이 있으니 쉬운 걸 하나 골라서 클래식 음악이 어떤 친구인지 한번 알아보는 것이 좋아요. 물론, 이 책도 좋은 안내서예요.

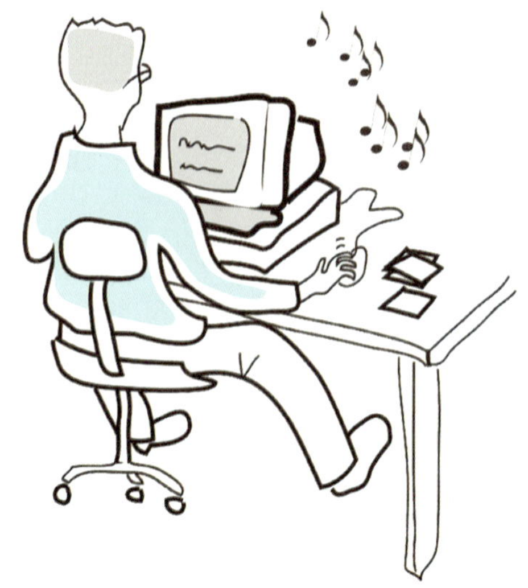

컴퓨터로도 클래식 음악을 마음껏 즐겨요.

다음은 친구와 더 친해지기입니다. 사실 한눈에 반하는 친구도 있지요. 특히 이성 친구라면 마음을 확 잡아끄는 경우도 있어요. 반면에 나는 좋은데 상대가 그저 그런 반응을 보이기도 하지요. 그럴 땐 내가 먼저 최대한 관심을 보여야 해요. 내가 얼마나 상대를 생각하는지, 지켜보고 있는지 보여준다면 분명 그 친구도 내게 다가올 거예요. 클래식 음악도 똑같아요. 자꾸 아는 체를 하세요. 어떤 음악이 나오면 '아, 모차르트 음악이네!' 하고 아는 체를 해봐요. 틀리면 어때요? 다음에 그 음악이 나왔을 때 맞히면 되는 거죠.

낯선 친구와 친해지려면 그 친구네 집에 놀러가는 것도 좋아요. 즉, 음악회에 가보는 거예요. 음악회에 가면 생생한 소리를 현장에서 직접 들을 수 있어요. 음악을 귀로만 듣는 것이 아니라 온몸의 감각기관으로 받아들이는 거예요. 요즘은

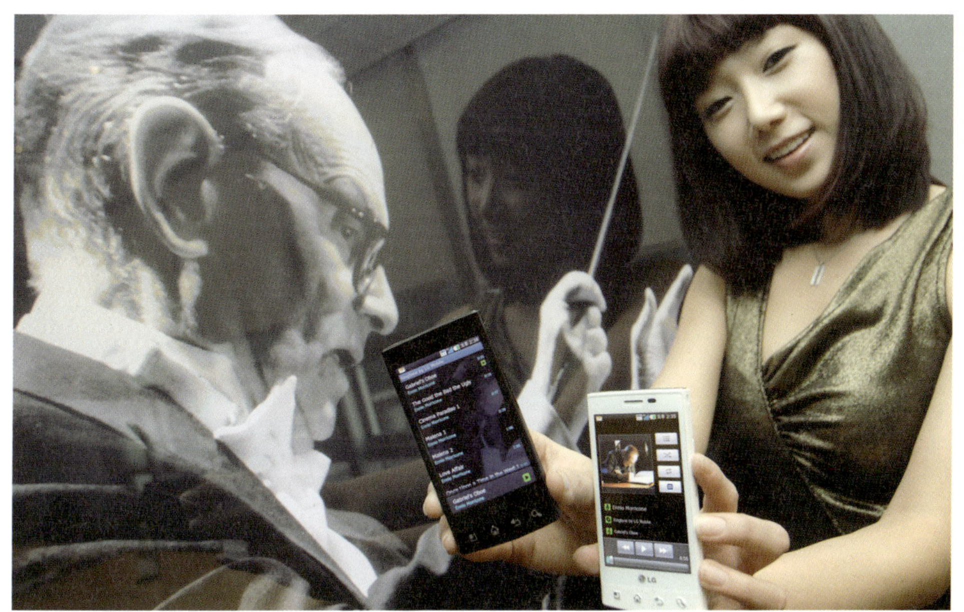

스마트폰으로 클래식 음악과 더 가까워져요.

음악회에서 연주되는 곡을 설명해주고 있어서 아주 유익하답니다. 아마 한두 번 가보면 또 가고 싶어질 것이라고 자신해요.

"그래도 클래식 음악과 친해지기 어려워요."

이런 친구가 있다면 좀더 빨리 친해지는 방법을 하나 소개할게요. 바로 모차르트와 베토벤을 먼저 만나는 겁니다. 인류 역사상 가장 위대한 음악가 두 명을 꼽으라면 바로 모차르트와 베토벤이에요. 두 사람은 수많은 곡을 남겼는데, 그중 몇 곡은 여러분도 어디선가 들어봤을 거예요. 드라마나 광고, 거리에서 수도 없이 모차르트와 베토벤의 음악을 틀어대니까요. 일단 한번 들어보면 '아, 이래서 클래식 음악을 좋다고 하는구나'라는 생각이 들 거예요. 이렇게 모차르트와 베토벤을 먼저 사귀면 클래식 음악이 좀더 친근하게 다가올 거예요.

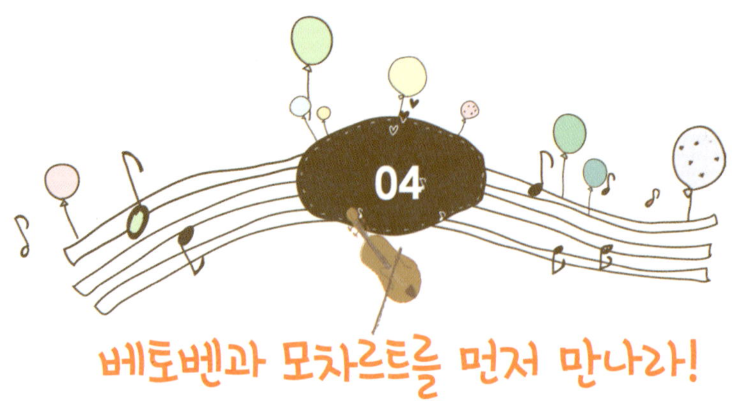

베토벤과 모차르트를 먼저 만나라!

클래식 음악가는 아주 많아요. 그중 클래식 음악과 친해지려면 모차르트와 베토벤을 먼저 사귀라고 했어요. 그 이유를 알아볼까요?

모차르트와 베토벤은 비슷한 시대를 살았어요. 모차르트는 1756년 오스트리아 잘츠부르크에서 태어났고, 베토벤은 1770년 독일 본에서 태어났어요. 모차르트가 열네 살 많지요. 두 사람은 클래식 음악을 최고 수준으로 끌어올렸고, 훌륭한 곡도 많이 남겼어요. 보통 클래식 음악이라고 하면 아예 이 두 사람의 음악을 말하기도 하죠.

모차르트는 인류 역사상 손꼽히는 천재 중 한 명이에요. 현대 과학자들은 모차르트의 아이큐가 250은 될 거라고 추정해요. 그래서 모차르트가 외계인이라는 우스갯소리도 있어요. 보통 사람은 꿈조차 꿀 수 없을 만큼 많은 곡을 남겼는데, 모두 하나같이 아름답고 훌륭하니까 모차르트를 신비하게 생각하는 거예요.

놀랍게도 모차르트는 세 살 때 피아노를 치기 시작했고, 다섯 살 때부터 작곡을 했어요. 여덟 살 때에는 그 어렵다는 교향곡을 만들 정도였지요. '음악 신동'이라

불리며 세계 각국으로 연주 여행을 다 녔답니다. 모차르트는 서른다섯 살로 짧은 생애를 마쳤지만, 어려서부터 작 곡을 시작한 까닭에 600곡이 넘는 많 은 곡을 남겼어요.

그에 비해 베토벤은 '음악의 성인'이 라고 불려요. 성인은 인간에게 붙이는 최고의 칭호지요. 예술가들 중에 성인 대접을 받는 사람은 베토벤이 유일해 요. 프랑스의 소설가인 로맹 롤랑은 베 토벤을 이렇게 평했어요.

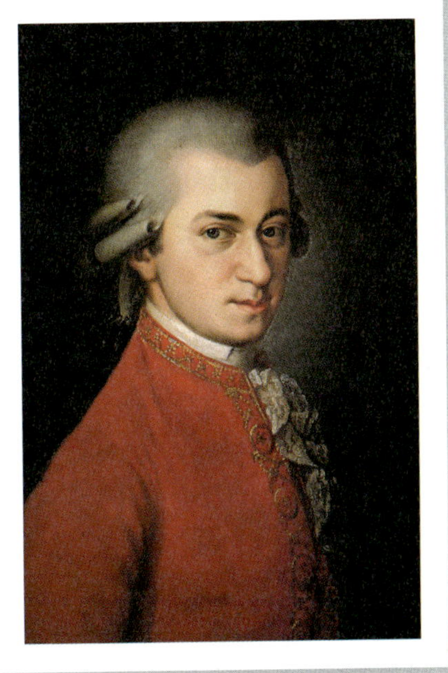

모차르트

영웅이란 오랜 세월 동안 초인적인 분투와 노력으로 고난을 극복하고 인류에게 용 기와 위안을 주는 사람이다. 그런 의미에서 베토벤이야말로 영웅 대열의 맨 앞에 설 수 있는 사람이다.

베토벤은 특히 음악가에게는 치명적인 귓병을 앓으면서도 최고의 작품을 남겼 어요. 보통 사람 같으면 일찌감치 포기했겠지만, 베토벤은 자신에게 닥친 고난을 이겨내고 인류에게 위대한 음악을 선물했습니다. 그 결과 그는 모두에게 사랑받 는 예술가로 영원히 살게 된 거죠.

모차르트와 베토벤은 몇 가지 공통점이 있어요.

첫째, 두 음악가는 어릴 때부터 음악에 관한 한 무엇이든 배우려 했고 적극적이

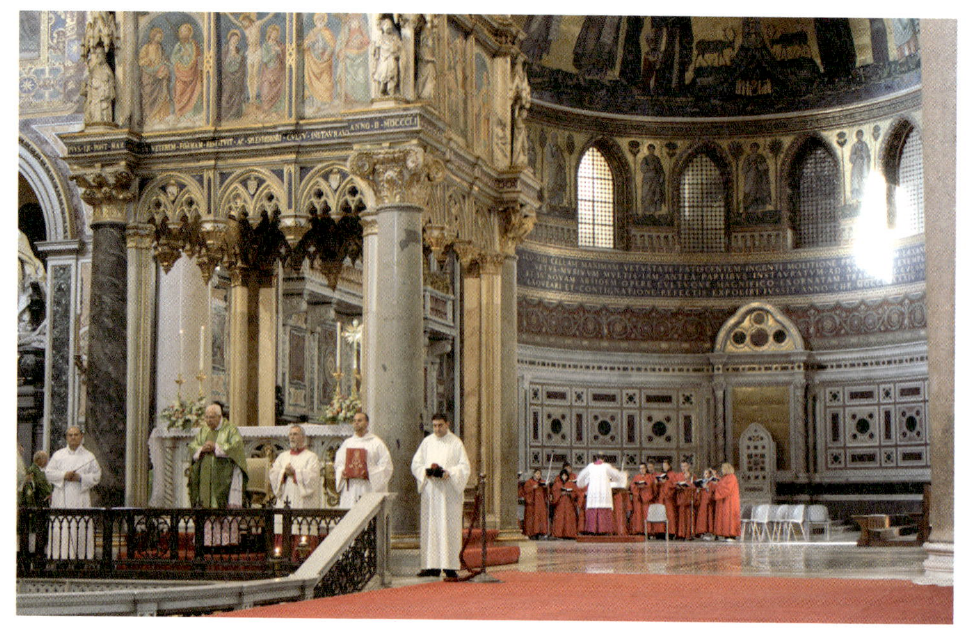

가톨릭교회의 미사

었어요. 특히 악기가 많이 개량되면서 음악이 전보다 훨씬 더 풍성해졌는데, 이들은 새로 나온 악기를 배우려고 노력했어요. 또 새로운 악기를 자신의 음악에 반영하려고 최선을 다했어요. 그 결과 이들은 전과는 아주 다른 음악을 만들어낼 수 있었어요.

둘째, 모차르트와 베토벤은 인간을 위한 음악을 하려고 했어요. 이렇게 말하면, "그럼 옛날 음악가들은 어떤 음악을 했다는 거예요?"라고 되물을지도 모르겠네요. 이것을 알려면 음악의 역사를 잘 살펴봐야 해요. 모차르트와 베토벤 이전의 음악가들은 보통 사람이 아닌 귀족들을 위한 음악을 했다고 할 수 있어요. 당시만 해도 음악이 대중적인 예술이 아니었다는 말이에요. 귀족들의 잔치나 행사에 쓰이기 위해 만들어진 음악이 많았거든요.

모차르트도 초기에는 귀족들을 위한 음악을 많이 만들었어요. 그래야 밥 먹고 살 수 있었으니까요. 그리고 종교 음악이 여전히 대세였어요. 가톨릭교회에서 사용하는 음악과 신을 찬미하는 음악이 많았답니다.

그러나 모차르트와 베토벤은 음악을 귀족들의 전유물로 생각하지 않았어요. 음악은 모든 사람들의 것이라고 생각했지요. 그래서 사실 조금 어렵게 살기도 했답니다. 귀족들이 돈을 대줘야 음악가들이 활동할 수 있는데, 더는 귀족들을 위한 음악을 만들지 않으니 수입이 줄어들었던 거죠.

셋째, 모차르트와 베토벤은 음악에 대한 자부심이 대단했어요. 사실 이들이 활동하기 전까지만 해도 음악은 다른 예술 분야에 비해 뒤떨어져 있었어요. 바흐나 헨델 같은 위대한 음악가가 나오긴 했지만, 음악은 여전히 예술의 한 분야로 확고하게 자리 잡지 못하고 있었지요. 하지만 모차르트와 베토벤은 음악도 훌륭한 예술이라 믿었고, 인간에게 큰 힘을 줄 수 있다고 생각했어요. 그런 자부심이 있었기에 음악을 만들 때 최선을 다했고, 그 결과 누구도 뛰어넘을 수 없는 명곡들을 남기게 된 거죠.

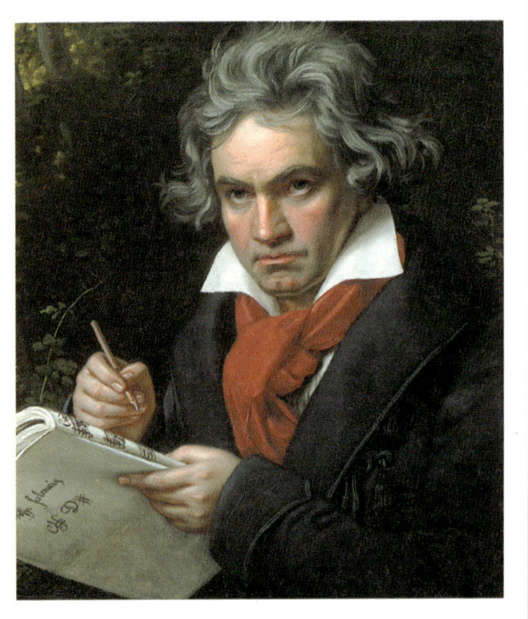

베토벤

넷째, 두 사람은 음악의 형식 중에서 가장 기본적이고 완성된 형태로 인정받고 있는 소나타 형식을 완성했어요. 또 이전부터 발전해온 교향곡과 협주곡, 현악 4중주 등의 기악 형식을 완성해서 이후 음악가들의 모범이 되었답니다.

하지만 이런 공통점들을 몰라도 우리는 모차르트나 베토벤과 먼저 친해지게 되어 있어요. 아니, 이미 그들의 친구가 되었다고 봐도 좋아요. 우리는 이미 하루에도 몇 번이나 그들의 음악을 듣고 있거든요. 길을 걷다가, 혹은 텔레비전을 보다가 이름 모를 멋진 음악을 듣게 되는데, 그중에는 이 두 음악가가 남긴 곡들이 많아요.

모차르트나 베토벤의 음악을 몇 번 들어보면 '아, 이거였구나!' 하는 부분이 여러 번 나옵니다. 그래서 모차르트와 베토벤의 음악부터 듣는 것이 클래식 음악과 더 빨리 친해질 수 있는 지름길이랍니다. 낯선 사람보다는 자주 보았던 사람과 더 빨리 가까워지는 법이잖아요.

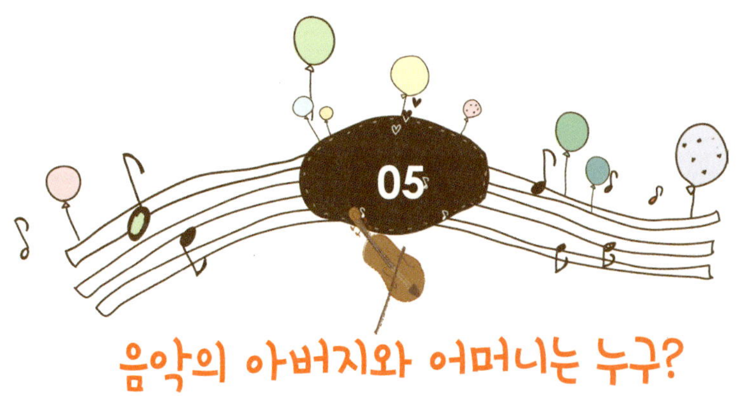

음악의 아버지와 어머니는 누구?

히포크라테스를 흔히 '의학의 아버지'라고 부르죠. 피타고라스는 '수학의 아버지'라 하고, 소설 《토지》를 쓴 박경리 작가는 '한국 현대 문학의 어머니'라고 부릅니다. 어떤 분야를 확립한 인물을 가리켜 아버지라 하고, 그에 버금가는 인물을 어머니라 부르지요.

음악에도 그런 아버지와 어머니가 있어요. 바흐와 헨델이 바로 그들입니다. 이들은 초기 클래식 음악 시대인 바로크 음악 시대를 이끈 음악가들이에요. 클래식 음악이라는 친구를 낳아준 부모인 셈이죠. 이 두 사람을 알면 클래식 음악과 더 친해질 수 있어요.

바흐와 헨델은 둘 다 독일 사람이에요. 게다가 태어난 해도 1685년으로 같아요. 바흐는 튀링겐, 헨델은 할레에서 태어났어요. 헨델은 나중에 영국으로 귀화해 영국인으로 살았지요. 두 사람은 오늘날 음악의 아버지와 어머니로 불리고 있지만, 살아생전에는 단 한 번도 만난 적이 없어요. 각각 다른 곳에서 위대한 클래식 음악을 탄생시킨 거예요.

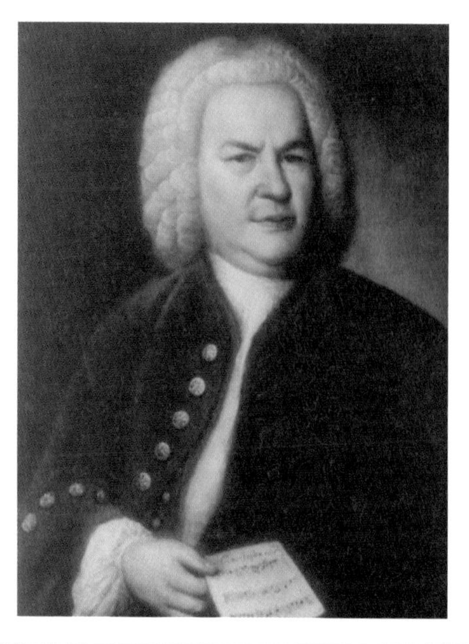

음악의 아버지, 바흐

바흐는 클래식 음악의 뼈대를 세운 사람이에요. 후세 음악가들에게 엄청난 영향을 미쳤는데, 특히 음악의 천재 모차르트는 이렇게 말했어요.

"많은 곡을 쓰고 열심히 노력했지만 난 결국 바흐를 벗어나지 못했다."

바흐의 음악은 진지하고 종교적이며 엄숙한 분위기를 띠지요. 그래서 음악의 아버지로 불리게 되었어요.

바흐는 음악가 집안에서 태어났어요. 어릴 적부터 바이올린을 배웠고, 후에 오르간 연주자로 궁정에서 일했어요. 그는 음악으로 하나님에게 평생 봉사하겠다고 맹세한 독실한 기독교인이었어요. 그래서 라이프치히에 있는 성 토마스 교회에서 27년 간 일했고, 죽어서도 그곳에 묻혔어요. 그는 가정과 종교 생활에 충실해서 독일을 떠난 적이 없어요.

결혼해서 가정을 꾸린 바흐는 자식을 무려 스무 명이나 두었어요. 그래서 늘 작곡을 하거나 음악을 가르치고 연주를 해서 가족을 먹여 살려야 했지요. 당시에는 음악가가 귀족들의 잔치에 쓰이는 음악이나 장례식에 사용될 음악을 주문받아 작곡했답니다. 요즘 기준으로 보자면 음악 기술자라고 할 수 있지요. 바흐는 어떤 주문이든 척척 만들어주는 대단한 음악 기술자였어요.

대표적인 작품으로 〈마태 수난 곡〉, 〈토카타와 푸가 d단조〉, 그리 고 《브란덴부르크 협주곡》, 《평균 율 피아노곡집》(관현악 조곡 제3번) 등이 있어요.

바흐의 음악은 만나면 만날수 록 깊이 빠져들게 하는 매력이 있 답니다. 그래서 많은 음악가들과 애호가들이 좋아하지요. 베토벤 은 바흐를 이렇게 평가했어요.

"아무리 퍼올려도 마르지 않는 풍성함 때문에 '바흐(시냇물)'가 아 니라 '메어(바다)'라고 불러야 할 것이다."

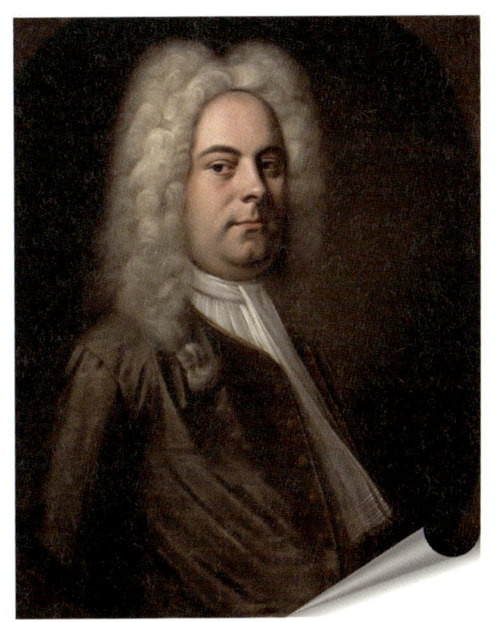

음악의 어머니, 헨델

또 아르헨티나 출신으로 독일에서 활동한 작곡가 마우리치오 카겔은 이런 찬 사를 남겼어요.

"모든 음악인이 신을 믿지는 않을 것이다. 하지만 바흐는 믿을 것이다."

현대 음악가들이 "모든 음악은 결국 바흐로 돌아간다"고 했지만, 사실 바흐는 살아생전에는 그렇게 유명하지 않았어요. 기술자가 물건을 만들듯이 음악을 만 들었기 때문에 음악을 위한 음악을 했던 것은 아니거든요. 하지만 그런 점이 오히 려 특이했고, 그래서 음악의 아버지라는 존칭까지 얻게 되었죠.

바흐가 평생을 독일에서 보낸 반면, 헨델은 일찍부터 외국을 드나들었어요.

바흐보다 더 개방적이면서 진취적인 면을 가지고 있었지요.

헨델의 부모님은 아들이 법률가가 되기를 바라셨어요. 그래서 헨델은 대학에서 법률을 공부했어요. 하지만 그는 어려서부터 음악을 더 좋아했고, 일찍부터 천부적인 재능을 보였지요. 법률을 배우면서도 음악을 놓지 않았어요. 스무 살 때부터 음악에 두각을 나타내 다음해에는 이탈리아로 유학을 갔어요. 이탈리아 피렌체와 베네치아에서 오페라 작곡가로 명성을 얻기도 했어요.

당시 독일 사람들은 오페라를 그다지 좋게 보지 않았어요. 오페라는 종교와 상관없는 남녀 간의 사랑 이야기, 전쟁 이야기 등을 주제로 하는 음악이라서 신을 모독한다고 생각했기 때문이에요. 결국 헨델은 고국인 독일을 떠나서 영국으로 건너가 음악 활동을 계속했어요. 영국에서 그는 극찬을 받으며 큰 성공을 거두었고, 여기에 힘입어 아예 영국인으로 귀화했어요. 그래서 영국인들은 헨델을 자기네 음악가로 여기고 있지요.

헨델의 유명한 작품으로는 《메시아》, 《알렉산더의 향연》, 《왕궁의 불꽃놀이 음악》 등이 있답니다.

헨델의 음악은 다분히 여성스럽기도 해요. 선율이 부드럽고 화려하거든요. 이에 비해 바흐의 음악은 고지식한 면이 있고 보수적이지요. 또 헨델은 음악으로 살림을 아주 잘했어요. 자신이 작곡한 음악을 오페라로 바꾸고 공연을 해서 많은 돈을 벌었

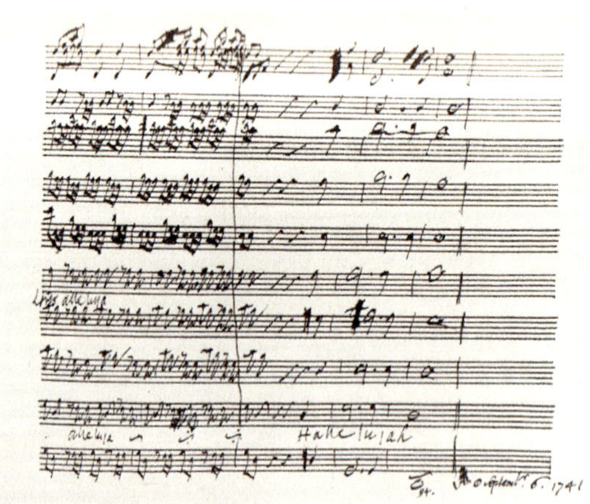

헨델의 〈할렐루야〉 악보

거든요. 이에 비해 바흐는 바르고 정직한 음악으로 교회에 봉사하는 삶을 살았어요. 이런 점들 때문에 바흐를 음악의 아버지, 헨델을 음악의 어머니라고 부르게 되었어요. 바흐가 세상을 떠난 1750년을 기준으로 바로크 음악과 고전파 음악을 구분하기도 하죠.

두 음악가는 살아가는 방식도 달랐고, 음악에 대한 생각도 매우 달랐어요. 그래서 두 사람을 한데 놓고 비

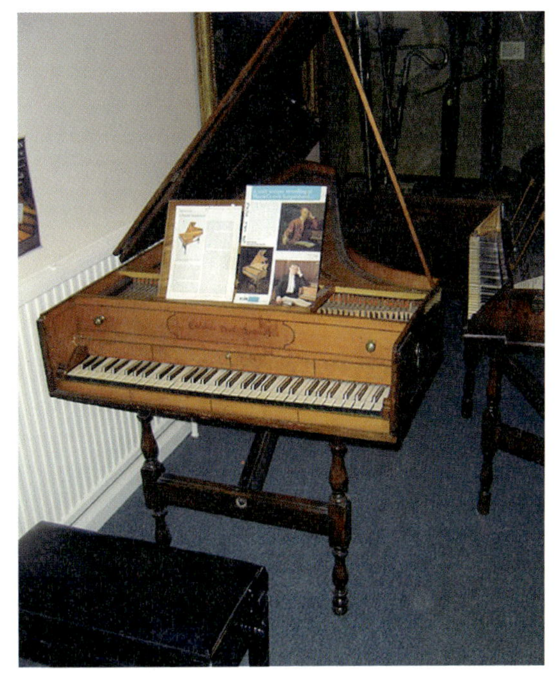

헨델의 하프시코드

교하기는 쉬운 일이 아니지요. 하지만 음악의 아버지와 어머니라는 표현은 매우 잘 어울립니다. 음악의 부모님! 좋은 친구를 만들어주셔서 정말 고맙습니다.

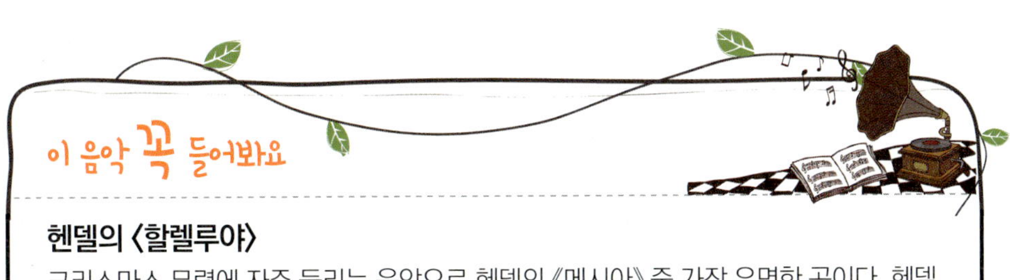

헨델의 〈할렐루야〉

크리스마스 무렵에 자주 들리는 음악으로 헨델의 《메시아》 중 가장 유명한 곡이다. 헨델은 이 곡을 만들면서 스스로 감동받아 눈물을 많이 흘렸다고 한다. 세계 3대 종교 음악으로 유명하다.

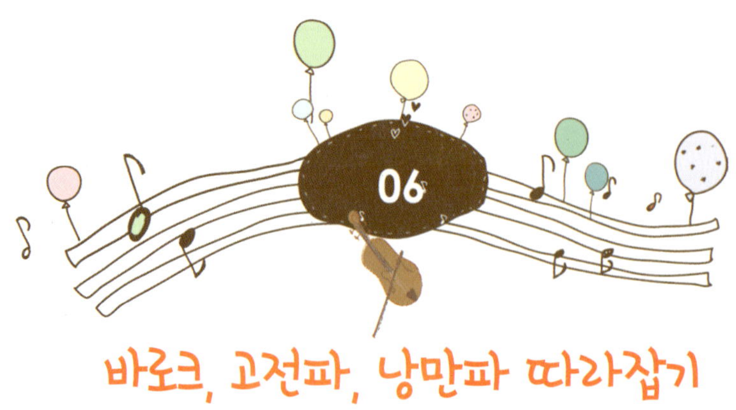

바로크, 고전파, 낭만파 따라잡기

클래식 음악은 바로크 음악, 고전파 음악, 낭만파 음악으로 이루어진다고 앞에서 소개했지요. 그런데 이런 명칭은 어떻게 붙은 걸까요? 클래식 음악을 좀 안다면 이쯤은 기본 상식이니까 여기서 한번 알아보기로 해요.

바로크는 본래 포르투갈 말로 '일그러진 둥근 보석'이라는 뜻이에요. 왜 이런 이상한 명칭이 붙었는지 궁금하죠? 이 용어는 18세기 후반에 나왔어요. 바로크 시대가 1600년부터 1750년까지 150년 간인데, 용어는 그보다 훨씬 뒤에 나온 것을 알 수 있어요. 즉, 훗날 고전파 쪽에서 보자면 그 시기의 예술은 보석이긴 한데 고전파에 비해 완성도가 좀 떨어진다는 것이죠. 또 절제와 균형을 중요하게 여긴 르네상스 시대의 음악에 비해 새로운 정신과 예술의 형태를 지향했기 때문에 붙여진 명칭이기도 해요.

바로크라는 용어는 사실 음악보다는 건축에서 먼저 쓰였어요. 이후 회화와 조각을 거쳐 음악에도 사용하면서 나중에는 비슷한 색채를 지닌 문화와 사상까지 아우르게 되었지요. 특히 바로크 시대에는 과장되고 화려한 것을 버리고 사람들

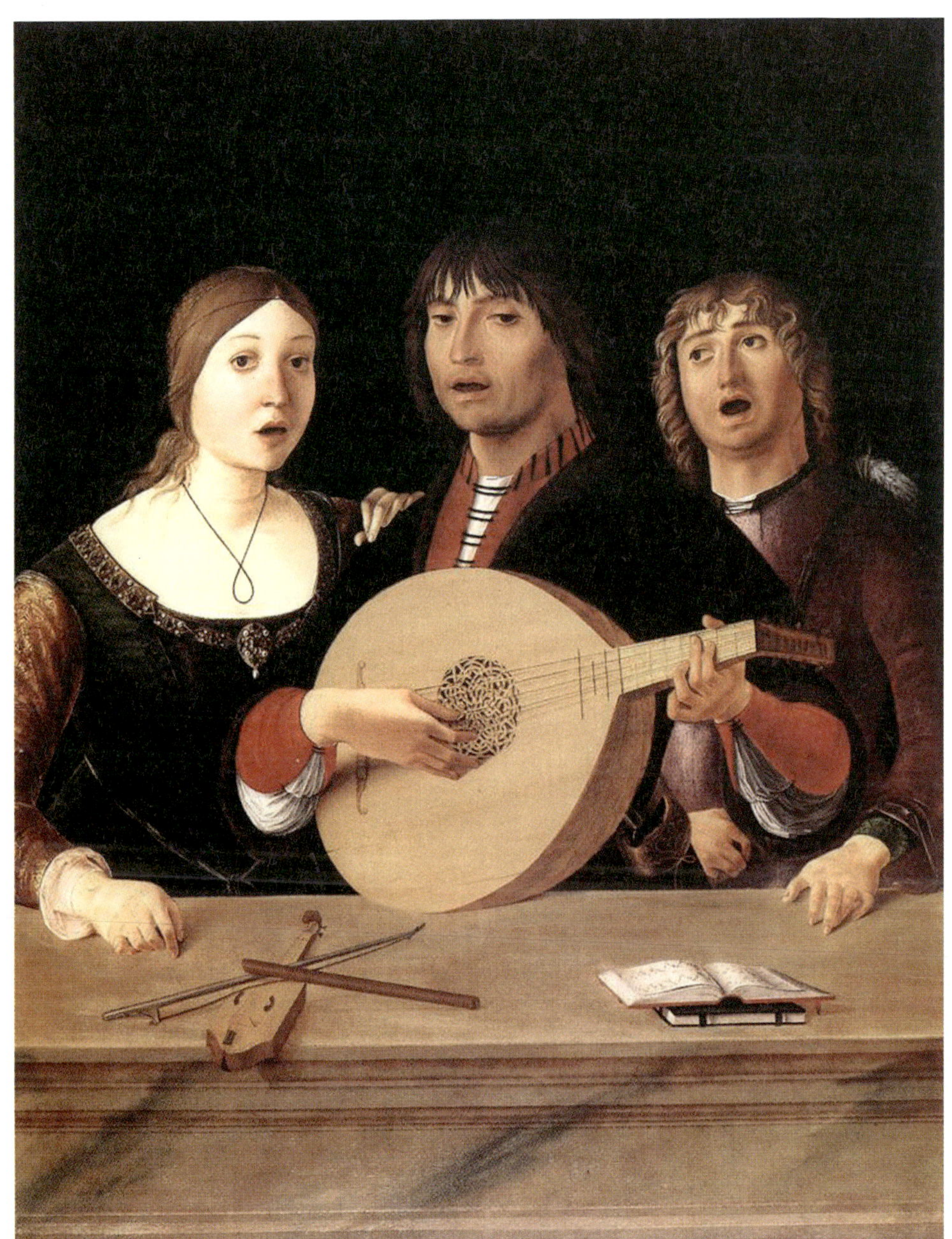

코스타 로렌조의 〈콘서트〉. 그림에 보이는 악기는 바로크 음악 시대에 큰 인기를 얻은 류트이다.

이 사는 모습 그대로를 소재로 하는 예술이 시작됐어요.

이 시기의 음악은 우선 규모가 커졌고, 웅대하면서도 극적인 면을 갖추게 되었답니다. 여기에는 파이프오르간과 합창이 큰 역할을 했지요. 특히 웅장한 중저음을 바탕으로 여림과 셈, 독주와 합주, 밝음과 어두움이 대비되는 효과를 보여줘 사람들의 감성을 더욱 풍성하게 해주었어요.

바로크 시대의 유명한 음악가로는 바흐와 헨델, 그리고 《사계》로 유명한 비발디가 있어요. 비발디에 대해서는 뒤에서 다시 알아보기로 해요.

바로크 음악의 뒤를 잇는 고전파 음악은 클래식 음악의 형식과 틀을 완성했어요. 모차르트와 베토벤이 바로 클래식 음악을 완성한 사람들이에요. 그래서 클래식 음악이라고 하면 아예 고전파 음악을 말하는 경우도 있답니다.

고전파에서 고전이라는 말이 '클래식'이라는 것은 앞에서 설명했지요. 고전이라는 말에는 최고라는 뜻이 숨어 있다는 것도 알아보았고요. 그러므로 고전이란 시대를 초월한다는 뜻을 가지고 있어요. 모범적이고 균형이 잡혀서 누구나 훌륭하다고 받아들일 수 있다는 뜻이기도 하고요.

고전이라는 말이 처음부터 시대를 구분하는 의미는 아니었어요. 고전파 음악 시대를 연 하이든과 모차르트, 그리고 베토벤의 음악이 다른 음악가들의 작품보다 수준이 한 단계 높다고 해서 붙여진 것이거든요. 물론 그들의 뒤를 잇는 음악가들에게 모범이 되었죠. 그래서 자연스럽게 그들의 작곡 방법을 잇는 사람들까지 모두 고전파라 부르게 되었고요. 이것이 음악사에서 한 시대로 자리 잡은 겁니다.

고전파 음악은 자연스러우면서도 단순하고 보편적인 것이 큰 특징이에요. 음악에서 화음을 중요하게 다루었고, 주제를 확실하게 나타냈어요. 또 교향곡과 협

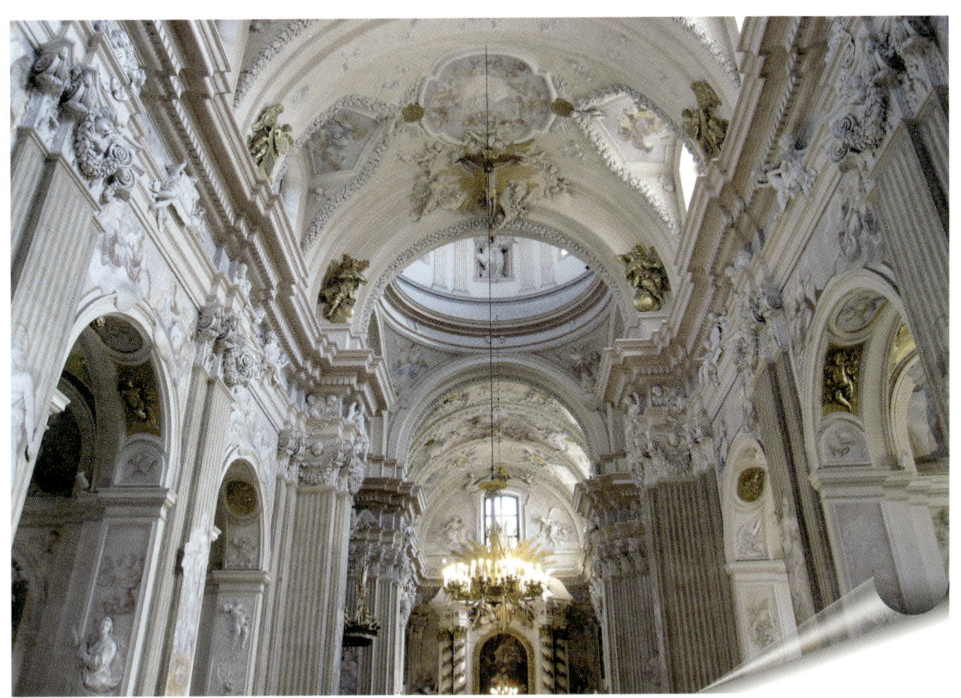

바로크 시대 건축. 화려한 장식이 특징이다.

주곡, 실내악곡이 매우 발달했지요.

　고전파 음악가로는 하이든과 모차르트, 베토벤이 대표적이에요. 이들에 대해서는 뒤에서 한 명씩 자세히 소개하겠어요.

　마지막으로 낭만파는 무슨 뜻일까요? 우리는 '낭만적'이라는 말을 자주 쓰고 있어요. 좀 멋진 말이잖아요. 꿈이 꿈틀대는 것 같기도 하고요. 낭만이라는 말은 본래 '로망스'라는 서양 말에서 왔어요. 중세 시대에 로망스는 영웅의 이야기나 환상적인 이야기 또는 시를 뜻했어요. '낭만을 찾는다'는 말이 '꿈과 환상을 갖는다'

는 뜻으로 쓰이는 것은 그 때문이지요.

낭만파 음악은 바로 그런 생각을 담은 음악이에요. 고전파가 형식과 틀을 완성했다면, 낭만파는 그 형식과 틀을 깨고 나온 음악이지요. 그래서 훨씬 더 자유로우면서도 열정이 담겨 있어요. 고전파 음악이 이성적이었다면 낭만파 음악은 감성적이라고 표현하죠.

음악의 세계도 낭만파에 들어서면서 많이 바뀌게 됩니다. 교향곡과 관현악곡이 주를 이루던 고전파에 비해 소품이나 자유로운 기악곡이 많아졌어요. 문학과 미술, 자연을 음악으로 많이 표현했고, 작곡가나 연주자가 스타로 떠올라 사람들의 사랑을 받았어요.

낭만파 음악가는 아주 많아요. 가곡으로 유명한 슈베르트, 피아노의 시인 쇼팽 그리고 리스트, 멘델스존 등등. 음악가 개개인의 삶과 작품에 대해서는 뒤에서 자세히 다룰 거예요.

바로크와 고전파, 낭만파 이 세 가지 용어를 아는 것은 클래식 음악이라는 친구가 과연 어디에서 태어났는지, 그리고 어떤 모습을 하고 있는지 알게 해주는 좋은 정보랍니다.

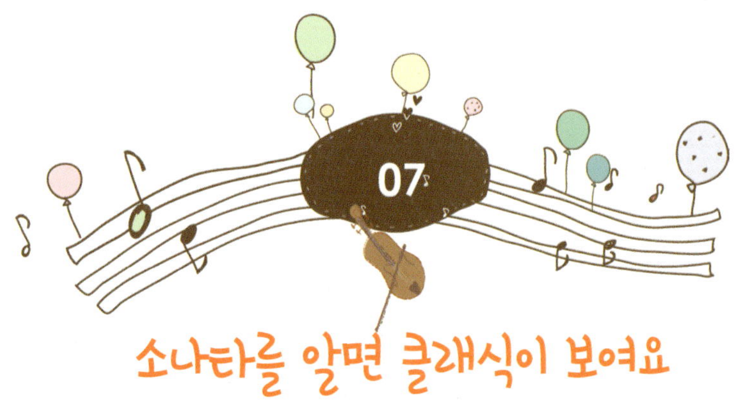

소나타를 알면 클래식이 보여요

　자, 이제부터 본격적으로 클래식 음악과 사귀어볼까요? 먼저 클래식 음악 중 소나타라는 친구에 대해 알아보아요. 소나타는 클래식 음악에서 가장 기본이 되는 음악 형식이랍니다.

　소나타, 어디서 많이 들어본 것 같지 않나요? 바로 자동차 이름이기도 해요. 자동차 이름을 클래식 음악의 한 장르에서 따왔다니 놀랍지요. 그런데 이와 비슷한 예가 상당히 많답니다. 커피 음료 '칸타타'도 바로 음악 용어에서 이름을 빌려왔어요.

　소나타는 이탈리아 말 '수오나레'에서 유래했어요. 이 말은 '악기를 연주한다'는 뜻이에요. '노래한다'는 뜻을 지닌 칸타타와 상대적인 개념이죠. 소나타가 음악의 한 형식을 뜻하게 된 것은 악기가 매우 중요한 역할을 한다는 것을 말해요. 그러니까 소나타는 훌륭한 연주가 우선이 되는 음악이랍니다.

　소나타는 고전파 음악 시대에 들어와서 아주 많이 만들어졌어요. 그만큼 악기가 개량되어서 성악을 하지 않고도 훌륭한 음악이 되었다는 것을 말하죠. 보통 하나의 악기를 위한 독주 소나타와 두 개의 악기를 위한 2중주 소나타가 있어요. 독주 소나타는 피아노를 위한 소나타가 많아요. 바이올린, 첼로 등을 위한 소나타는 대부분 피아노가 같이 연주하는 2중 소나타예요. 이것을 바이올린 소나타, 첼로 소나타라고 부르죠. 피아노 없이 바이올린이나 첼로가 단독으로 연주하는 소나타는 무반주 바이올린 소나타, 무반주 첼로 소나타라고 불러요.

소나타는 보통 4개의 악장으로 이루어지는데, 3악장이나 2악장으로 구성된 것들도 있어요. 교향곡은 오케스트라를 위한 소나타, 협주곡은 독주자와 오케스트라를 위한 소나타라고 할 수 있어요.

소나타와 함께 소나타 형식이라는 용어도 아주 중요해요. 소나타는 여러 개의 악장으로 구성되는 기악곡을 말하고, 소나타 형식은 소나타 1악장에 예외 없이 쓰이는 형식을 말합니다. 다음 그림은 소나타의 형식을 나타낸 거예요.

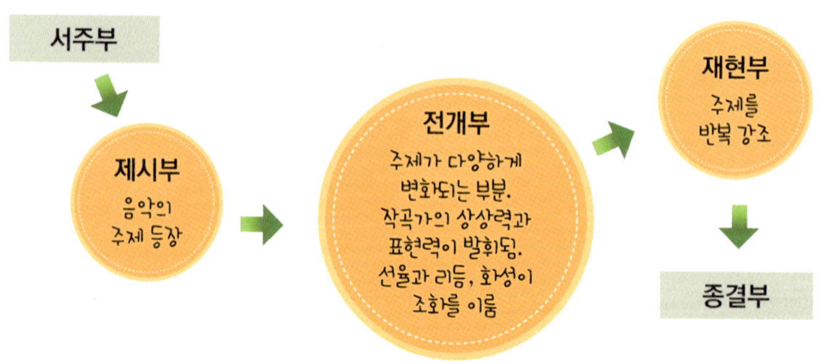

하나의 곡이 마치 소설처럼 전개되는 것을 볼 수 있어요. 이런 형식은 음악을 듣는 사람들에게 더 큰 즐거움을 주었어요. 흔히 사랑하는 남녀 사이에 서로 밀고 당기는 것을 두고 '밀당'이라고 하잖아요. 그런 느낌이 소나타라는 음악에 있어요.

소나타에는 서주부와 종결부가 있는데, 이 부분이 없는 경우도 많아요. 하지만 제시부와 전개부, 재현부는 반드시 들어간답니다. 제시부는 음악의 주제를 보여주는 부분이에요. '이런 이야기를 음악으로 연주합니다'라고 말하는 것과 같아요. 전

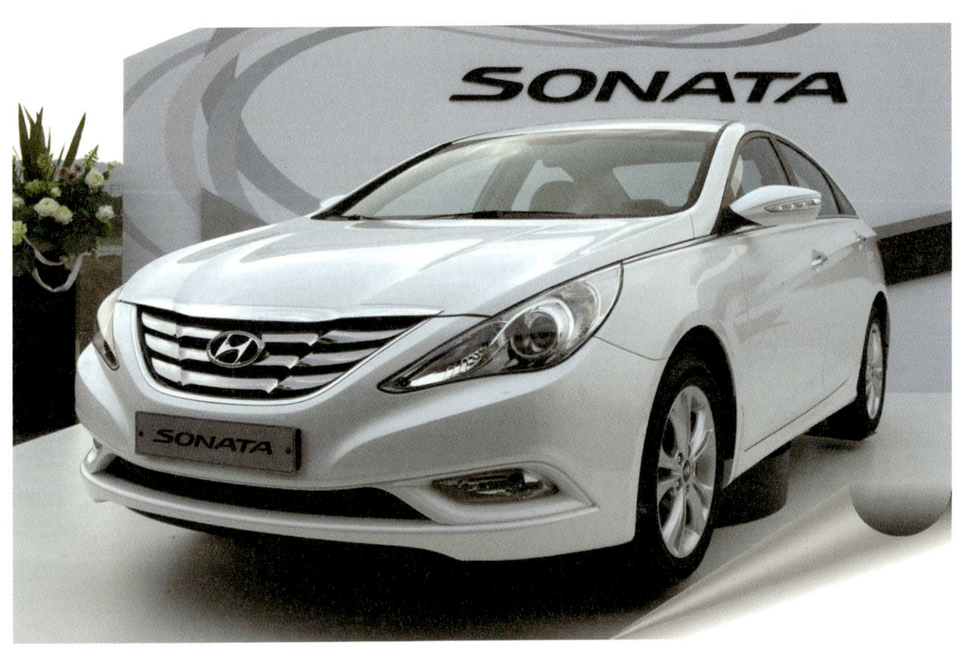

자동차 이름으로도 유명한 '소나타'

개부에서는 그 주제를 다양하게 표현해요. 불안함이나 갈등, 후회, 발전, 변주 등 다양한 변화를 시도합니다. 이 부분에서 음악가의 상상력과 표현력이 발휘되지요. 마지막 재현부는 앞의 주제를 다시 한 번 강조하는 부분이에요. '이러이러한 이야기를 했으니 꼭 기억하세요'라고 말하는 것과 같아요.

이런 형식은 사실 문학에서는 매우 오래전부터 시도되었어요. 고대 그리스나 로마 시대의 작품은 대개 1~3부로 구성되었어요. 1부에서 이야기를 시작하고, 2부에서 내용을 전개하며, 3부에서 결론을 맺는 식이지요. 연극도 3막극이 대세였고요. 이러한 3부 구성은 이야기가 어떻게 전개되는지 대략 알 수 있어요. 그래서 중간에 들더라도 내용을 충분히 이해할 수 있지요. 옛날부터 사람들은 이런 형식에 친

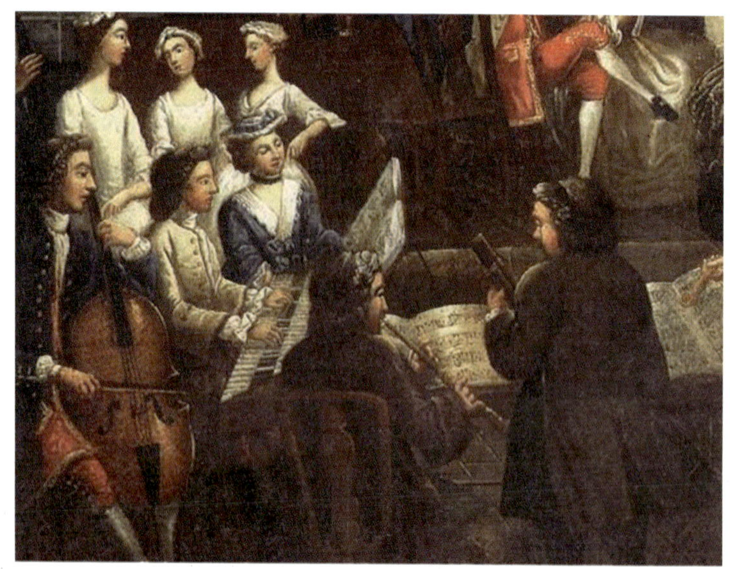

바로크 시대의 트리오 소나타

숙했는데, 음악에도 생겼으니 얼마나 듣기 좋았겠어요?

소나타 형식은 금세 클래식 음악의 중요한 부분으로 자리를 잡았어요. 바이올린 소나타는 물론이고, 교향곡과 협주곡에서 1악장과 4악장은 꼭 소나타 형식이 들어가게 되었거든요.

소나타와 소나타 형식에 대해 먼저 소개한 것은 클래식 음악과 친해지는 데에 매우 중요한 개념이기 때문입니다.

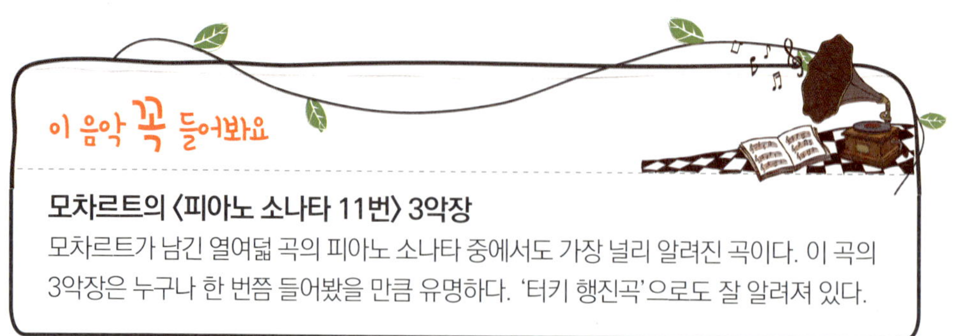

모차르트의 〈피아노 소나타 11번〉 3악장
모차르트가 남긴 열여덟 곡의 피아노 소나타 중에서도 가장 널리 알려진 곡이다. 이 곡의 3악장은 누구나 한 번쯤 들어봤을 만큼 유명하다. '터키 행진곡'으로도 잘 알려져 있다.

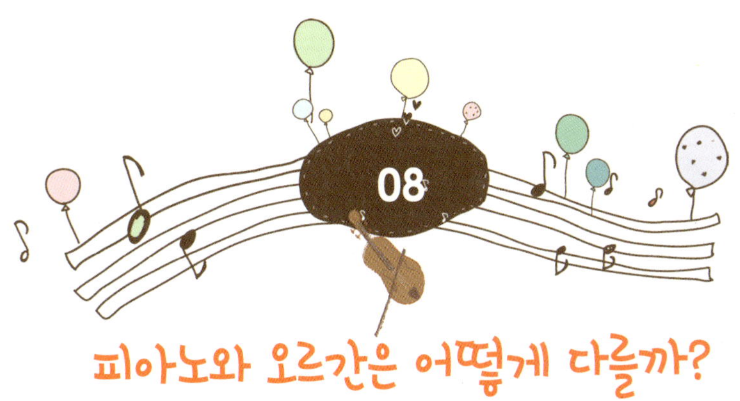

피아노와 오르간은 어떻게 다를까?

자, 이번에는 악기와 한번 친해져 볼까요? 악기 중 가장 친숙한 것은 역시 피아노예요. 여러분 중에도 피아노를 배운 친구들이 꽤 많지요. 동네 골목마다 피아노 학원이 들어서 있을 정도로 피아노를 배울 기회가 많아졌어요.

피아노하고 비슷한 악기로 오르간이 있어요. 오르간은 평소에는 보기 어렵지만 교회에 가면 쉽게 볼 수 있지요. 한눈에 봐도 피아노보다는 좀 커 보이는데, 사실 겉으로만 보자면 피아노와 아주 비슷합니다.

피아노가 워낙 흔해서 더 오래된 악기라고 생각하겠지만, 오르간이 훨씬 오래된 악기예요. 오르간은 고대 그리스의 수학자이자 발명가인 크테시비오스가 기원전 265년에 물을 이용해 만든 시링크스가 원조예요. 역사가 굉장히 오래되었지요. 이에 비하면 피아노는 역사가 300여 년밖에 안 된 젊은 악기랍니다.

300여 년 전 이탈리아의 크리스토포리가 쳄발로라는 악기를 개량해 피아노를 만들었어요. 크리스토포리가 세상에 처음 내놓은 피아노는 "이런 걸로 어떻게 연주를 해?"라고 할 정도로 형편없었다고 해요. 그것이 앞으로 음악계를 지배할 것

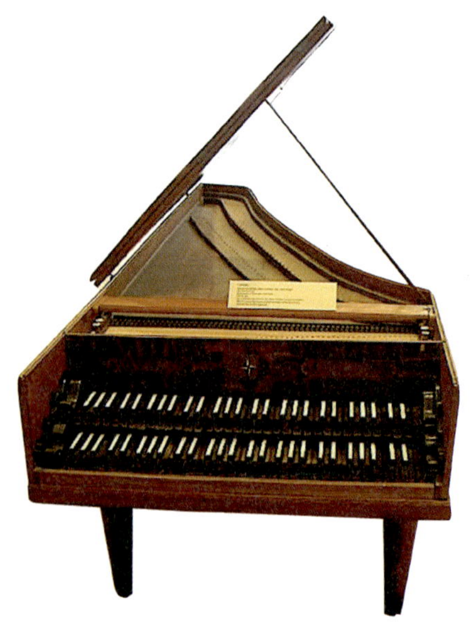

첨발로

이라고는 누구도 예상하지 못했죠. 그가 제작한 피아노는 현재 석 대가 남아 있다고 합니다.

또 이와는 별도로 다른 건반악기도 많이 개발되었어요. 피아노의 조상이라고 할 수 있는 해머클라비어, 클라비코드, 스피넷, 버지널 등의 건반악기를 개조해서 피아노를 개발한 거예요.

처음에는 피아노를 피아노포르테라고 불렀어요. 여기서 피아노는 '여리게', 포르테는 '세게'를 뜻하는 말이에요. 즉, 피아노는 센 음과 여린 음을 동시에 낼 수 있는 악기라는 의미를 지니고 있습니다.

그러면 간단히 피아노의 역사를 정리해 볼까요?

피아노의 역사

- **버지널** : 탁상 위나 무릎 위에 놓고 치는 건반악기로 15세기경에 만들어졌다.
- **스피넷** : 15세기 말에 발명되어 18세기 말까지 애용된 건반악기로 쳄발로의 일종이다.
- **쳄발로** : 1500년대 이탈리아에서 만들어졌다. 소리가 맑고 깨끗해 바로크 시대에 널리 사용되었다. 영어로는 하프시코드라고 한다.
- **피아노포르테** : 1709년 이탈리아의 크리스토포리가 쳄발로의 몸체를 사용하여 만들었다. 이것이 피아노의 시초이다.
- **해머식 피아노** : 1773년 독일의 슈타인과 슈트라이허 등이 해머를 이용한 피아노를 만들

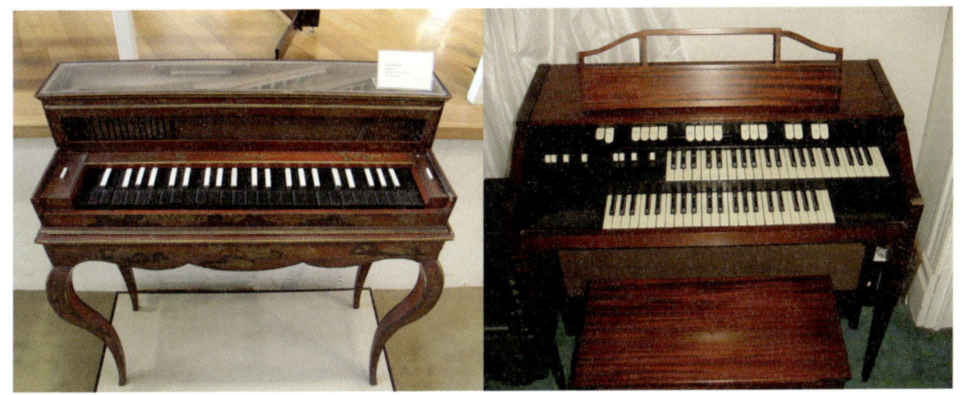

버지널스피넷

었다.

- **영국식 피아노** : 1795년 브로드우드 등이 독일 피아노의 영향을 받아 영국식 피아노를 만들었다.

- **그랜드 피아노** : 1821년 영국에서 피아노를 제작하던 프랑스인 에라르가 발명했다.

피아노의 역사는 비록 짧지만 클래식 음악에서 가장 중요한 악기의 하나로 자리 잡았지요. 협주곡에 반드시 들어가는 악기가 되었고, 오로지 피아노를 위한 곡도 만들어질 정도였으니까요. 그러니까 클래식 음악과 친해지려면 피아노를 조금은 알아둬야 한다는 이야기입니다.

여기에서 또 하나 알아둘 것은, 피아노와 오르간이 전혀 다른 악기라는 사실입니다. 겉은 비슷해도 속은 완전히 다른 악기예요. 피아노나 오르간이나 다 건반을 눌러서 소리를 내는 건 같아요. 그런데 피아노는 건반과 연결된 망치가 줄을 쳐서 소리를 내고, 오르간은 파이프를 진동시켜서 소리를 내요. 파이프를 진동시킨다는 것은 피리처럼 울린다는 것이에요. 오르간은 피아노와 흡사하지만 기능은 피

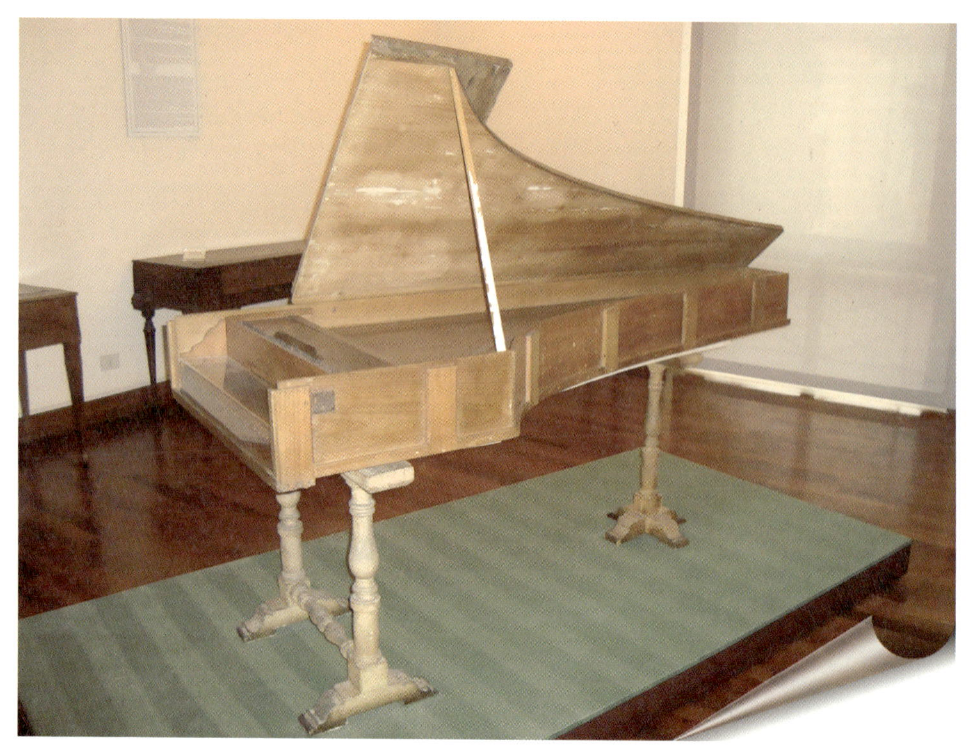

크리스토포리가 만든 피아노포르테

리 같아요.

　이왕 악기를 알아보는 김에 악기 분류도 해볼까요? 보통 악기는 관악기와 현악기, 타악기로 나뉘지요. 관악기는 공기의 진동에 의해 소리가 나는 악기로 나팔과 피리, 클라리넷, 색소폰, 오보에, 트럼펫, 트롬본, 호른 등이 있답니다. 현악기는 현, 즉 줄로 소리를 내는 악기예요. 바이올린, 비올라, 첼로, 기타, 하프 등이 대표적이지요. 타악기는 북처럼 두드려서 소리를 내는 악기로 실로폰, 탬버린, 트라이앵글 등이 있습니다.

그렇다면 피아노와 오르간은 어떤 악기일까요? 우선 건반을 두드리는 걸로 보면 둘 다 타악기의 성격을 갖고 있지요. 또 피아노는 줄을 쳐서 소리를 내므로 현악기이기도 하고, 오르간은 진동을 시켜 소리를 내니까 관악기이기도 해요. 그래서 피아노를 타현악기라도 하지요. 하지만 오르간은 타관악기라고 하지는 않는다는 점 알아두세요.

그리고 한 가지만 더! 바로크 시대에는 오르간이 주름을 잡았고, 고전파 시대는 피아노의 전성시대였다는 것도 꼭 알아두기 바랍니다.

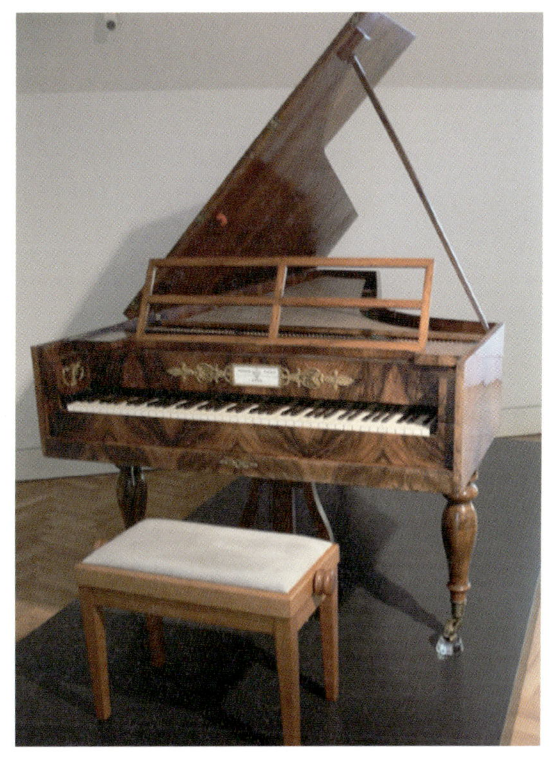

건반과 연결된 망치가 줄을 쳐서 소리를 내는 해머클라비어

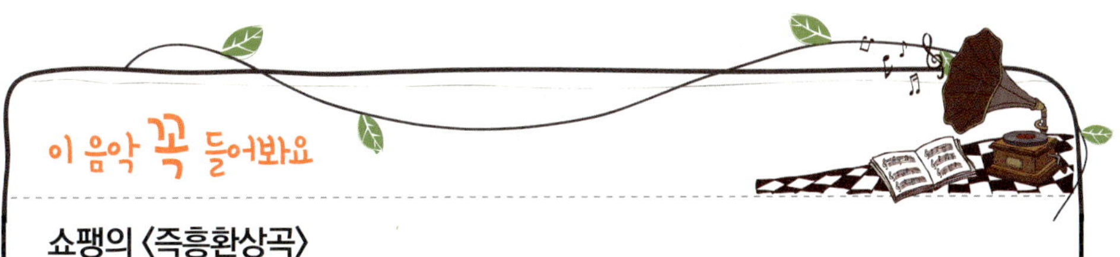

쇼팽의 〈즉흥환상곡〉

쇼팽은 피아노의 시인이라고 불린다. 특히 그의 독주곡은 매우 아름다워서 여자의 마음을 들었다 놨다 했다고 전해진다. 피아노 학원을 다닌 사람이라면 누구나 한 번쯤은 멋지게 치고 싶어하는 곡이다.

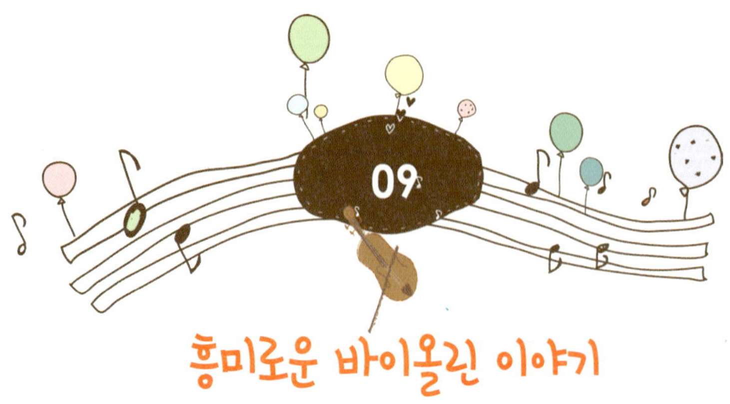

흥미로운 바이올린 이야기

피아노와 함께 클래식 음악을 완성한 악기가 바이올린이에요. 바이올린에는 정말 많은 이야기가 숨어 있답니다. 그래서 클래식 음악과 친해지는 데에 큰 도움이 되는 악기예요.

음악 역사상 가장 뛰어난 바이올린 연주자는 이탈리아의 파가니니입니다. 바이올린 연주를 얼마나 잘했던지 '악마의 바이올리니스트'라는 희한한 별명까지 얻었지요. 악마에게 영혼을 팔고 그 대신 귀신 같은 연주를 할 수 있게 되었다는 뜻이에요.

파가니니가 후두 결핵으로 죽음을 앞두고 있을 때, 그의 영혼을 구하기 위해 성당에서 신부님이 찾아왔어요.

"도대체 당신의 바이올린에는 어떤 비밀이 숨어 있기에 그토록 놀라운 소리를 내는 것이오?"

신부님이 묻자 파가니니는 바이올린을 가리키며 힘겹게 말했어요.

"저 안에 악마가 들어 있소."

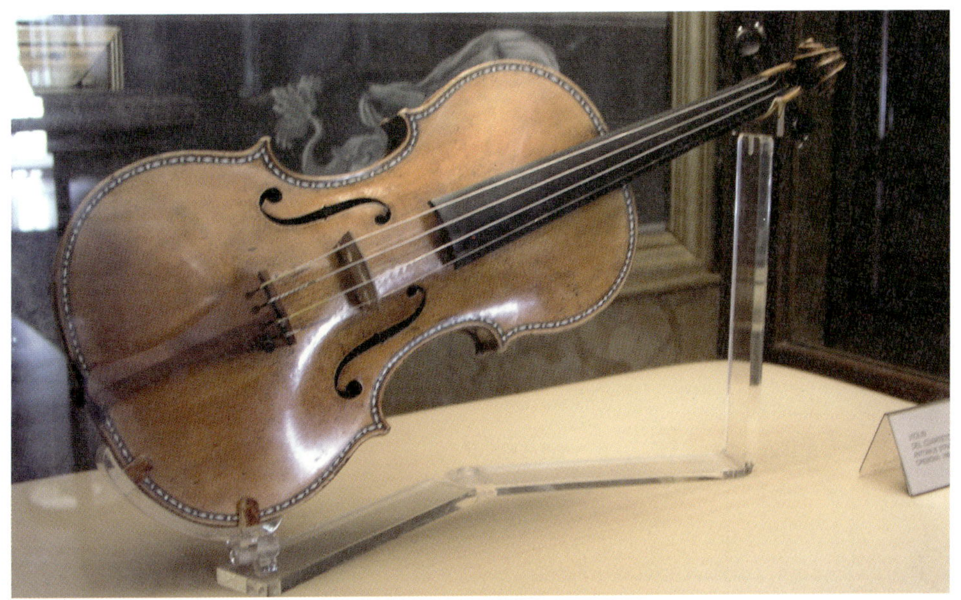

바이올린의 명품으로 꼽히는 스트라디바리우스

그 말을 들은 신부님은 놀라서 달아나고 말았답니다.

실제로 파가니니의 바이올린에 악마가 숨어 있었던 걸까요? 그는 연주만 잘했을 뿐 아니라 바이올린으로 별의별 소리를 다 냈다고 해요. 갖가지 동물들의 울음 소리를 연주했고, 활 대신 나뭇가지를 사용하기도 했대요. 게다가 줄이 단 두 개 뿐인 바이올린으로 멋진 연주도 했다지요. 악보를 거꾸로 놓고도 연주했고, 심지어 바이올린 한 대로 오케스트라의 화음을 내기도 했답니다.

그러나 그의 연주법은 오늘날 전해지지 않아요. 음악가들은 대개 제자에게 자신의 솜씨를 전수하는데, 그의 연주법을 이어받은 사람이 한 명도 없었거든요.

바이올린은 피아노와 비슷한 시기에 발명되었어요. 1550년경 이탈리아에서 처음 만들어졌지요. 레벡, 리라 다 브라치오, 피들이라는 악기들이 바이올린의 조

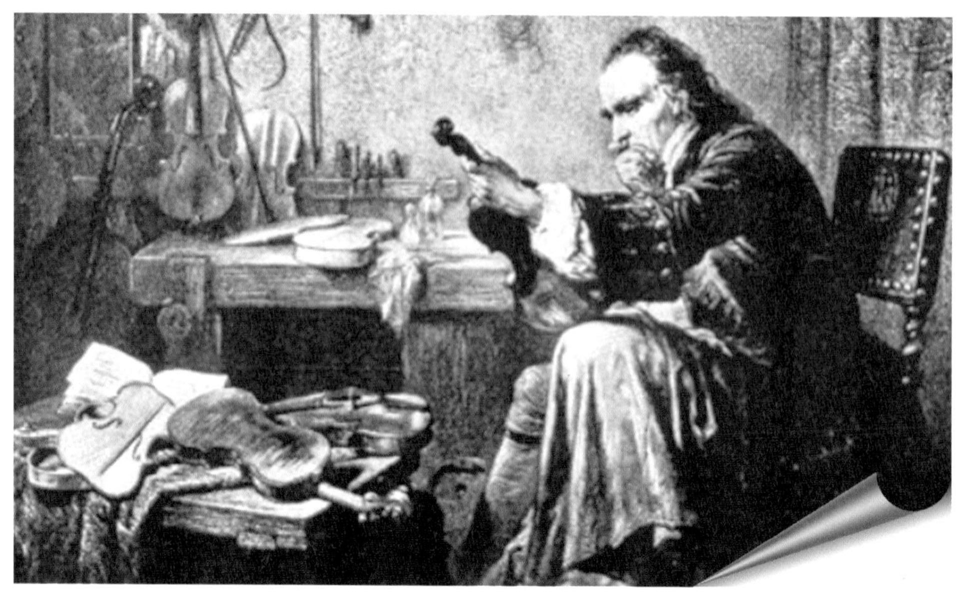

바이올린의 장인, 스트라디바리

상이랍니다. 바이올린은 세계적으로 이름을 떨친 제작자가 등장하면서 더욱 유명해졌어요. 이탈리아의 아마티, 스트라디바리, 구아르네리가 바로 그들입니다.

아마티는 바이올린을 처음 만든 사람으로 알려져 있습니다. 스트라디바리와 구아르네리는 아마티 가문에서 일한 뒤 독립한 사람들이죠. 이들이 만든 바이올린이 지금까지 전해지는데, 오늘날의 과학 기술로도 따라잡지 못할 정도로 우수하답니다. 마치 우리나라 고려청자나 조선백자를 옛날 그 모습대로 재현하기 어려운 것처럼 말이에요.

참고로, 파가니니가 갖고 있던 바이올린은 구아르네리가 만든 것이었어요. 소리가 워낙 크고 웅장해서 '대포'라는 별명이 붙었다고 해요.

바이올린에 얽힌 흥미로운 이야기가 많은데, 두 가지만 소개할게요. 먼저 소개할 것은 스트라디바리의 바이올린에 관한 이야기입니다.

어느 겨울날, 낡은 바이올린을 가진 거지가 있었어요. 그는 춥고 배가 고팠지만 누구도 도와주질 않았습니다. 하루 종일 쫄쫄 굶다가 배가 너무 고파 작은 악기점으로 들어가 바이올린을 사 달라고 했어요. 악기점 주인은 거지가 불쌍해서 5달러를 주고 바이올린을 샀어요. 거지는 매우 기뻐하며 돌아갔지요.

거지가 돌아간 뒤 악기점 주인이 낡은 바이올린 줄을 튕겨보았어요. 그러곤 깜짝 놀랐어요. 겉보기와는 달리 소리가 매우 아름다웠기 때문이에요. 주인은 바이올린의 울림통 속을 들여다보았어요. 그 안에는 '스트라디바리우스 1704년'이라는 글자가 적혀 있었어요.

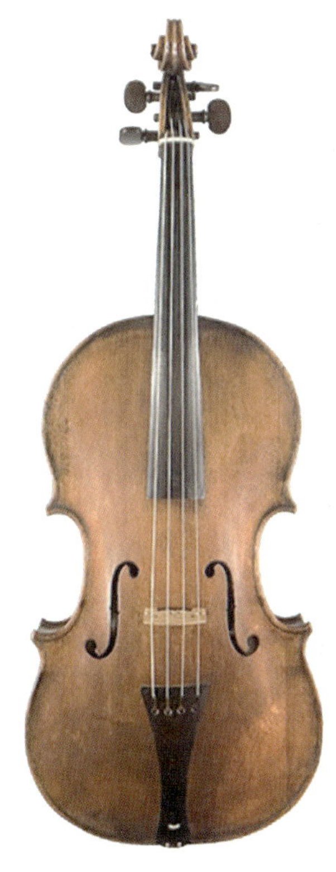

구아르네리 바이올린

스트라디바리우스는 스트라디바리 가문에서 만든 바이올린에 붙이는 이름이에요. 거지가 5달러와 바꾼 게 값이 무려 10만 달러나 나가는 명품이었지요. 스트라디바리우스 바이올린이 얼마나 대단한지 알 수 있는 이야기입니다.

이번에는 한 유학생이 바이올린을 빌렸다가 잃어버린 이야기를 해보죠. 유학생이 배가 고파 패스트푸드를 허겁지겁 먹었나 봐요. 먹고 나서 보니 옆에 있어야 할 바이올린이 사라지고 없었어요. 누군가 훔쳐간 거죠.

그런데 얼마 후 도둑이 잡혔어요. 훔친 바이올린을 버젓이 길거리에서 팔고 있었거든요. 그래서 경찰이 물었대요.

"당신, 이거 얼마에 팔려고 했소?"

그랬더니 도둑이, 우리나라 돈으로 백만 원쯤 받고 팔 생각이었다고 대답했어요.

경찰은 웃으며 말해줬대요.

"그거 20억짜리야."

그렇게 값나가는 바이올린이 아직 많이 남아 있어요.

바이올린은 '악기의 여왕'이라 불릴 정도로 대단한 능력을 가졌어요. 줄이 단 네 개뿐인데도 음을 4옥타브까지 낼 수 있고, 표현력과 다양한 음색은 어느 악기도 따라오기 어려워요. 그래서 피아노와 함께 클래식 음악의 중심을 이루고 있지요. 재즈나 집시 음악, 민속음악 등 다양한 부문에서도 큰 활약을 하고 있는 친구랍니다.

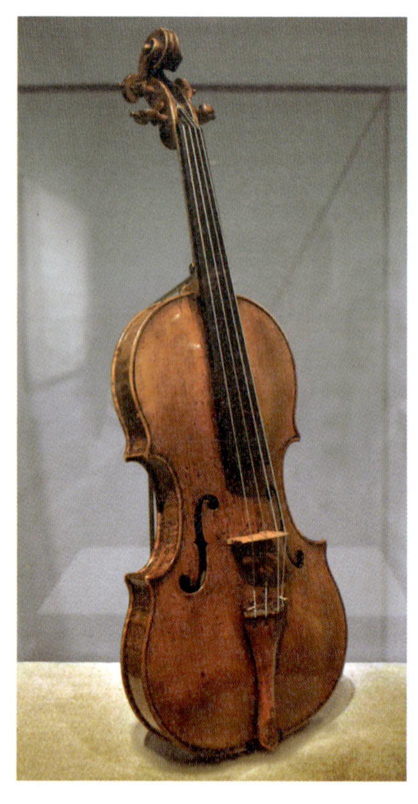

아마티 바이올린

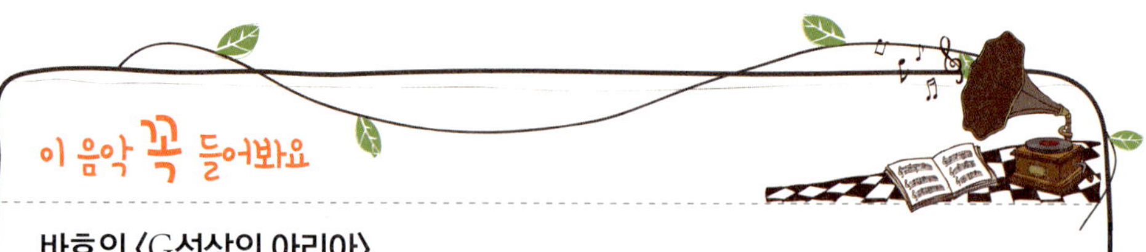

이 음악 꼭 들어봐요

바흐의 《G선상의 아리아》

바흐의 관현악 모음곡 제3번 2악장 아리아를 편곡한 것이다. 피아노 반주를 곁들인 바이올린 독주곡으로 G선으로만 연주하는 것이 독특하다.

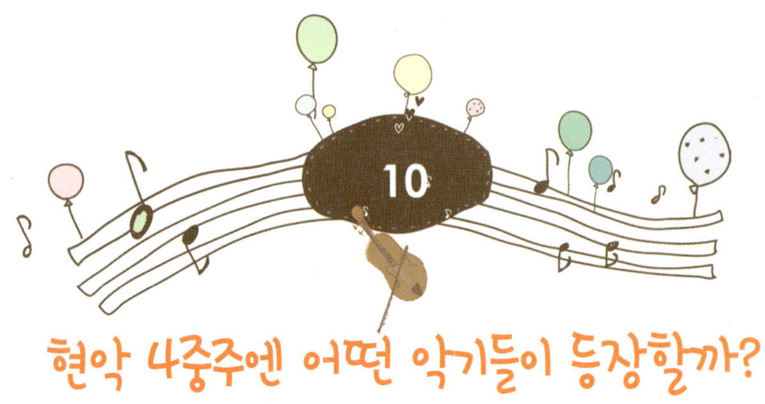

현악 4중주엔 어떤 악기들이 등장할까?

이제 연주에 대해 알아볼까요? 실내에서 연주되는 가장 대표적인 음악이 현악 4중주랍니다. 바이올린 같은 현악기 네 대가 함께 연주하는 것을 말해요. 그렇다면 어떤 악기들이 함께 연주하는 걸까요?

우선 바이올린을 꼽을 수 있어요. 바이올린과 비슷한 첼로도 있고, 비올라라고 하는 현악기도 당당히 한자리를 차지합니다. 그러면 나머지 하나는? 역시 바이올린입니다. 바이올린이 두 대가 들어가는 거예요. 왜 그럴까요?

바이올린은 앞에서 알아보았듯 가장 우수한 악기로 손꼽혀요. 그래서 두 대로 연주해 소리를 더욱 아름답게 하려는 것이지요. 제1바이올린이 전체를 이끌어가는 역할을 맡고, 제2바이올린은 보조 역할을 하지요.

현악 4중주에서 각각의 악기는 나름의 역할을 합니다. 바이올린은 고음이 유난히 아름다워서 성악으로 치자면 소프라노를 맡고, 첼로는 저음이 매력적이라서 바리톤을 맡아요. 그리고 바이올린과 첼로의 중간 음역을 담당하는 비올라는 알토 역할을 합니다. 이렇게 현악기로만 구성해도 음역대가 각각 달라서 멋진 화음

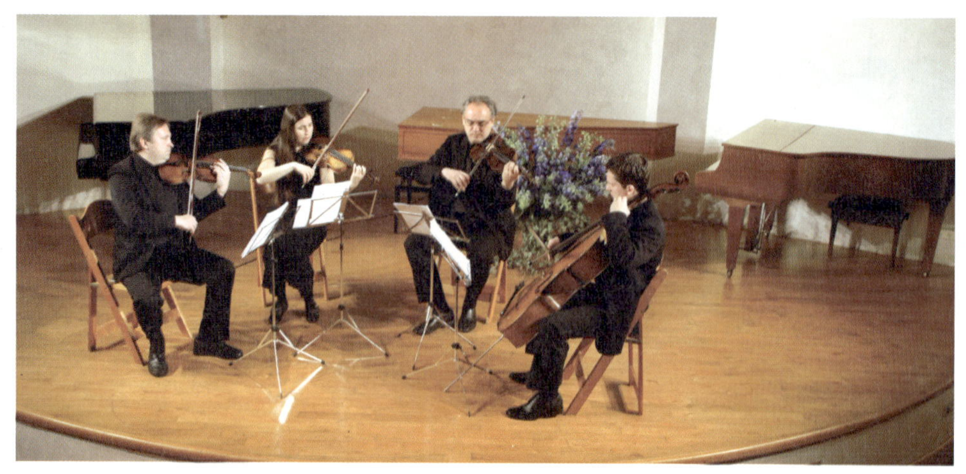

현악 4중주

을 낼 수 있지요. 오페라는 수십 명이 동원되고 관현악도 여러 명이 모여야 하지만, 현악 4중주는 네 명만으로도 훌륭한 음악을 들려줄 수 있으니까 대세가 된 거예요.

이런 까닭에 웬만한 음악가라면 다들 현악 4중주곡을 남겼어요. 모차르트는 27곡을, 베토벤은 17곡을 남겼지요. 유명한 곡으로는 〈종달새〉라는 노래가 들어 있는 하이든의 현악 4중주 53번 D장조 Op.64-5, 독일 국가가 들어 있는 하이든의 현악 4중주 〈황제〉, 모차르트의 현악 4중주 15번, 베토벤의 현악 4중주 13번(카바티나) 등이 있답니다.

현악 4중주에서 바이올린을 하나 빼면 현악 3중주가 됩니다. 그리고 비올라를 하나 더 추가하면 현악 5중주가 되고요.

만일 현악 4중주에 다른 악기를 추가하면 어떻게 될까요? 예를 들어 피아노를 한 대 추가하면 말이에요. 이럴 땐 추가하는 악기를 앞에 붙여서 피아노 5중주가

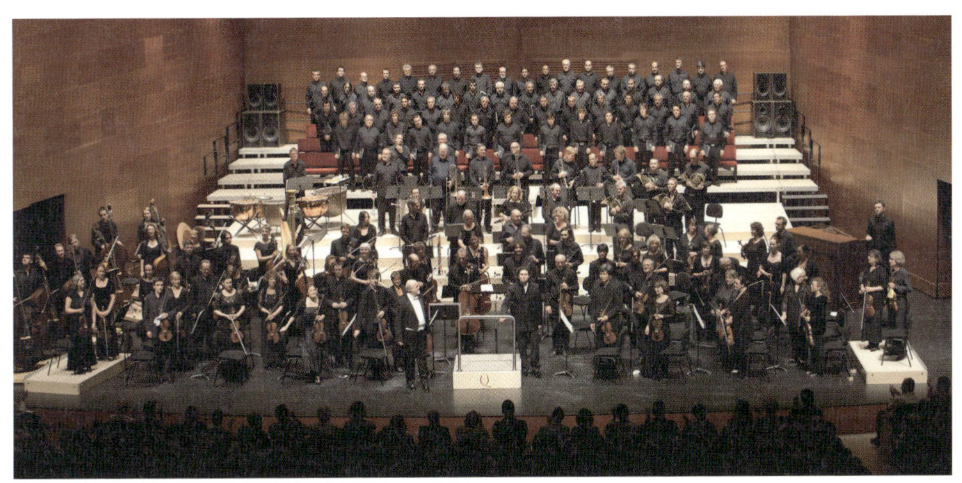

모든 악기가 총동원된 오케스트라

됩니다. 클라리넷이 추가되면 클라리넷 5중주가 되는 것이고요. 피아노 3중주라고 하면 피아노와 바이올린, 첼로로 구성됩니다. 한편, 관악기로만 구성하기도 해요. 관악 5중주는 트럼펫 두 대, 트롬본, 호른, 튜바로 이뤄지지요.

　피아노 협주곡이라는 연주 형태도 있어요. 피아노가 최고의 악기로 떠오르면서 여러 연주 형태에서 중심을 잡아가는데, 오케스트라와 함께 연주하는 것을 피아노 협주곡이라고 해요. 모차르트가 완성했다고 평가받는 피아노 협주곡은 3악장으로 구성됩니다. 1악장은 소나타 형식이에요. 오늘날에도 많이 연주되고 있지요.

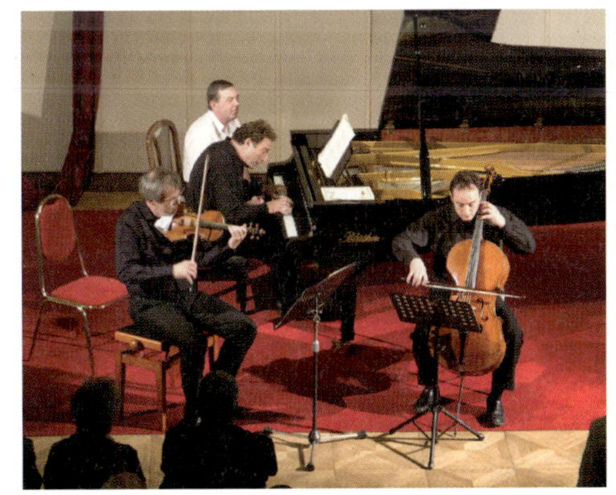

피아노 3중주

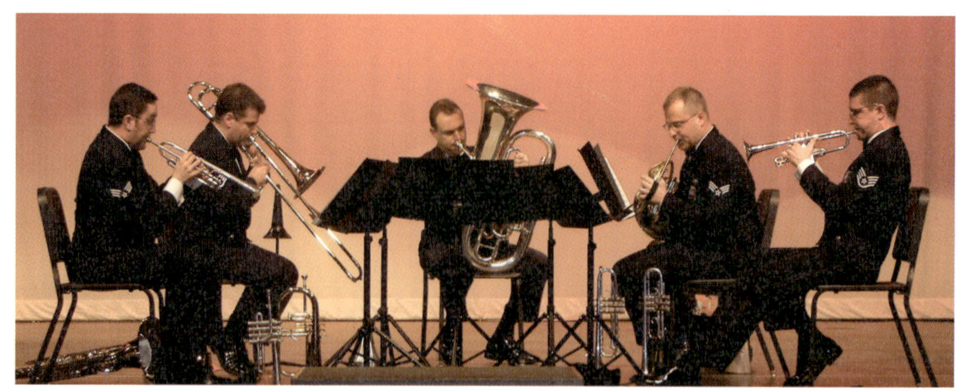

관악 5중주

기악 연주의 형태를 좀더 알아볼까요?

- **독주** : 한 사람이 연주한다. 건반악기가 받쳐주지 않으면 무반주 독주가 된다.

- **중주** : 각 파트를 맡은 사람이 다른 악기를 연주해 화음을 낸다.

  2중주(듀엣) : 두 명이 연주한다. 예, 바이올린과 피아노 연주

  3중주(트리오) : 세 명이 연주한다. 예, 피아노 3중주

  4중주 : 네 명이 연주한다. 완전한 화성과 음악의 조화를 중요시한다. 예, 현악 4중주

  5중주 : 다섯 명이 연주한다. 현악 5중주, 피아노 5중주 등

  6중주 : 바이올린 2, 비올라 2, 첼로 2 등

  7중주 : 관현악과 피아노, 하프 등

  8중주 : 현악 8중주, 관악 8중주, 현악과 관악 8중주 등

  9중주 : 관악, 현악, 피아노, 실내 관현악

- **합주** : 두 개 이상의 악기를 함께 연주하되, 중주와는 달리 각 파트도 모두 두 명 이상으로 구

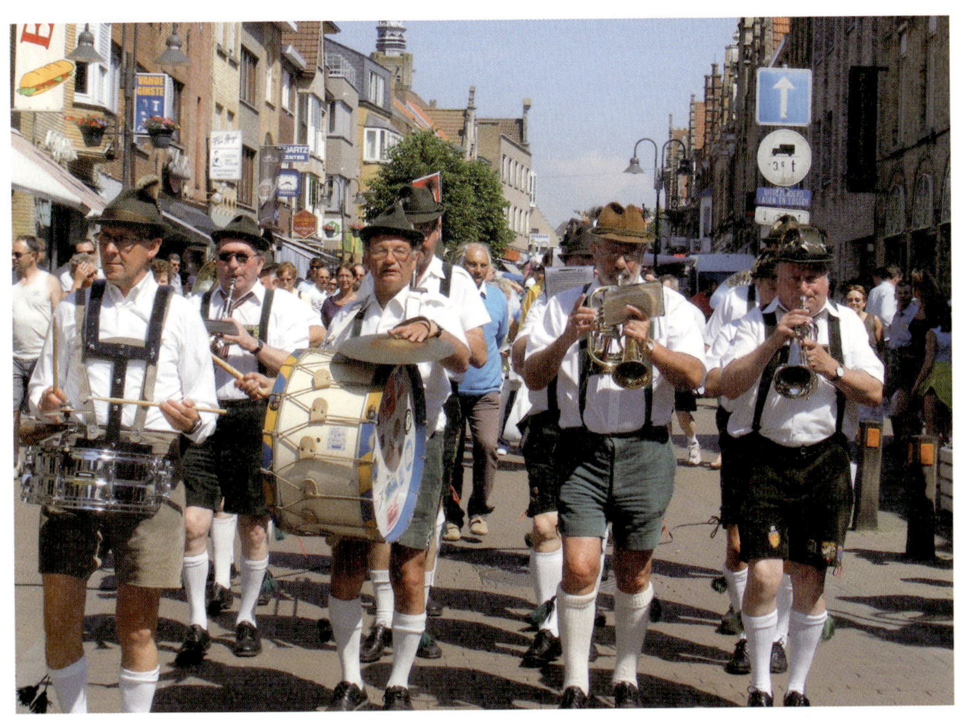

금관악기가 중심이 되는 취주악

성된다.

관현악(오케스트라) : 목관, 금관, 현악, 타악기가 총동원된다.

현악 합주 : 바이올린 2부, 비올라와 첼로, 더블베이스 각 1부로 구성된다.

취주악 : 관악기 중에서 금관악기를 중심으로 타악기를 균형 있게 편성한다. 형편에 따라 더블베이스가 추가되기도 한다. 주로 군악대가 대표적이다.

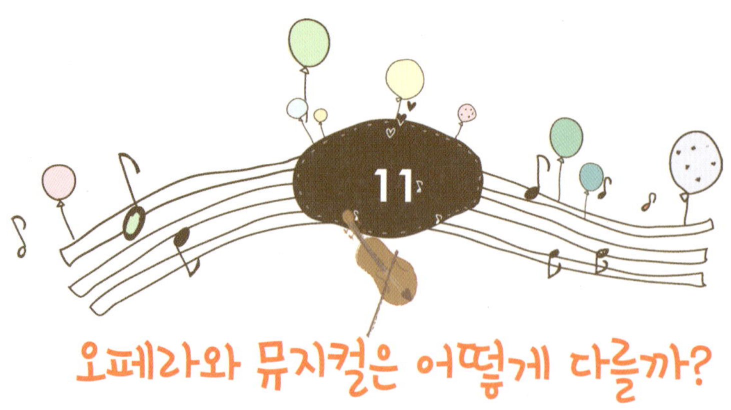

오페라와 뮤지컬은 어떻게 다를까?

오페라는 악기도 많이 편성되고, 성악가도 등장하며, 무대도 근사하게 꾸며지는 음악극이에요. 주인공이 연기를 하듯 노래를 부르죠. 그래서 뮤지컬하고 비슷한 점이 많아요. 오페라와 뮤지컬은 과연 어떻게 다를까요?

우선 장르가 달라요. 오페라는 음악이고, 뮤지컬은 연극이에요. 그리고 오페라는 주로 고전 문학을 소재로 하지만, 뮤지컬은 주로 남녀 간의 사랑이나 낭만적인 내용을 소재로 해요. 또 뮤지컬의 음악은 대개 재즈나 힙합 등 현대 음악으로 이루어진다는 점이 달라요. 그리고 오페라는 음향 시설이 제대로 갖춰진 전용 극장에서 공연하는 반면에, 뮤지컬은 일반 극장에서도 많이 공연해요.

직접 관람해 보면 차이점이 더 확실하게 나타나요. 오페라는 마이크 장치 없이 악기와 목소리로만 소리를 내는 반면에, 뮤지컬은 마이크를 사용하고 때로는 녹음된 음악을 틀어놓기도 해요.

등장인물도 달라요. 오페라는 전문 성악가가 나와 노래를 부르지만, 뮤지컬은 성악가가 아닌 전문 배우가 직접 노래를 부른답니다. 춤도 오페라는 전문 무용수

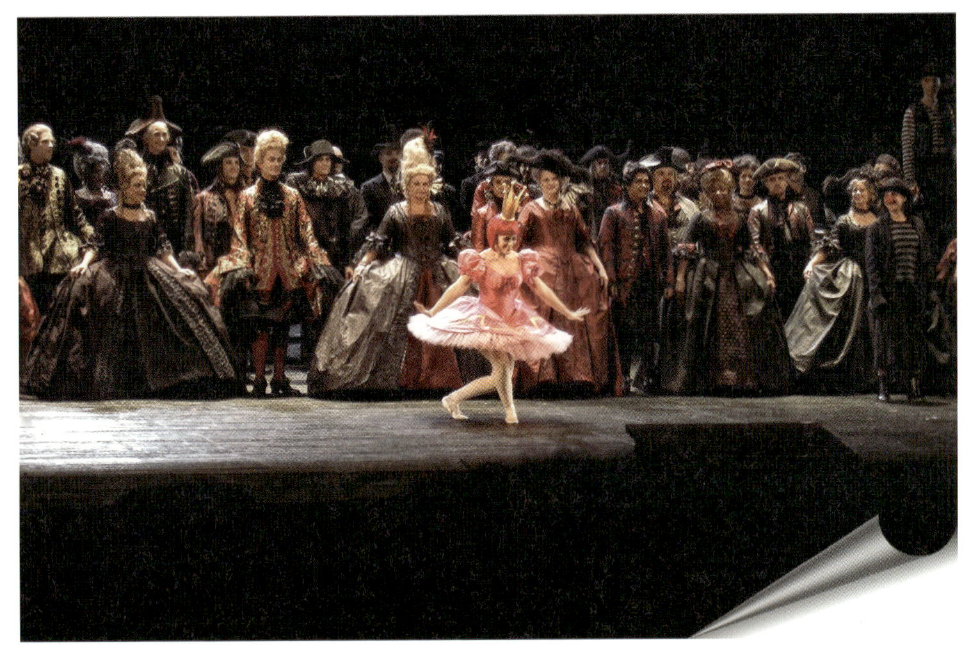

오페라의 무대인사

가 추지만 뮤지컬은 배우가 춤까지 추죠. 그래서 오페라는 음악학교에서 가르치고, 뮤지컬은 연극학교에서 가르쳐요.

오페라는 원래 작품을 뜻하는 라틴어 '오퍼스(opus)'에서 유래했어요. 오페라가 처음 생겼을 때에는 드라마인 무지카 또는 드라마 페르 무지카라고 불렀어요. 이것은 음악에 의한 극 또는 음악을 위한 극을 뜻해요. 이것이 나중에 오페라 인 무지카가 되었다가 오페라만 남아 오늘날 음악의 한 장르가 된 거죠.

이에 비해 뮤지컬은 오페라에서 유래했다고 봐요. 클래식 음악에 가사를 붙인 것이 성악 오페라였어요. 이것이 시대가 지나 사람들과 더 가까워지면서 오페레타로 불렸고, 미국으로 건너가며 유행가나 팝송을 넣게 되었어요. 그러다 보니 일

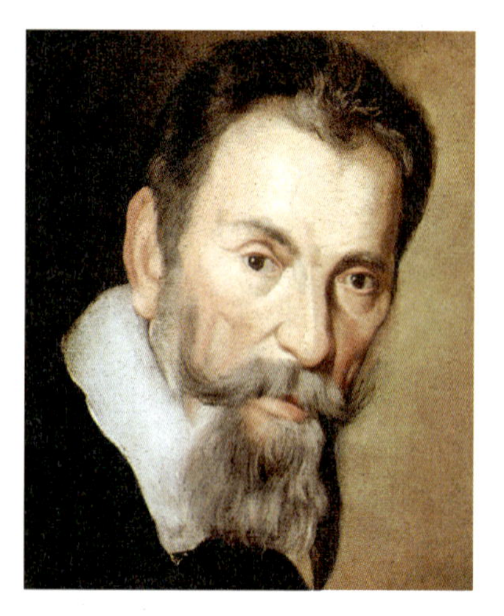

오페라의 개척자, 몬테베르디

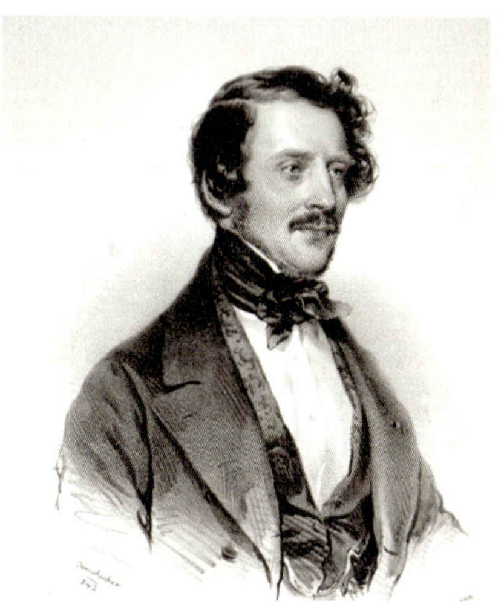

오페라 《사랑의 묘약》을 작곡한 도니체티

반인들에게 더 친숙한 곡들이 계속 사용되었어요. 사람들은 이를 뮤지컬 코미디 또는 뮤지컬 플레이라고 불렀어요. 이것이 오늘날 뮤지컬로 정리되면서 새로운 장르가 생겼지요.

오페라에는 다음과 같은 몇 가지 종류가 있어요.

- **오페라 세리아** : 신화나 고대의 영웅들을 소재로 한다. 대사 없이 노래와 음악으로만 이루어지는 것이 특징이다. 대사를 말하듯이 노래하는 레치타티보와 악기 반주를 곁들이는 독창인 아리아를 중요하게 여긴다. 합창이나 중창은 특별한 경우에만 들어간다.

- **그랜드 오페라** : 18세기 초 이탈리아에서 시작된 희극적인 내용의 오페라이다. 모차르트의 오페라 《피가로의 결혼》처럼 주로 생활 속에서 벌어지는 일들을 소재로 한다.

- **오페라 코미크** : 중간에 '세리프'라고 하는 대사가 들어가는데 비제의 《카르멘》이 좋은 예이다.

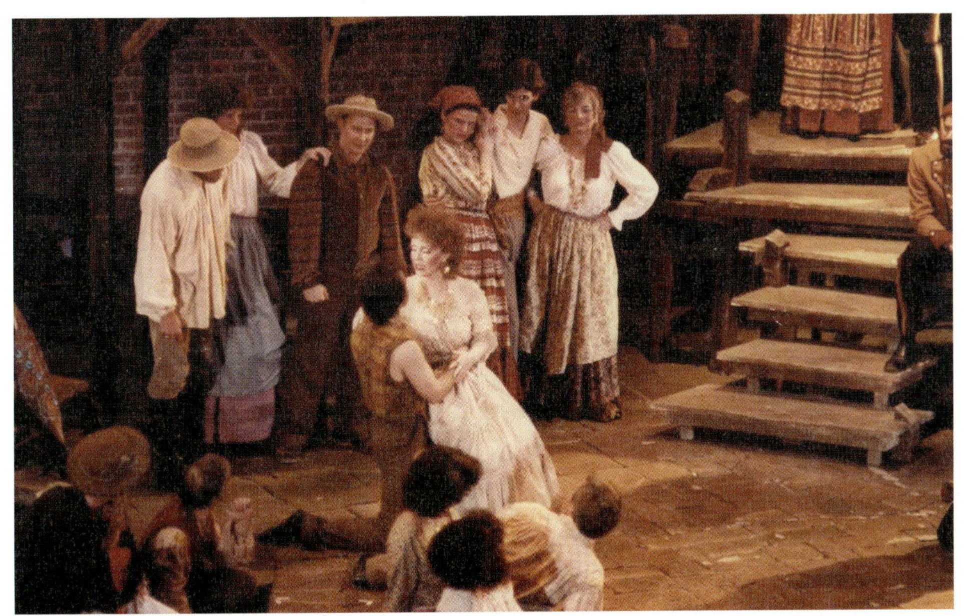

오페라 《카르멘》의 한 장면

- **오페레타** : 희가극 또는 경가극을 말한다. 세리프로 극을 이끌어가고, 노래와 무용이 추가된다. 요한 슈트라우스 2세의 《박쥐》가 여기에 해당된다.

오페라는 눈으로 보고 귀로 듣고 몸으로 느끼는 종합 예술이에요. 어린이를 위한 오페라도 많으니 기회가 오면 꼭 한번 보도록 해요.

오페라 작곡가로 유명한 사람은 이탈리아의 몬테베르디입니다. 1607년 《오르페오》를 처음 무대에 올렸는데, 이것이 오페라의 발전에 큰 영향을 끼쳤어요.

오페라 하면 이탈리아가 가장 유명하답니다. 《윌리엄 텔》을 남긴 로시니, 《사랑의 묘약》의 작곡가 도니체티, 그리고 《몽유병의 여인》을 작곡한 벨리니가 19세

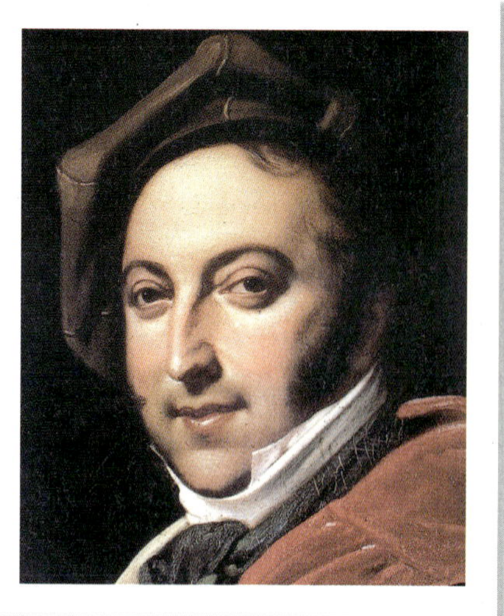

오페라 《윌리엄 텔》을 작곡한 로시니

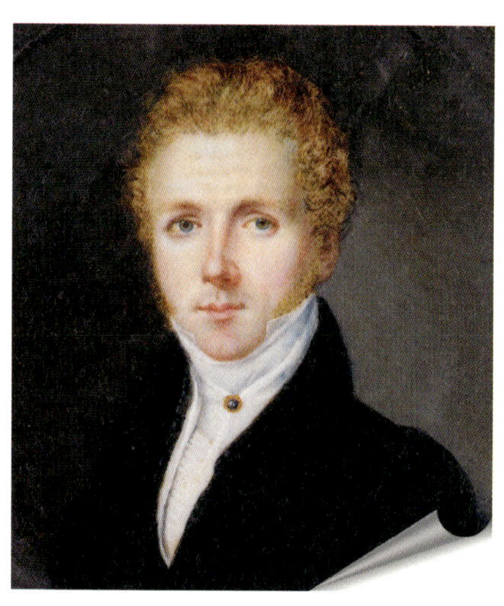

오페라 《몽유병의 여인》을 작곡한 벨리니

기 오페라의 3대 거장으로 손꼽혀요. 모두 이탈리아 출신이지요.

독일의 작곡가 바그너는 오페라를 한층 발전시킨 사람이에요. 그는 연극과 음악을 절묘하게 엮어서 악극이라는 새로운 오페라를 만들었지요.

《리골레토》와 《라 트라비아타》, 《아이다》 등 유명한 오페라를 많이 남긴 이탈리아 작곡가 베르디는 '오페라의 대가'로 불립니다. 베르디의 뒤를 이어 《카르멘》을 남긴 프랑스의 비제, 《로미오와 줄리엣》의 구노, 러시아의 차이코프스키와 프랑스의 드뷔시, 이탈리아의 푸치니 등이 유명 오페라의 역사를 이어갔습니다.

이것으로 클래식 음악의 기본 상식을 모두 살펴봤어요. 이제 본격적으로 클래식 음악의 친구들을 만나러 가볼까요?

2장

모차르트와 베토벤

그리고 클래식의 선구자들
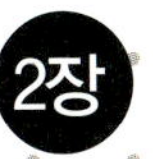

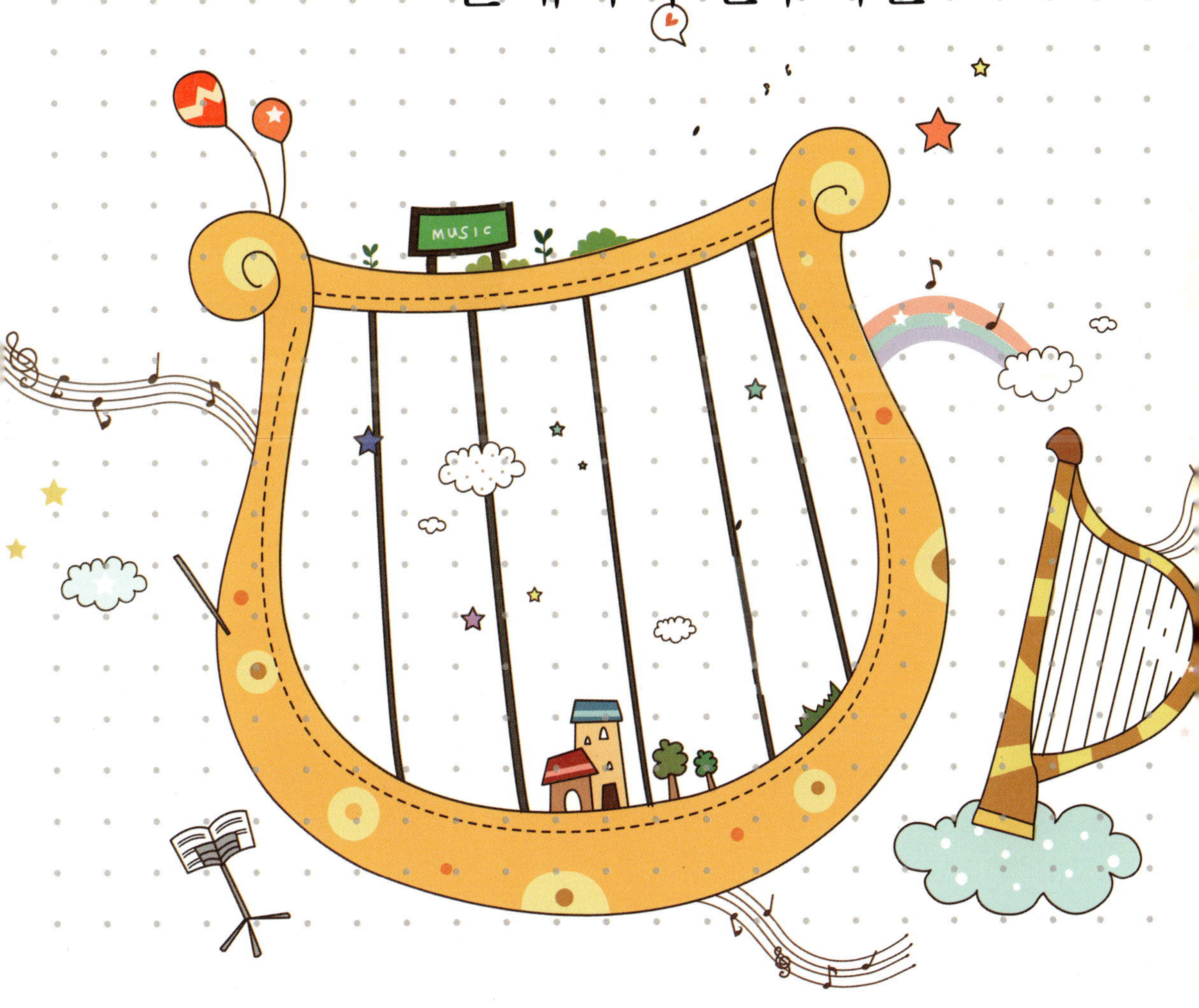

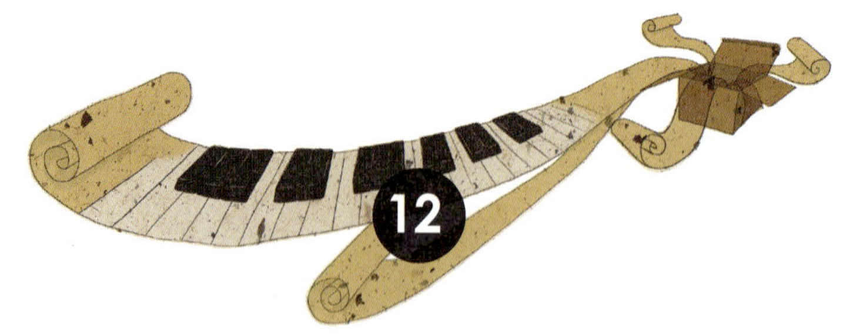

세상을 깜짝 놀라게 한 음악 신동 모차르트

이제 클래식 음악과 좀 친해졌나요? '이런 음악을 클래식 음악이라 하는구나!' 이 정도만 알아도 충분합니다. 클래식 음악과 가장 빨리 친해지는 방법으로 모차르트와 베토벤을 먼저 사귀라고 했던 것 기억하죠? 굉장히 유명한 음악가들이라서 조금씩은 다 알고 있을 텐데, 여기서 좀더 알아보기로 해요.

먼저 모차르트를 소개할게요. 모차르트 하면 가장 먼저 떠오르는 것이 '음악 천재'라는 말이에요.

모차르트의 본명은 볼프강 아마데우스 모차르트. 1756년 1월 27일 오스트리아 잘츠부르크에서 태어났어요. 잘츠부르크는 뮤지컬 영화 〈사운드 오브 뮤직〉의 무대로 유명한 도시예요. 모차르트는 어린 시절부터 음악 속에서 살았어요. 아버지가 잘츠부르크 대주교의 궁정악단 부지휘자였기 때문이에요. 또 그의 아버지 레오폴트는 바이올린 교본도 만들었어요. 이 교본은 150여 년 동안 많은 사람들이 사용했을 정도로 유명해요.

어머니 안나 마리아 페르틀은 음악은 하지 않았지만 쾌활하고 명랑한 여성이

었어요. 그래서 음악적 소질
은 아버지로부터 물려받았
고, 쾌활한 성격은 어머니로
부터 물려받았다고 해요.

모차르트는 어릴 때부터
음악 신동으로 불렸어요. 세
살 때 누나가 치는 피아노 소
리를 듣고 그대로 따라 했고,
다섯 살 때에는 작곡을 했대
요. 더 놀라운 것은 여덟 살
때 이미 교향곡을 만들었고,
열한 살 때 오페라를 작곡한
것이에요. 남들은 악기 하나

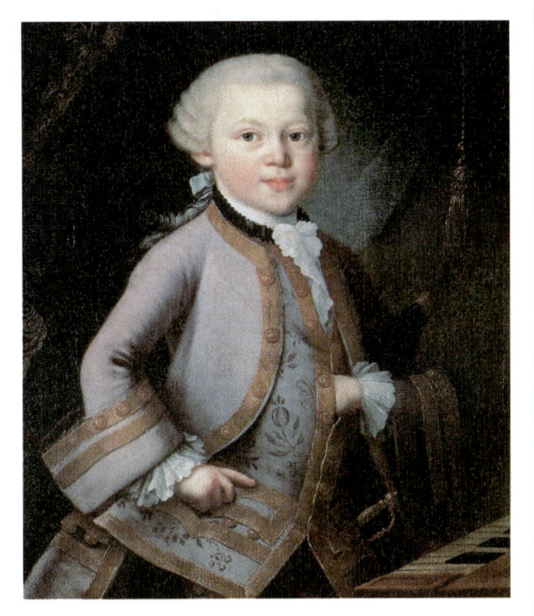

어린 모차르트

겨우 다룰까 말까 한 나이에 이미 어른도 하기 어려운 분야까지 척척 해낸 거죠.

모차르트가 얼마나 굉장한 음악 천재였는지 알려주는 일화가 아주 많아요. 어렸을 때 악보를 외워 사람들을 깜짝 놀라게 했대요. 30분에서 한 시간 정도면 어떤 곡도 외울 수 있었다니, 정말 놀랍지 않나요? 또 여섯 살 때 아버지의 친구가 사용하는 바이올린이 조율이 안 됐다는 것을 알아차릴 정도였지요. 아무도 몰랐는데 모차르트가 8분의 1음이 낮다고 지적했다는 거예요.

열네 살 때 바티칸 궁전의 시스티나 성당에서는 11분짜리 〈미제레레〉라는 곡을 듣고 그 자리에서 바로 외웠어요. 본래 그 곡은 성당 밖으로 가져가면 절대로 안 되는데, 모차르트가 외워버렸으니 기억을 지우라고 할 수는 없었지요. 오히려 교황은 모차르트의 뛰어난 머리에 감탄하고 훈장을 주었답니다.

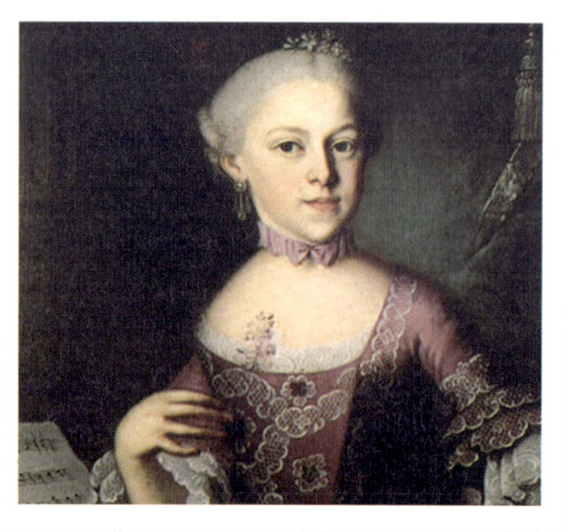

모차르트의 누나, 마리아 안나 모차르트

모차르트가 더 유명해진 것은 아버지와 누나인 마리아 안나 때문이기도 해요. 안나는 나넬이라는 애칭으로 불렸어요. 본래 형제가 일곱 명이었는데, 다섯은 죽고 누나와 모차르트만 살아남아 음악을 했어요. 누나도 음악에 굉장히 소질이 있었어요. 아버지의 기질을 이어받은 데다 어려서부터 음악을 배웠기 때문이지요.

그런 누나와 함께 모차르트는 여섯 살 때부터 연주 여행을 다니기 시작했어요. 누나는 바이올린을 잘 켰어요. 모차르트가 피아노를 치면 나넬은 그 연주에 맞춰 반주를 했어요. 모차르트의 연주를 더욱 빛나게 한 것이지요.

모차르트는 처음에 독일의 뮌헨으로 연주 여행을 떠났어요. 사람들은 음악 신동이 출현했다며 열광을 했지요. 이후 프랑크푸르트와 만하임·라이프치히·베를린을 거쳐 프랑스 파리, 벨기에 브뤼셀, 영국 런던, 네덜란드 암스테르담, 스위스 제네바, 이탈리아 밀라노·베네치아·피렌체·로마·나폴리 등 가는 도시마다 극찬을 받았어요.

모차르트는 왜 이렇게 여러 나라를 다니며 연주 여행을 했을까요? 사실 당시에는 자동차도 없고 기차도 없던 때라서 여행하기가 쉽지 않았어요. 마차를 타고 다녔는데, 길이 요즘처럼 좋지 않아서 덜컹거리기 일쑤였지요. 그런 생활을 계속 하다 보니 어린 모차르트는 화가 나기도 했어요. 아버지가 누나와 자기를 데리고 다니며 돈을 벌려고 혹사시킨다고 생각했지요. 마치 자신이 서커스단의 원숭이 같다는 일기도 썼답니다. 그 일기가 나중에 발견되어서 모차르트의 아버지가 욕을 먹기도 했지요.

하지만 아버지에게 이 연주 여행은 특별한 목적이 있었답니다. 가는 곳마다 최고의 음악가를 만나 모차르트와 나넬이 음악 공부를 더 깊이 있게 할 수 있었거든요. 지금은 교육시설이 많고 교통수단도 발달해서 언제든지 쉽게 음악을 공부할 수 있지만, 당시에는 직접 찾아다니지 않으면 유명한 음악가를 만날 수가 없었어요.

실제로 모차르트는 대단한 음악가들을 많이 만났습니다. 특히 궁정에 소속된 그 시대 최고의 음악가들을 만났어요. 모차르트의 재능을 보기 위해 그들은 모차르트 가족을 초대했어요. 게다가 각 나라의 황제와 귀족들도 앞다투어 이 음악 천재를 보고 싶어했어요.

뮌헨에서는 바이에른 궁전에서 막시밀리안 3세 앞에서 연주했고, 오스트리아에서는 합스부르크 가의 여황제인 마리아 테레지아 앞에서 연주했어요. 프랑스에서는 루이 15세를 모시고 공개 연주회를 가졌고, 영국 런던에서는 조지 3세 앞에서 연주회를 열었어요. 이탈리아 여행 중 교황 앞에서 연주한 뒤 '황금박차 십자훈장'을 받고 기사의 칭호까지 얻을 정도였지요.

한마디로 연주 여행은 체험 학습이었어요. 특히 새로운 악기를 배우고, 독특한 작곡법도 익힐 수 있었지요. 이것은 모차르트에게 엄청난 영향을 끼쳤어요. 다양한 지역의 여러 음악가들로부터 음악을 배워서 그 모두를 뛰어넘는 새로운 음악을 할 수 있었던 거죠. 물론 연주 여행을 통해 모차르트의 이름도 유럽 전역에 널리 알려지게 되었답니다.

　모차르트는 연주 여행을 다니면서 작곡도 했어요. 열일고여덟 살 때에는 여행은 짧게 하고 작곡에 전념하여 이때 이미 200여 곡이나 만들었다고 해요.

　당시 모차르트가 사람들에게 얼마나 큰 충격을 주었는지 보여 주는 신문 기사가 있어요.

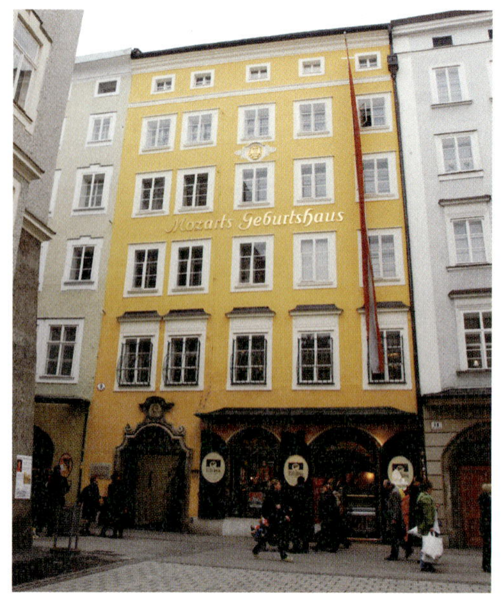
잘츠부르크에 있는 모차르트 생가

　며칠 전 잘츠부르크의 음악가 모차르트 씨가 정말 이 세상의 걸작이라고 할 만한 두 아이를 데리고 이곳에 왔다. 열두 살 난 그의 딸은 실로 뛰어나게 피아노를 연주했는데, 아무리 어려운 대곡이라도 놀랄 만큼 정확하게 쳤다. 또 일곱 살 난 남동생은 정녕 뛰어난 재주로 사람들이 직접 보고 듣기 전에는 도무지 믿지 못할 정도였다. 아무리 힘든 곡이라도 이 아이에게는 아무것도 아니었다. 손이 작아 겨우 6도에 미칠까 말까 하는데도. 그것뿐만이 아니었다. 참으로 놀라운 것은 그 어린아이가 즉흥 연주를 한 시간이 넘도록 계속할 수 있다는 사실이었다. 그럴 때 아이는 천재적인 영감이 넘치고, 아름답게 일렁이는 악상에 몸을 맡겨 조금도 흐트러짐 없이 솜씨 있게 계속 쳐내려갔다.

－ 파리 《문예통신》 1763년 12월 1일

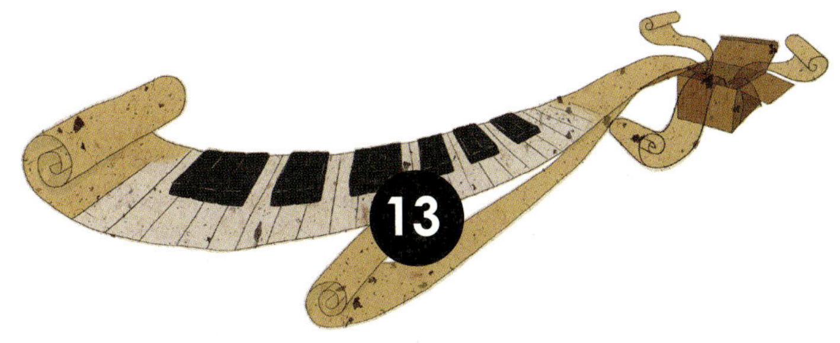

모차르트가 음악사에 남긴 것은?

모차르트가 활동하던 시대에 음악은 귀족들만의 기호품이었어요. 음악가들은 대개 귀족들의 후원을 받으며 살아갔지요. 모차르트 역시 초기에는 후원을 받았어요. 첫 후원자는 지기스문트 대주교였어요. 음악을 좋아했던 지기스문트 대주교는 어린 모차르트를 열정적으로 지원했답니다. 그런 지기스문트가 죽고 난 뒤에는 콜로레도 대주교가 후원자가 되었어요.

하지만 콜로레도 대주교는 지기스문트처럼 지원하지 않았대요. 특히 연주 여행을 허락해 주지 않자 모차르트는 불만이 쌓였어요. 결국 모차르트는 후원을 받지 않기로 결심했어요. 이는 그 시대 최고 음악가로서는 드문 일이었어요.

하지만 그 결과 모차르트는 더욱 훌륭한 음악가의 길을 걷게 되었어요. 귀족을 위해 작곡을 하는 것이 아니라 오로지 자신을 위해 음악을 하게 되었거든요. 이것은 매우 중요한 일이에요. 한번 생각해 봐요. 우리도 공부를 할 때 엄마 아빠께 잘 보이기 위해서 하는 게 아니잖아요. 나를 위해 공부하는 것인데, 어릴 땐 그걸 잘 몰라요. 그것을 알게 되면 철이 든 것이라고 할 수 있지요. 모차르트는 더 큰 음악

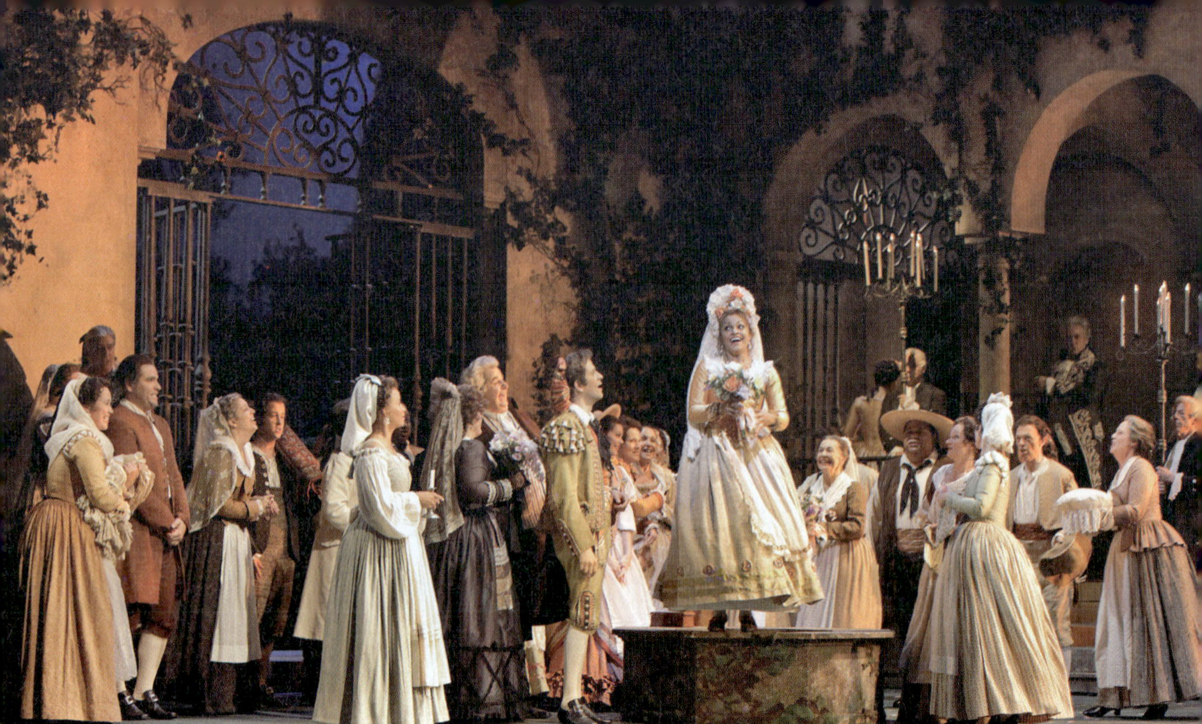

오페라 《피가로의 결혼》 중 한 장면

가가 될 수 있는 기회를 얻은 거예요.

1778년, 모차르트는 어머니와 함께 파리로 연주 여행을 떠났어요. 이때 베버 가문의 큰딸과 사랑에 빠졌어요. 하지만 돌아오는 길에 베버 가문에 들렀는데, 그 아가씨의 마음이 바뀐 것을 알고 실망했지요. 대신 모차르트를 좋아한 사람은 베버 가문의 작은딸인 콘스탄체였어요. 그로부터 몇 년이 지난 1782년, 모차르트는 콘스탄체와 결혼해 새로운 생활을 시작했어요.

결혼 후 모차르트는 어떻게 바뀌었을까요? 이미 유명한 음악가가 되어 있었으니 수입은 아주 좋았어요. 하지만 늘 가난에 허덕이며 살아야 했어요. 부인 콘스탄체가 허영심이 많았거든요. 어쩌면 이것도 모차르트를 위한 것이었는지 몰라요. 왜 이런 말이 있잖아요, "악처가 위인을 만든다"는. 소크라테스가 유명한 철학자가 된 건 아내인 크산티페가 엄청난 악처였기 때문이라고 하지요. 모차르트도 부인의 허영심을 채우기 위해 정신없이 일해야 했어요. "수레를 끄는 노새처럼 일했다"는 평도 가끔 나오죠.

이후에 명곡이 쏟아져 나옵니다. 오페라《피가로의 결혼》은 오늘날에도 수없이 공연되는 명작이고,《프라하 교향곡》도 대단한 작품이지요. 특히 1788년은 모차르트의 일생에서 가장 훌륭한 곡들이 나온 해입니다. 최고 걸작으로 불리는 3대 교향곡(제39번 E플랫 장조, 제40번 g단조, 제41번 C장조)을 작곡했으며, 피아노 협주곡 제26번 D장조 〈대관식 미사〉도 그해에 만들었어요.

모차르트의 3대 교향곡은 흔히 기적의 교향곡으로도 불립니다. 교향곡 제39번 E플랫 장조는 '백조의 노래'라는 찬사를 받았고, 제40번 g단조는 천사가 노래하는 것 같다는 평을 얻었어요. 그리고 교향곡 제41번 C장조 〈주피터〉는 최고의 품격을 갖췄다고 이야기하죠.

모차르트의 명성은 하루하루 높아만 갔어요. 하지만 그는 여전히 배가 고팠답니다. 왕후와 귀족들은 모차르트의 음악을 최고라고 생각했지만 후원은 하지 않았어요. 모차르트는 오로지 작곡을 하고 연주를 해야 돈을 벌 수 있었지요.

그런 상황에서도 모차르트는 훌륭한 곡을 계속 썼어요. 1790년에는 오페라 《코지 판 투테》를 작곡했고, 오스트리아 황제의 대관식에서 피아노 협주곡 〈대관식 미사〉를 연주했어요.

1791년에는 오페라《마술피리》를 작곡

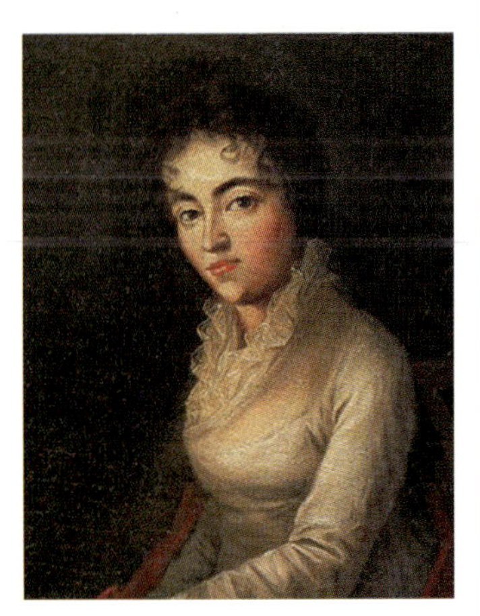

모차르트의 부인 콘스탄체

했는데, 이때 이미 건강이 나빠진 상태였어요. 그때 누군가가 찾아와 '레퀴엠'을 작곡해 달라고 의뢰했어요. 레퀴엠은 죽은 사람의 영혼을 위로하는 진혼곡이에요. 병고와 가난에 시달리던 모차르트는 곡을 의뢰하러 온 사람이 돌아가자 혼자 중얼거렸어요.

"저승사자가 왔군."

이미 자신의 죽음을 예감한 걸까요? 레퀴엠을 작곡하던 그는 곡을 완성하지 못하고 악성 장티푸스에 걸려 1791년 12월 5일 쓸쓸하게 세상을 떠났답니다. 그의 나이 겨우 서른다섯 살이었지요.

당시 빈에서는 장티푸스가 전염될 것을 걱정해 죽은 사람들을 서둘러 공동묘지에 매장했어요. 모차르트의 시신도 그렇게 묻혔지요. 그 바람에 모차르트를 아는 사람들과 아내 콘스탄체가 왔을 땐 이미 어딘가에 묻히고 난 뒤였죠. 그래서 모차르트의 묘는 오늘날 남아 있지 않아요.

여기서 한 가지 더, 모차르트와 살리에리의 이야기를 해볼게요. 모차르트 이야기에 살리에리가 빠지면 뭔가 허전하니까요.

살리에리는 궁정음악가로 평소 모차르트를 질투했어요. 모차르트가 워낙 넘기 힘든 음악 천재였기 때문이지요. 그는 언젠가 모차르트가 자신의 자리를 차지할 거라고 생각했어요. 그래서 모차르트가 하는 일에 훼방을 놓기도 했지요. 이런 일 때문에 살리에리가 모차르트를 독살했다는 이야기가 전해져요. 사실인지 아닌지는 아무도 몰라요.

그런가 하면, 오히려 친구처럼 지냈다는 이야기도 있어요. 모차르트의 공연도 도와주었고, 모차르트가 죽은 뒤 어린 아들을 살리에리가 가르쳤다고도 하거든요.

모차르트는 평생 음악만을 위해 살았어요. 또 음악을 귀족이나 왕족이 아닌 모든 사람들의 것으로 만들기 위해 노력했어요. 35년이라는 짧은 생애를 살았지만

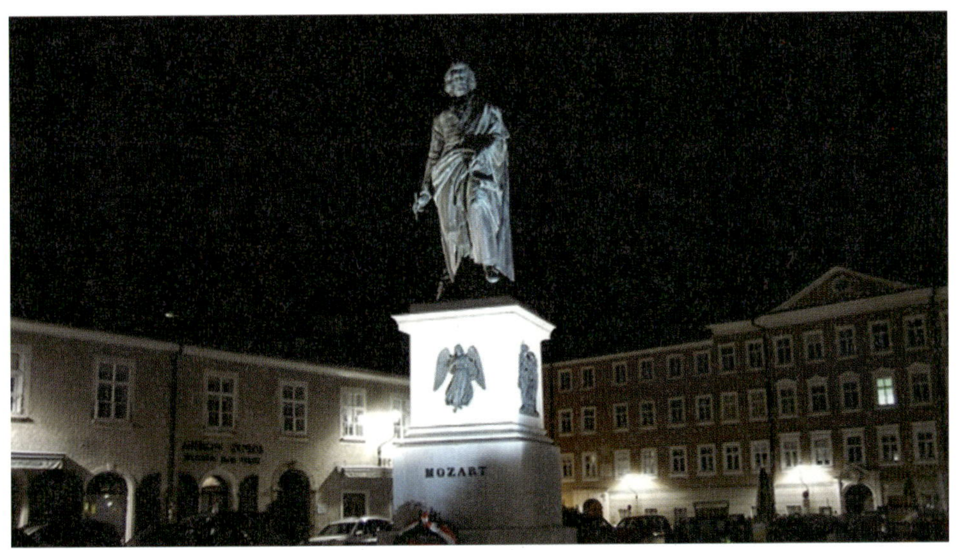

모차르트 동상

어릴 때부터 작곡을 해서 626곡이나 되는 작품을 남겼어요. 대부분이 오늘날에도 즐겨 연주되는 명곡들이지요.

모차르트의 작품에는 모두 알파벳 'K'가 붙어 있어요. K100, K101처럼 말이에요. 여기에서 K는 모차르트 연구가인 쾨헬의 이름에서 첫 글자를 딴 것이에요. 쾨헬은 모차르트를 연구하면서 그가 남긴 626곡에 일일이 번호를 매겼어요. 이후 쾨헬 번호는 음악 작품을 정리할 때 훌륭한 모범이 되었답니다.

한 가지 놀라운 건, 쾨헬이 음악가가 아니었다는 점이에요. 쾨헬은 오스트리아의 식물학자 겸 광물학자로서 모차르트의 음악을 체계적으로 분류했어요.

그렇다면 모차르트가 남긴 수많은 작품들 가운데 불후의 명곡으로 꼽을 수 있는 것은 무엇일까요? 다른 의견도 많지만 대략 다음 곡을 들 수 있어요.

- 〈바이올린 협주곡 제3번 G장조〉 K.216(1775년)

- 〈작은 별 변주곡〉 K.265(1778년)

- 〈피아노 소나타 제11번 A장조〉(터키행진곡) K.331(1778년)

- 오페라 《피가로의 결혼》 K.492(1786년)

- 오페라 《돈 지오반니》 K.527(1787년)

- 〈교향곡 제40번 g단조〉 K.550(1788년)

- 〈아이네 클라이네 나흐트 무지크〉 K.525(1787년)

- 〈교향곡 제41번 C장조〉(주피터) K.551(1788년)

- 오페라 《마술피리》 K.620(1791년)

- 〈레퀴엠 d단조〉 K.626(1791년)

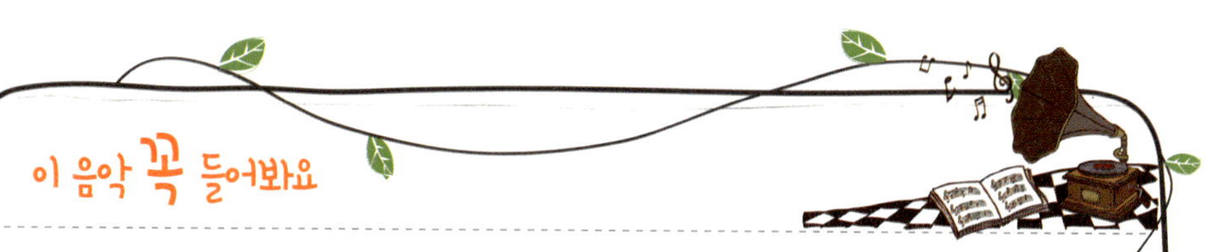

이 음악 꼭 들어봐요

모차르트의 〈작은 별 변주곡〉

1778년 모차르트가 파리를 여행하던 중 프랑스 민요를 듣고 만든 곡이다. 민요의 제목은 〈아, 어머님도 아시겠지요〉라고 한다. 이후 모차르트의 곡이 미국으로 건너가면서 가사가 붙어 〈작은 별〉이라는 노래가 탄생하게 되었다. 알파벳을 배울 때 부르는 〈알파벳 송〉도 이 멜로디를 따르고 있다.

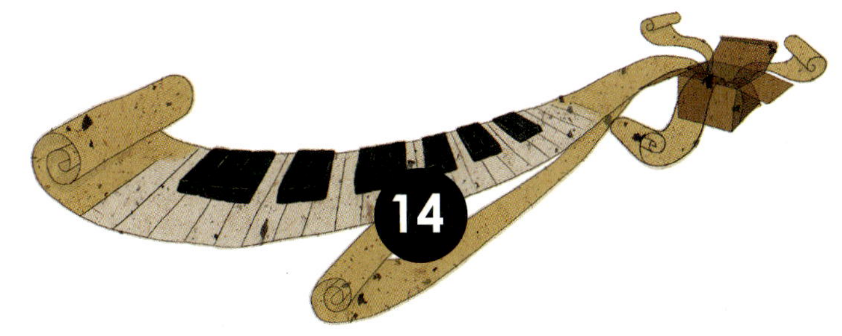

베토벤은 어떻게 가혹한 운명을 극복했을까?

　모차르트의 뒤를 이어 클래식 음악을 완성한 사람은 루트비히 반 베토벤이에요. 베토벤은 흔히 '악성'이라고 부릅니다. 음악의 성인이라는 뜻이에요. 성인은 예수님이나 부처님처럼 사람들의 삶에 큰 영향을 끼친 분에게만 붙이는 최고의 호칭이에요. 베토벤을 악성이라고 하는 이유는 그가 음악을 통해 사람들에게 엄청난 감동을 주었기 때문이에요.

　베토벤은 1770년 12월 17일, 독일의 본에서 태어났어요. 그의 아버지는 가난한 음악가였어요. 모차르트가 아주 어려서부터 음악에 소질을 보인 것처럼, 베토벤도 음악 신동이라고 불렸어요. 여덟 살 때 연주회를 가질 정도였지요.

　베토벤의 아버지는 음악가이긴 했지만 실력은 뛰어나지 않았어요. 그는 베토벤이 어려서부터 재능을 보이자 자신의 꿈을 이루어줄 것으로 생각하고 아들을 가르치기 시작했어요. 네 살 때부터 쳄발로(피아노와 비슷한 악기) 앞을 떠나지 못하게 했고, 바이올린을 주고는 방안에 가두기도 했어요. 또 술을 먹고 늦게 들어오면 자고 있는 베토벤을 깨워서 음악 공부를 시켰다고 해요.

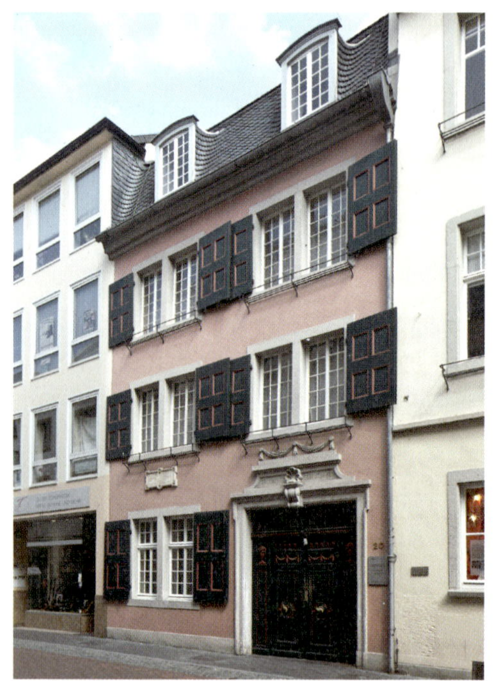

베토벤의 생가

심지어 베토벤의 나이를 속여서 연주회를 열기도 했어요. 여덟 살 때 연주회를 하면서 여섯 살이라고 속인 거죠. 그래서 마흔 살이 될 때까지 베토벤은 사람들에게 1772년생으로 통했어요.

그렇게 혹독한 시련 속에서도 베토벤은 싫어하지 않았어요. 왜냐하면 음악을 하는 것이 즐거웠기 때문이에요. 그 바람에 학교 생활에 쉽게 적응하지 못했다고 해요.

베토벤은 열한 살 때 극장 오케스트라의 단원이 되었고, 열세 살 때에는 오르간 연주자로 활동했어요. 그리고 열다섯 살 때부터는 동생들을 위하여 피아노를 가르치면서 집안을 꾸려나가기 시작했어요.

베토벤의 스승은 네페라는 음악가였어요. 네페는 뛰어난 음악가는 아니었지만 베토벤에게 커다란 영향을 끼쳤어요. 특히 베토벤에게 철학을 심어주었어요. 그를 통해 베토벤은 음악으로 인류에게 공헌하겠다는 큰 꿈을 갖게 되었어요. 또 네페는 그 시대 최고의 음악가인 모차르트와 하이든을 만나도록 주선하여 베토벤이 더 성장할 수 있게 이끌어 주었어요.

베토벤이 모차르트를 만난 이야기도 전해지고 있어요. 베토벤이 열일곱 살 되던 해 모차르트는 서른한 살로 이미 최고의 음악가가 되어 있었지요. 모차르트는 만나는 사람도 많았고, 그들 모두가 대단한 사람들이었어요. 그러니 애송이에 불과한 베토벤을 처음부터 제대로 보았을 리가 없어요. 자신에게 음악을 배워보겠다는 사람이 줄을 섰으니까요.

베토벤은 모차르트 앞에서 피아노를 연주했어요. 아주 멋지게 말이에요. 하지만 모차르트의 반응은 시큰둥했어요. '그쯤이야 뭐……' 이런 식이었지요. 모차르트는 베토벤에게 즉흥곡을 연주해 보라며 자신이 작곡하던 '돈 지오반니'의 주제를 줬어요. 베토벤은 한 치의 망설임도 없이 피아노를 연주하기 시작했어요. 마침내 연주가 끝나자 모차르트는 말했어요.

"이 젊은이를 눈여겨보라. 머지않아 세상을 향해 천둥을 울릴 날이 올 것이다."

음악 천재가 장차 악성으로 성장할 베토벤을 알아본 거죠.

모차르트를 만난 베토벤은 더 큰 꿈을 꾸게 됩니다. 모차르트를 뛰어넘겠다는 당찬 포부를 품은 것이지요. 1792년에는 아예 모차르트가 살고 있는 빈으로 거처를 옮기고 음악 공부에 매진하기 시작합니다. 이 시절 베토벤은 하이든과 요한 밥티스트 솅크, 요한 게오르크, 살리에리 등 여러 명을 스승으로 삼고 다양한 음악 장르를 익혔어요. 소설을 제대로 쓰려면 다른 작품을 많이 읽으라는 말이 있는데, 음악도 마찬가지예요. 베토벤은 작곡보다는 공

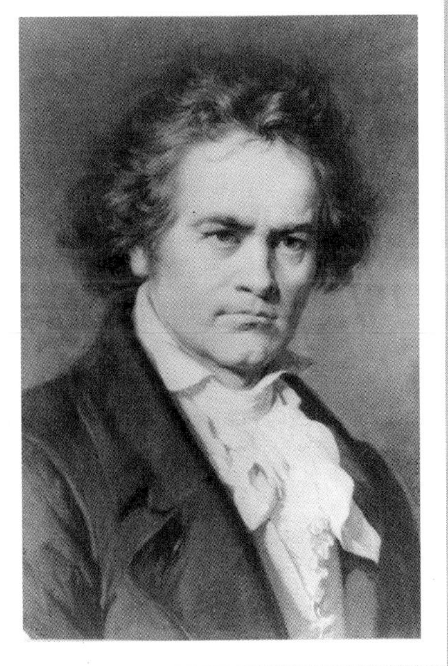

운명을 넘어 불멸의 음악을 남긴 베토벤

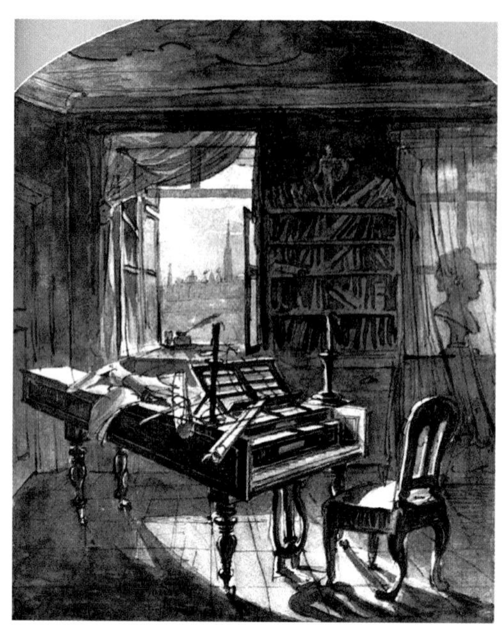

베토벤이 머물렀던 방을 그린 삽화

부에 더욱 신경을 써서 훌륭한 곡을 쓸 준비를 했답니다.

베토벤도 브로이닝 가문으로부터 후원을 받았어요. 그런데 단순히 돈만 후원받은 게 아니었어요. 브로이닝 가문과 교류하며 시나 소설 같은 문학 작품도 접했고, 사교계의 예절도 배웠지요. 이렇게 교양을 쌓은 베토벤은 자신의 수첩에 이런 써둡니다.

"육신은 아무리 허약할지라도 내 정신은 꼭 이기고야 말리라. 스물다섯, 나도 이제 인간으로서 모든 역량을 드러내야 할 나이가 되었다."

베토벤의 운명이 여기서 바뀌기 시작합니다. 이 메모는 자신의 운명을 미리 내다본 것 같아요. 실제로 베토벤은 스물여섯 살 때부터 귓병을 앓기 시작했고, 그때부터 본격적으로 작곡을 시작하게 되거든요. 귓병은 음악가에게 치명적인 병이에요. 소리를 제대로 들을 수 없으니까요. 하지만 놀랍게도 베토벤은 장애를 극복하고 위대한 음악을 남겼어요.

베토벤은 특히 산책을 하며 작곡의 영감을 많이 얻었다고 해요. 자연 속을 거닐며 느낀 점도 많았을 거예요. 하지만 이 산책도 사실은 귓병이 심해지면서 하게 된 거랍니다. 베토벤이 유명해지자 많은 사람들이 그를 찾아왔어요. 그런데 귀가 잘 들리지 않으니 사람들과 대화하는 것이 고역이었어요. 그래서 베토벤은 오전에만 일을 하고 오후에는 산책을 나갔어요. 《전원 교향곡》 등 보석 같은 명곡들이 이렇게 산책길에서 구상되었어요.

베토벤은 언제나 새로운 것을 찾아 도전했어요.

"아름다움을 위해서라면 파괴하지 못할 규칙은 없다."

이 말을 신조로 삼았지요. 그래서 늘 새로운 형식을 찾으려고 노력했어요. 결코 흉내만 낸 것은 아니에요. 새로우면서도 완벽한 것을 추구했어요. 그래서 그 새로움을 처음 접하는 사람들이 마치 그것이 전에도 있었던 것처럼 착각할 정도로 자연스러웠다고 해요.

그는 악상이 떠오르면 노트에 적어놓고 수없이 생각을 거듭하며 발전시켰어요. 그래서 그의 노트는 베토벤 자신만 알아볼 정도로 고쳐 쓴 흔적이 가득했대요. 이렇게 베토벤은 하나를 작곡하더라도 매우 엄격했고, 처절할 정도로 자신을 채찍질했어요.

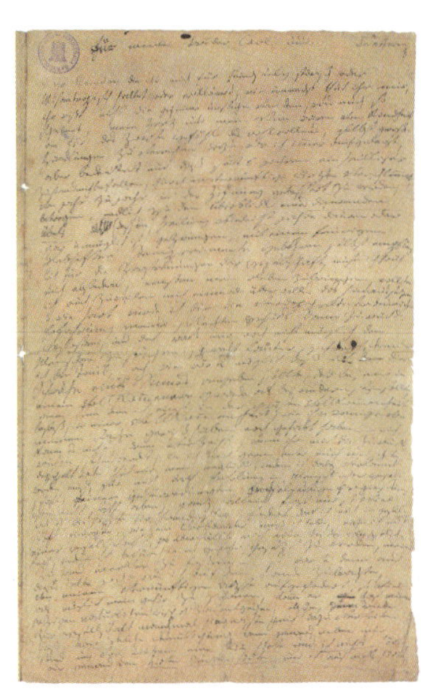

베토벤이 동생들에게 남긴 유서

　30대 중반에 접어든 베토벤은 귀가 너무 아파 이대로 죽을지도 모른다는 공포에 시달렸어요. 1802년, 빈 외곽에 있는 하일리겐슈타트라는 곳에서 요양을 할 때 동생들에게 이런 유서를 남겼지요.

지난 3년 동안 청력이 악화되어 귀가 밤낮으로 윙윙거린다. 나는 지금 비참한 삶을 살고 있다. 지난 2년 동안 사교 모임에도 나가지 않았다. 내가 귀머거리라는 사실이 알려지면 안 되니까.

내 동생 카를과 요한아, 내가 죽은 뒤에 슈미트 교수가 살아 있다면 즉시 교수에게 내 병상 기록을 내 이름으로 의뢰해다오. 그 병상 기록에 이 편지를 첨부해서 사람들이 나를 이해할 수 있게 해다오.

그럼 잘 있거라. 내가 죽어도 나를 아주 잊어버리지는 말아라. 살아 있는 동안 너희를 많이 생각했고, 너희를 행복하게 해주고 싶었다. 내가 죽더라도 결코 잊지는 말아라. 너희에게 부탁할 자격이 내게는 분명히 있다고 본다. 내 소원을 들어다오.

— 1802년 10월 6일 하일리겐슈타트에서

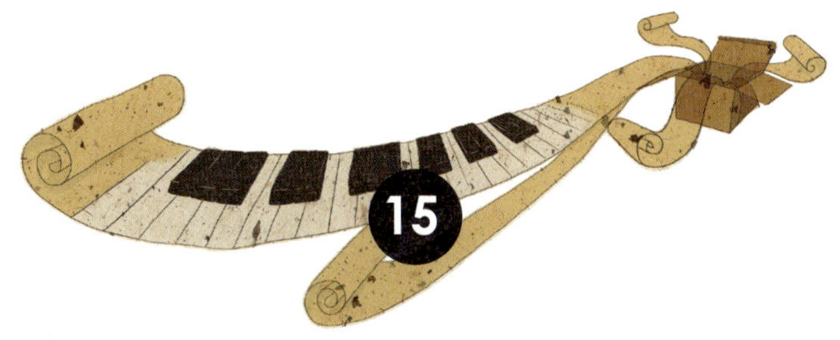

베토벤을 악성이라고 부르는 이유는?

베토벤이 그대로 죽었더라면 오늘날처럼 '악성'이라는 칭호는 붙지 않았겠죠. 베토벤은 이후 25년을 더 살며 위대한 곡을 썼습니다. 유서를 써놓은 뒤 더욱 적극적인 자세로 살았거든요. 죽을 각오를 하고 음악을 하면서 베토벤은 인격적으로도 더욱 성숙했어요. 그만큼 작품도 놀라울 정도로 완벽한 경지에 오르게 되었어요. 자신에게 주어진 가혹한 운명을 받아들이고, 그것을 더욱 성숙하는 기회로 삼은 거지요. 베토벤을 악성이라고 부르는 이유가 바로 이 때문입니다.

베토벤은 자신의 운명을 작품에 반영했어요. 음악의 기본 형식, 예를 들면 소나타 형식을 전개할 때 방해 요소를 넣고 음악을 점차 전개해 가면서 그 장애 요소를 사라지게 하여 주제를 분명하게 드러내었지요. 그러니까 음악에 자신의 운명과 철학을 담은 거예요.

이후 10여 년 동안 인류사에 길이 남을 명작을 쏟아냈습니다. 1915년 노벨 문학상을 받은 프랑스 작가 로맹 롤랑은 이때를 '걸작의 숲 시대'라고 표현하기도 했어요. 교향곡 3번《영웅》을 시작으로 하나같이 걸작으로 꼽히는 작품들이에요.

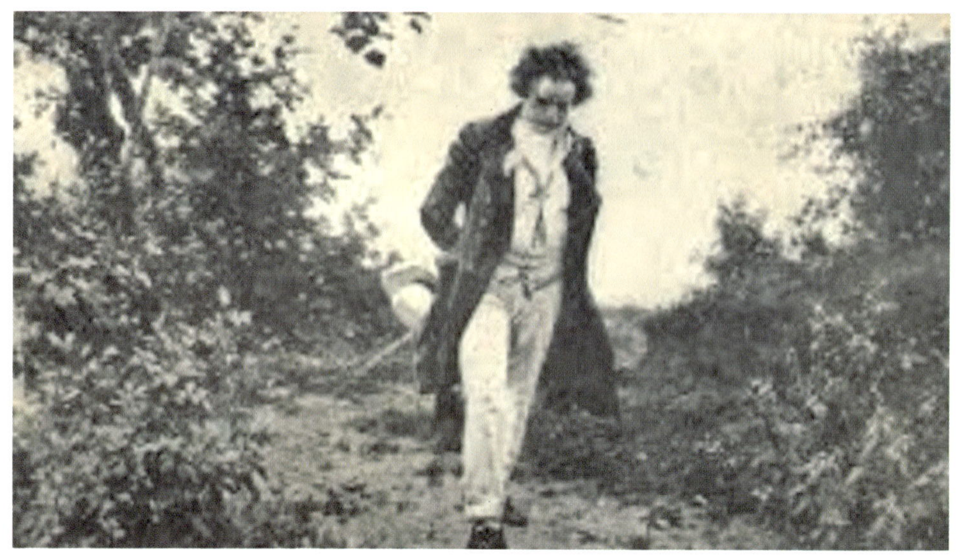

산책 중인 베토벤

교향곡과 피아노 소나타, 현악 4중주, 피아노 협주곡, 바이올린 협주곡 등 일일이 나열하기 어려울 정도로 많은 곡을 만들었지요. 베토벤의 10대 명곡이라고 할 수 있는 곡들이 대부분 이때 탄생했어요. 워낙 위대한 음악가라서 어느 것 하나 부족함이 없지만, 그래도 다음과 같은 곡들을 대표 명곡으로 손꼽을 수 있어요.

- 《운명 교향곡》(제5번 c단조 Op.67, 1808년)
- 《전원 교향곡》(제6번 F장조 Op.68, 1808년)
- 《합창 교향곡》(제9번 d단조 Op.125, 1823년)
- 〈비창 소나타〉(피아노 소나타 제8번 c단조 Op.13, 1798~1799년)
- 〈월광 소나타〉(피아노 소나타 제14번 c#단조 Op.27, 1801년)
- 〈열정 소나타〉(피아노 소나타 제23번 f단조 Op.57, 1806년)

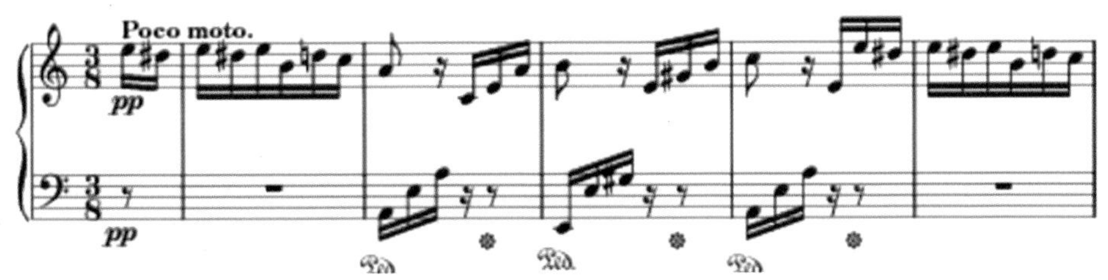

〈엘리제를 위하여〉 악보

- 〈스프링 소나타〉(바이올린 소나타 제5번 F장조 Op.24, 1801년)

- 〈피델리오〉(Op.27, 1805년)

- 〈에그몬트 서곡〉(Op.24, 1809년)

- 〈엘리제를 위하여〉(바가텔 제25번 a단조 WoO.59, 1810년)

한 가지 안타까운 것은 베토벤이 평생 결혼을 하지 못했다는 거예요. 결혼을 하려고 했거나 사랑에 빠졌던 여성은 몇 명 있었어요. 베토벤이 죽은 뒤에 편지가 발견되며 '베토벤이 가장 사랑했던 여인은 누구였을까?' 하는 궁금증을 불러일으키기도 했어요. 그것을 소재로 〈불멸의 연인〉이라는 영화가 만들어지기도 했죠.

베토벤의 첫사랑은 귀족 가문의 마리아라는 여인이었답니다. 마리아에게 피아노를 가르치다 사랑에 빠졌는데, 둘은 신분이 달랐기 때문에 결혼할 수 없었어요.

베토벤이 두 번째로 사랑한 여인은 친구가 소개한 엘레오노레라는 여인이었어요. 그녀에게 피아노를 가르치며 문학이나 철학에 관해 대화하고, 사교 예절 등 귀족 문화를 배울 수 있었지요. 그녀에게 사랑의 감정을 느꼈지만 우정도 소중했기에 조심스러웠어요. 그런 상황에서 결국 그 여인은 다른 남자와 결혼하고 말았어요.

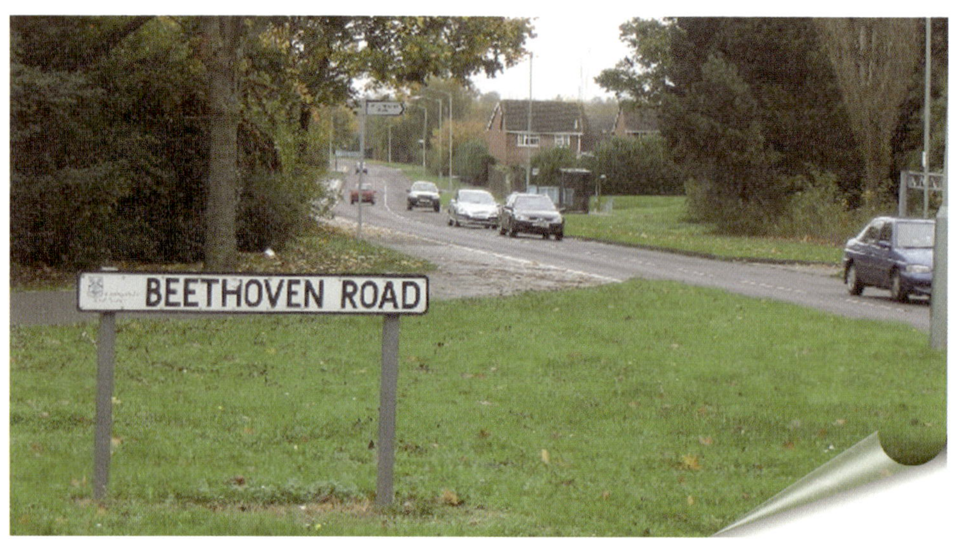

베토벤 산책로

그 후 여가수인 막달레나 빌만을 사랑해 그녀에게 청혼했지만 거절당했어요. 막달레나는 베토벤을 가리켜 "너무 못생긴 데다 반미치광이"라고 했거든요.

줄리에타 귀차르디는 베토벤이 다시 용기를 내어 청혼한 여인이에요. 1801년에 만나 〈월광 소나타〉를 바칠 정도로 그녀를 사랑했어요. 줄리에타는 베토벤의 청혼을 받아들였지만 그녀의 아버지가 반대하는 바람에 또 물거품이 되고 말았어요.

베토벤은 헝가리 귀족 가문의 테레제와 요제피네 자매와도 가깝게 지냈어요. 하지만 이들도 베토벤과는 이루어지지 않았어요. 이 밖에도 백작 부인, 남작 부인 등 베토벤이 사랑한 여인은 많았어요. 베토벤이 죽은 뒤 '불멸의 연인에게' 보낸 편지가 발견되었어요. 그 주인공이 위에서 얘기한 사람 중 누구인지는 알 수가 없어요. 분명한 사실은, 베토벤은 결혼을 하지 않았으나 단 한 번도 사랑하지 않은 적은 없었다는 거예요. 바로 그런 사랑이 있었기에 음악도 더욱 깊어지고, 더욱 아름다워졌다고 해요.

베토벤은 말년에 조카인 카를을 가르쳤어요. 이미 귀머거리가 되어 자신의 음악조차 듣지 못했지만 열성을 다했지요. 조카 교육에 집착하며 병을 더 키웠고, 마침내 1827년 3월 26일 숨을 거뒀어요. 당시 빈에서 열린 장례식에 2만여 명이 몰려 그의 죽음을 슬퍼했다고 해요.

베토벤의 빛나는 정신은 음악으로 부활해 우리의 소중한 친구가 되었어요. 보통 사람이라면 가혹한 운명 앞에 무릎을 꿇었을 테지만, 그는 끝내 이겨내고 위대한 음악을 남겼어요.

베토벤은 이렇게 말했답니다.

"이대로 굴복할 수는 없다. 나는 운명의 목을 힘껏 붙잡고 일어설 것이다."

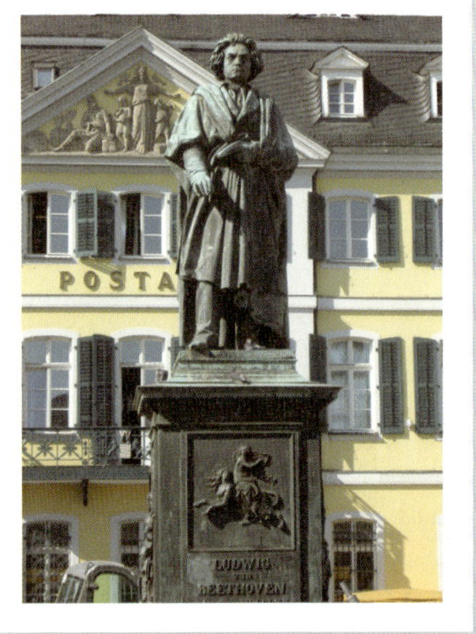

베토벤 동상

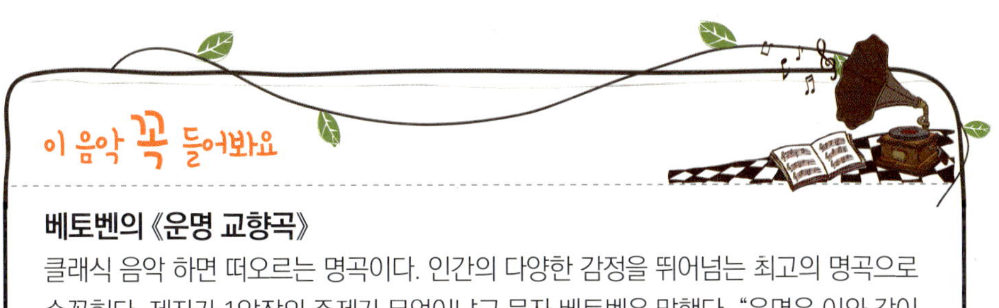

베토벤의 《운명 교향곡》

클래식 음악 하면 떠오르는 명곡이다. 인간의 다양한 감정을 뛰어넘는 최고의 명곡으로 손꼽힌다. 제자가 1악장의 주제가 무엇이냐고 묻자 베토벤은 말했다. "운명은 이와 같이 문을 두드린다." 바로 이 대답에서 작품의 제목이 유래했다.

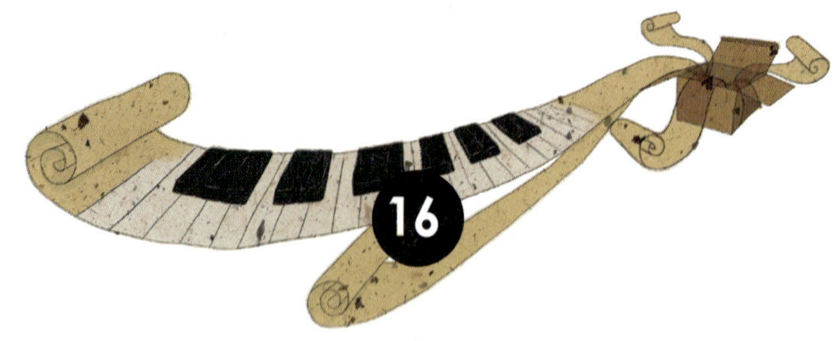

바로크 음악 시대를 연 비발디

    모차르트와 베토벤 못지않게 중요한 음악가가 비발디와 하이든이에요. 왜냐하면 둘 다 음악에 관한 한 선구자라고 할 만하거든요. 비발디는 바흐와 헨델에 앞서 클래식 음악이 무엇인지를 제대로 보여주었고, 하이든은 모차르트와 베토벤이 최고의 음악가로 성장하는 데 가장 크게 공헌한 음악가입니다. 클래식 음악과 친해지려면 이 두 음악가와 친해지는 것이 큰 도움이 됩니다.

    먼저, 안토니오 비발디에 대해 알아볼까요? 바흐를 음악의 아버지, 헨델을 음악의 어머니라고 한다는 건 앞에서 소개했어요. 이 두 사람에게 큰 영향을 끼친 사람이 바로 비발디입니다. 바흐와 헨델 둘 다 비발디의 음악을 교과서로 삼아 공부했어요. 특히 바흐는 비발디를 매우 존경해서 그의 교향곡을 편곡하기도 했어요. 그러니 비발디는 '음악의 할아버지'라고 부를 만하죠.

    비발디는 1678년 이탈리아의 베네치아에서 태어났습니다. 물 위에 떠 있는 도시 베네치아는 오늘날에도 많은 관광객이 모여드는 곳이에요. 비발디의 아버지는 그곳 산 마르코 대성당의 바이올린 연주자였어요. 그래서 비발디는 어려서부터 바이올린을 자연스럽게 배웠어요.

하지만 부모님은 비발디가 커서 신부가 되기를 바랐어요. 1693년 비발디는 수도사가 되었고, 10년 간 공부한 끝에 마침내 사제가 되었답니다. 그러나 '빨간 머리 사제'라 불린 비발디는 건강이 좋지 않아 미사 집전을 면제받았어요. 대신에 그는 음악 학교에서 학생들을 가르쳤어요. 비발디로서는 다행스러운 일인 거죠. 학생들을 가르치며 합창과 합주도 맡았고, 학생들을 위한 음악도 많이 만들었거든요.

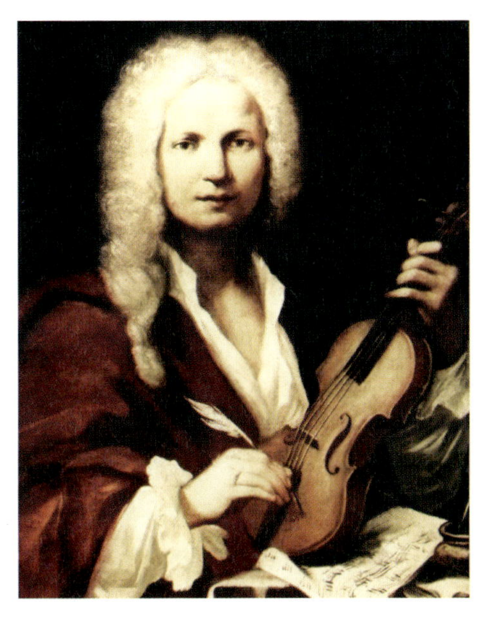

비발디

당시는 악기를 연주하는 기악보다 성악이 음악의 중심이었어요. 음악가들은 성악에 맞는 곡을 만들었는데, 대표적인 것이 성당에서 미사를 드릴 때 부르는 미사곡이에요. 비발디는 학교에서 미사곡과 함께 성가나 칸타타, 오라토리오, 협주곡 등을 많이 작곡했어요.

그중 협주곡이 대표적이에요. 비발디의 협주곡은 빠름-느림-빠름의 3악장으로 구성되고, 독주와 합주가 교대로 이어져요. 이런 형식은 바흐에게 커다란 영향을 끼쳤지요. 비발디가 남긴 합주곡은 무려 450곡이나 된답니다.

기악곡이 성악곡 못지않게 발전한 것은 비발디의 공이 크답니다. 비발디는 이

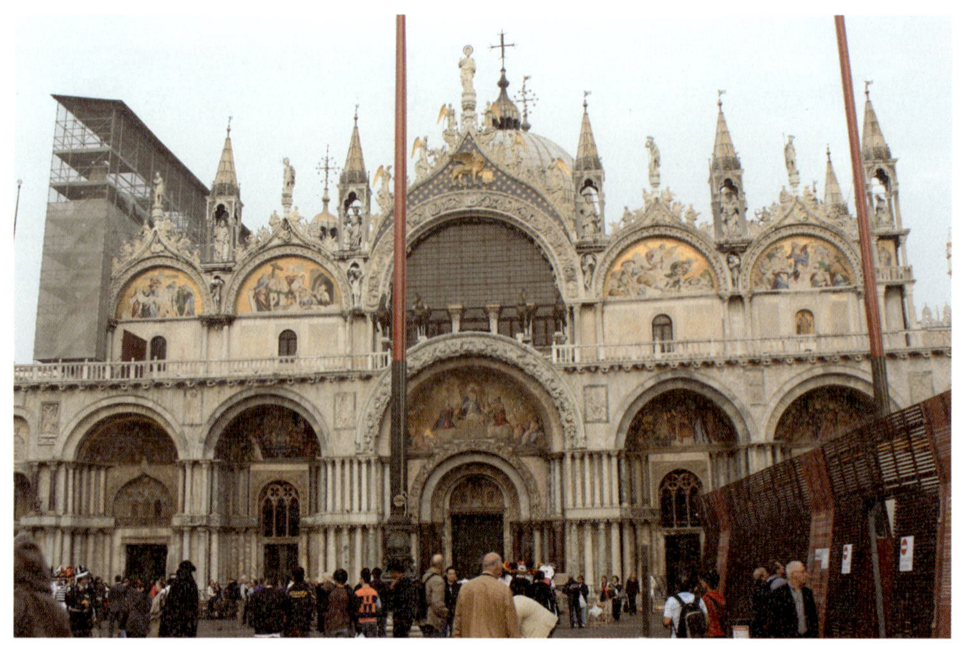

비발디의 아버지가 바이올리니스트로 활동한 산 마르코 대성당

탈리아와 독일에서 활약하며 실내악과 트리오 소나타, 가극을 정립시킨 음악가라는 평을 받았어요.

비발디도 모차르트처럼 연주 여행을 자주 다녔어요. 연주 여행은 단순한 여행이 아니라 다른 음악을 배우는 좋은 기회였어요. 비발디는 로마와 피렌체, 빈 등지를 여행하며 연주를 했어요.

주요 작품으로는 신포니아 23곡, 합주협주곡 〈조화와 영감〉, 바이올린과 관현악을 위한 《사계》, 갖가지 독주 악기를 위한 많은 협주곡과 실내 소나타 12곡, 바이올린 소나타 17곡 등이 있습니다.

이중 《사계》는 비발디의 대표곡으로 오늘날에도 널리 연주되는 곡이에요. 수많

은 클래식 명곡 중에서도 몇 손가락 안에 드
는 유명한 곡이죠. 드라마나 광고는 물
론이고, 휴대전화 벨소리에도 들어갈
만큼 우리 곁에서 늘 흘러나오고
있어요. 아마 여러분도 한번 들으
면 "아, 이 음악!" 하고 대번에 알아
챌 거예요.

《사계》의 가장 큰 매력은 역시 음악
으로 계절을 멋지게 표현한 것이에요.
어느 부분을 들으면 새가 울고 꽃이 피
는 듯하고, 어느 부분을 들으면 눈보라
가 치는 듯한 느낌을 받을 수 있거든요. 각 계절마다 빠름-느림-빠름의 3악장으
로 되어 있어요. 간단히 알아보도록 할게요.

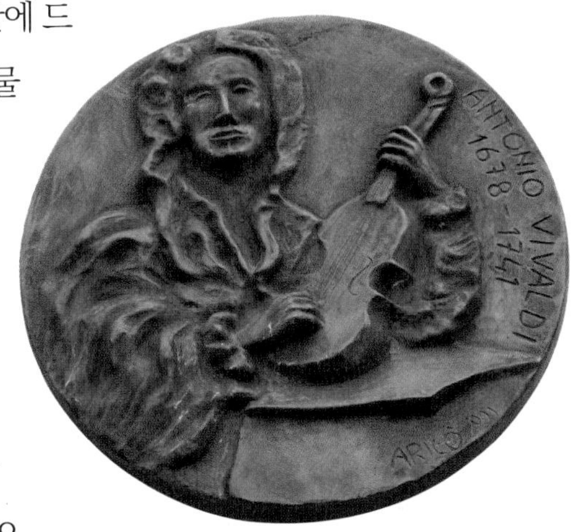

비발디를 기념하는 부조

- **봄 E장조**

  1악장 : 봄이 오는 기쁨을 나타냈다. 새들의 지저귐, 졸졸 흐르는 시냇물 소리, 작은 천둥소리
  가 봄 풍경을 보는 듯하다.

  2악장 : 봄 햇살을 받으며 잠들어 있는 양치기의 모습이 떠오른다. 옆에서 개 짖는 소리가 들
  려온다.

  3악장 : 봄의 요정과 양치기들이 춤을 춘다.

- **여름 g단조**

  1악장 : 사람들이 더위에 지쳐 있고, 숲에서는 뻐꾸기가 운다.

  2악장 : 쉬고 있는 농부의 모습이 그려지고, 노랫소리와 천둥소리가 들려온다.

3악장 : 비바람이 불어 곡식이 쓰러진다.

- **가을 F장조**

  1악장 : 수확을 기뻐하는 농부들의 모습이 그려진다.

  2악장 : 아름다운 전원 풍경이 펼쳐진다.

  3악장 : 겨울이 오기 전 농부들이 사냥을 한다.

- **겨울 f단조**

  1악장 : 초겨울 찬바람이 불고, 사람들은 난롯가에 둘러앉아 즐거운 한때를 보낸다.

  2악장 : 밖에는 눈비가 내린다. 난로 앞에서 쉬는 시인의 마음에 노래가 흐른다.

  3악장 : 얼음 위를 달리는 사람들이 그려진다. 얼음이 갈라지며 바람이 거칠게 분다.

비발디의 《사계》는 클래식 음악이 얼마나 친근한 음악이 될 수 있는지 느끼게 해주는 곡이에요. 본래 12곡으로, 바이올린 넉 대가 협주하도록 구성되었어요. 이중 앞부분 4곡이 바로 《사계》랍니다. 각 계절마다 짧은 시가 붙어 있는데, 이것이 바로 곡 내용을 설명하고 있어요.

《사계》는 특히 우리나라에서 클래식 음악 중 가장 인기 있는 곡으로 매번 1위를 차지하고 있답니다. 이런

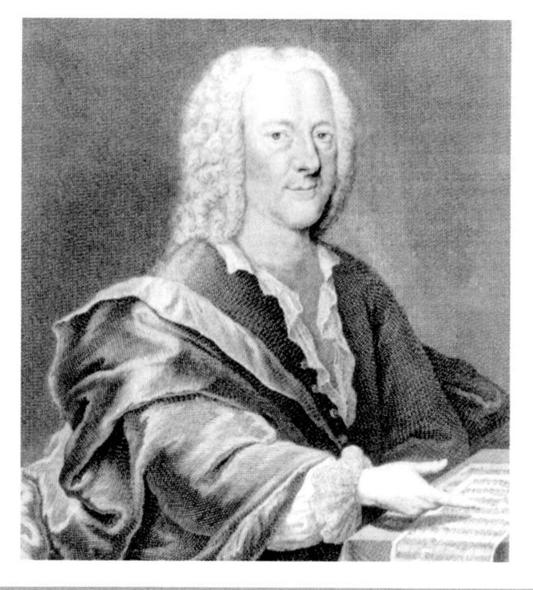

음악 역사상 가장 많은 곡을 남긴 필립 텔레만

친구라면 얼른 친해져야겠죠?

바로크 시대 음악가 중 몇 명만 더 소개할게요.

우선 오페라라는 새로운 장르를 개척한 이탈리아의 몬테베르디는 오페라《율리시즈의 귀환》을 남겼어요. 그는 의사의 아들로 태어나 오랫동안 궁정음악가로 활동하며 많은 곡을 썼어요.

독일의 필립 텔레만은 활동 당시에는 바흐보다 인기가 많았던 음악가예요. 무려 3,000곡이나 남겼는데, 음악 역사에서 가장 많은 곡을 쓴 작곡가로 기록되고 있어요. '식탁음악'이라고 불리는 〈타펠무지크〉가 대표작이에요.

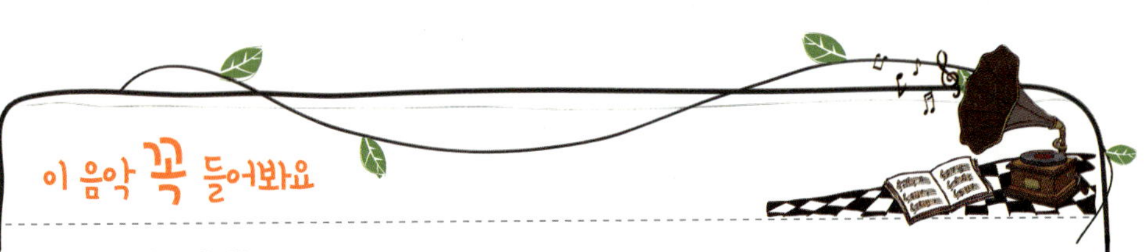

비발디의 《사계》
비발디가 1723년에 작곡한 바이올린 협주곡이다. 음악으로 사계절을 섬세하게 표현한 작품이다. 본래 12곡인데 봄, 여름, 가을, 겨울을 묘사한 앞부분 4곡이 유명해 '사계'라고 불린다.

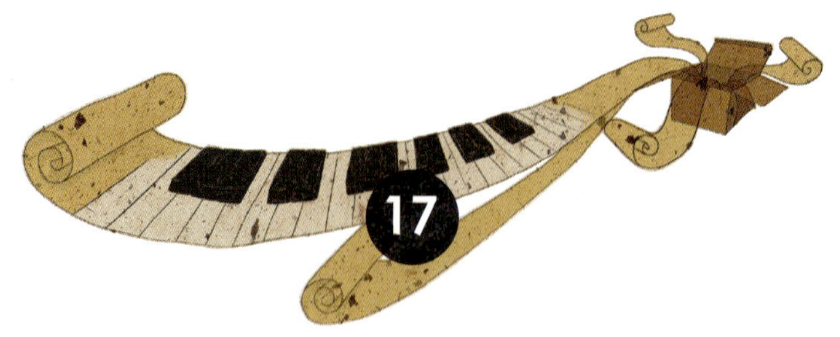

고전파 음악의 선구자, 하이든

    프란츠 요제프 하이든은 모차르트와 베토벤에 앞서 고전파 음악 시대를 활짝 연 음악가입니다. 왜 하이든을 고전파 음악의 선구자로 평가하는 걸까요? 앞선 시대의 음악가, 즉 바로크 음악가들과 다른 점이 있었기 때문이에요. 바로 하이든이 교향곡을 처음으로 개척했거든요. 그래서 하이든을 흔히 '교향곡의 아버지'라고 불러요.

    그렇다면 교향곡은 어떤 음악일까요? 교향곡은 관현악 합주를 위한 소나타를 말해요. 소나타는 우리가 앞에서 살펴봤어요. 여기에서 중요한 것은 바로 관현악 합주인데, 이는 관악기와 현악기가 어울려 연주하는 것을 말해요. 조화로운 음악이라고 해서 영어로는 '심포니'라고 하지요.

    교향곡을 처음으로 개척했다는 것은 대단한 일이에요. 클래식 음악의 진수가 바로 교향곡에 있다고 해도 지나친 말이 아니거든요. 고전파 음악 하면 교향곡이라고 해도 될 정도예요. 하이든은 물론이고 모차르트와 베토벤도 교향곡을 작곡하는 데에 집중했어요.

하이든은 1732년 오스트리아 로라우의 한 가난한 집안에서 태어났어요. 그의 아버지는 마차 수리공이었어요. 하이든은 일찍부터 음악에 소질을 보였지만, 가난해서 음악을 제대로 배울 기회가 없었어요. 어릴 때는 교회에서 합창단으로 활동했어요. 아직 변성기가 오지 않았을 때라 소프라노를 맡았다고 해요. 하지만 변성기에 접어들어 목소리가 변하자 합창단을 나와야 했어요.

음악은 하고 싶은데 배울 수도 없고, 갈 곳도 없었던 하이든은 떠돌이 생활을 했어요. 20대 후반이 되어서

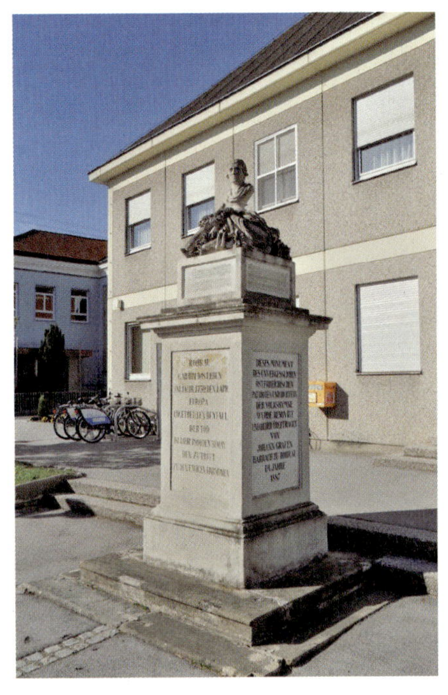

하이든 기념비

야 겨우 악단에 들어갔지요. 다른 음악가들처럼 좋은 환경에서 음악을 하지 못하고 불행한 청년기를 보낸 거죠. 하지만 가난 속에서도 음악만은 포기하지 않아, 스물아홉 살 때 헝가리의 귀족인 에스테르하지 후작의 궁정에서 악장을 맡으며 슬슬 재능을 보여주기 시작했어요. 이후 왕성한 활동을 하면서 많은 곡을 남겼답니다.

원만한 성격과 낙천적인 기질을 지닌 하이든은 말년까지 꾸준히 음악 활동을 했어요. 나이가 들면서 하이든은 사람들로부터 '파파'라는 애칭으로 불렸어요. 성격이 유별난 모차르트조차도 하이든을 '파파'라고 부르며 존경했어요. 하이든은 모차르트보다 스물네 살이나 많지만, 어린 시절부터 유명했던 모차르트와 친구

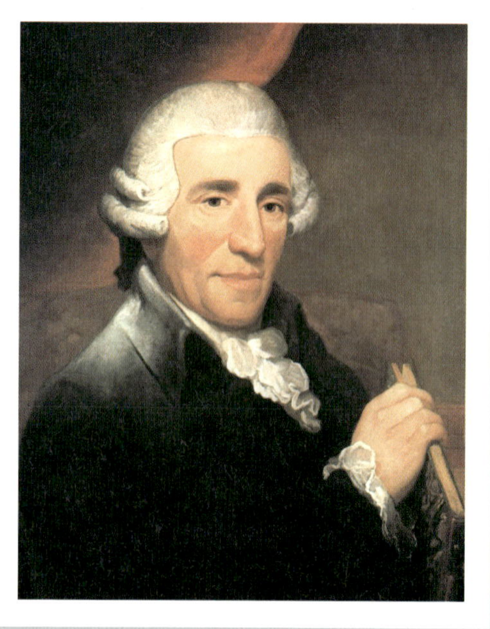

하이든

처럼 지냈다고 해요. 모차르트의 집에서 가끔 합주도 하고 말이에요. 모차르트가 비올라를 켜고, 하이든은 주로 바이올린을 연주했다고 해요. 하지만 모차르트가 하이든으로부터 큰 영향을 받았다는 것은 숨길 수 없는 사실이지요.

하이든은 또 베토벤을 잠깐 가르치기도 했어요. 물론 베토벤도 하이든의 영향을 많이 받았지요.

하이든의 명성은 점점 높아갔지만 오스트리아 빈에서는 그다지 대단하게 보지 않았어요. 하이든이 외국에서 큰 업적을 보여주지 못했기 때문이에요.

그 후 하이든은 1791년과 1794년에 영국을 방문해 연주회를 가졌어요. 당시 영국에서 크게 호평을 받자 빈에서도 비로소 대음악가로 인정을 해줬다고 하죠. 런던 옥스퍼드대학에서는 하이든에게 명예 음악박사 학위를 수여하기도 했답니다.

1791년, 영국에서 공연할 때의 일이에요. 당시 하이든은 영국에서 열렬한 환영을 받았어요. 영국 왕 조지 3세는 하이든을 어떻게든 영국에 주저앉히려고 노력했을 정도랍니다.

하이든은 당시를 이렇게 회상했어요.

"내가 도착하자 도시 전체가 크게 술렁거렸다. 사흘 동안 연달아 온갖 신문에 내 소식이 실렸다. 모든 사람들이 나를 알고 싶어했다."

그럼에도 불구하고 연주회장에서 조는 사람이 있었나 봐요. 음악을 들으려고 온 사람도 많았지만, 사교계에서 격식을 차리려고 의무적으로 참석한 사람들도 꽤 있었거든요. 하이든은 그런 사람들을 위해 재미난 곡을 준비했어요.

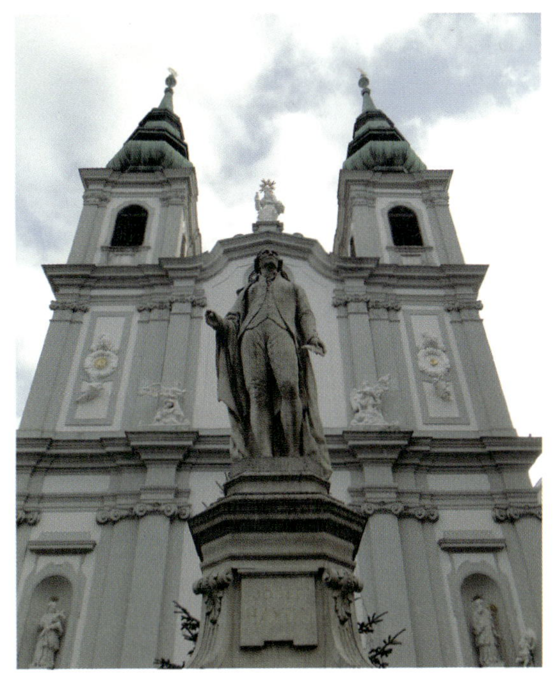

오스트리아 빈에 있는 하이든 동상

공연이 시작되자 처음엔 조용하게 연주를 시작했어요. 선율도 단조로웠지요. 그러다 2악장이 시작되자마자 꽝 하며 모든 악기가 일제히 큰 소리를 냈어요. 사람들은 정신이 번쩍 들었어요. 무슨 일이 생겼나 싶어 벌떡 일어선 사람도 많았어요. 하지만 연주가 계속되었죠. 이것이 그 유명한 교향곡 제94번 《놀람 교향곡》이에요.

《놀람 교향곡》을 포함해 모두 12곡의 교향곡을 묶어서 흔히 '잘로몬 교향곡'이라고 해요. 잘로몬은 당시 하이든의 런던 음악회를 기획한 사람의 이름입니다. 잘로몬 교향곡은 하이든이 남긴 104개 교향곡의 대미를 장식하는 곡으로 규모가 크고 충실해 하이든의 교향곡 중에서도 최고로 여겨집니다.

하이든은 훗날 영국에서 보낸 시절이 평생 가장 행복했다고 말했습니다. 자기를 인정해 주는 사람들을 위해 마음껏 재능을 발휘하며 최선을 다할 때 인간은 행복을 느끼니까요.

하이든은 교향곡을 비롯해 실내악과 소나타, 특히 현악 4중주를 많이 남겼습니다. 특히 1781년 〈러시아 4중주〉 이후로 주제를 보여주는 음악에 신경을 썼어요. 또 소나타 형식을 정립하고 발전시키는 새로운 방법을 보여줘, 고전파 음악의 선구자로 손꼽힙니다.

주요 작품으로는 오라토리오 《천지창조》와 《사계》, 교향곡 《고별》, 《놀람》, 《사냥》, 《군대》, 《시계》, 《큰북 연타》 등이 있습니다. 이 밖에도 30곡이 넘는 피아노 3중주곡, 80곡이 넘는 현악 4중주곡, 5곡 이상의 소나타 등을 남겼답니다. 1790년에 작곡한 〈종달새〉는 아마 여러분도 들어보았을 거예요. 다시 한 번 감상하며, 원곡이 어떻게 이루어지는지 잘 살펴보기 바랍니다.

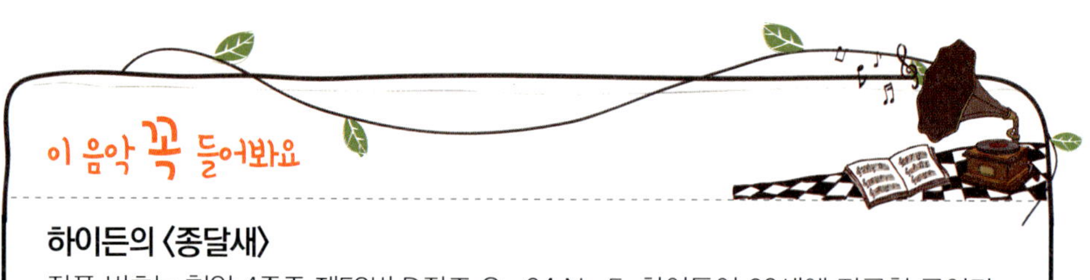

하이든의 〈종달새〉
작품 번호는 현악 4중주 제53번 D장조 Op.64 No.5. 하이든이 60세에 작곡한 곡이다. 1악장 도입부에서 바이올린 소리가 종달새 지저귀는 소리처럼 들린다고 해서 '종달새'라는 곡명이 붙었다.

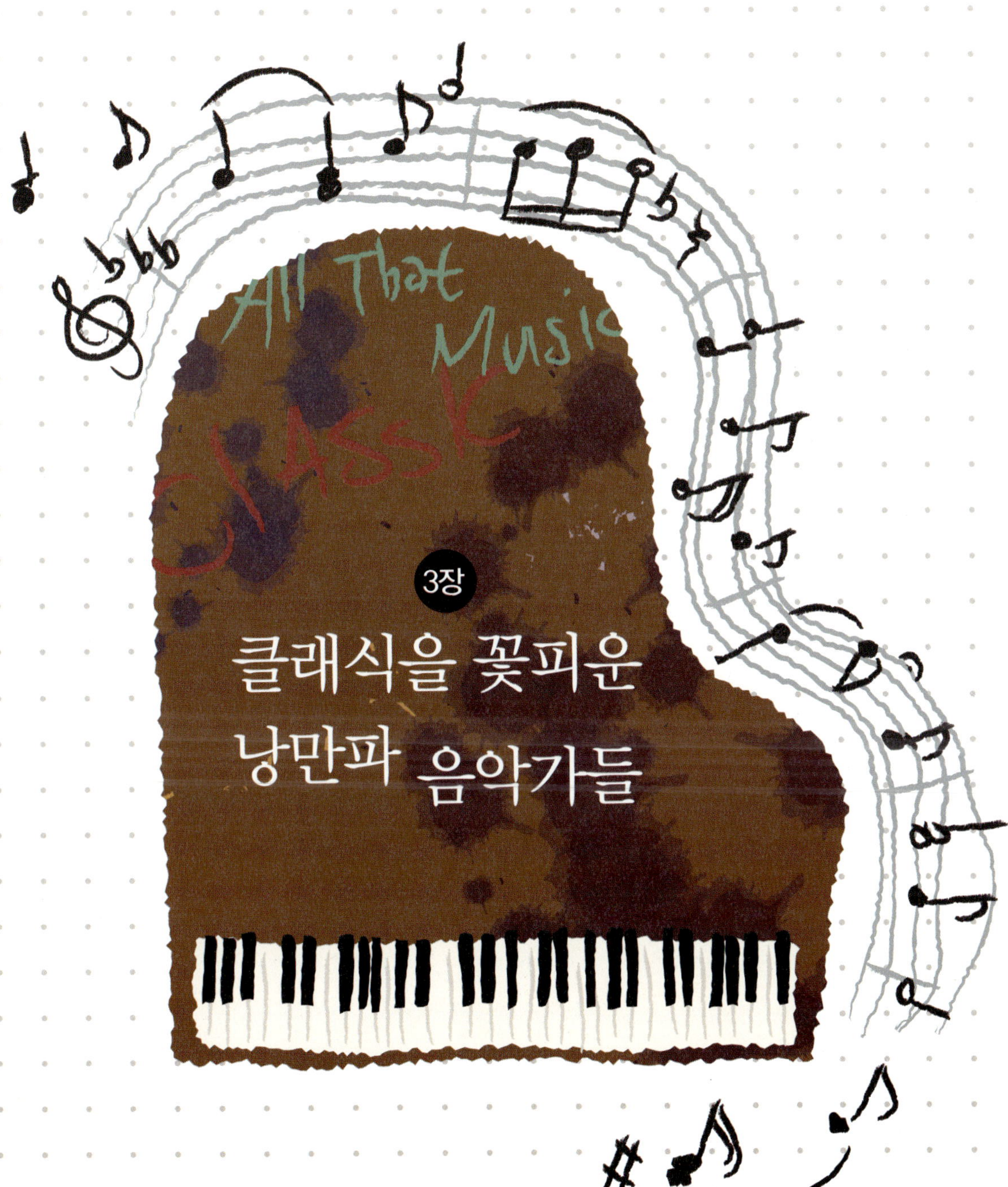
All That
Music
Classic
3장
클래식을 꽃피운
낭만파 음악가들

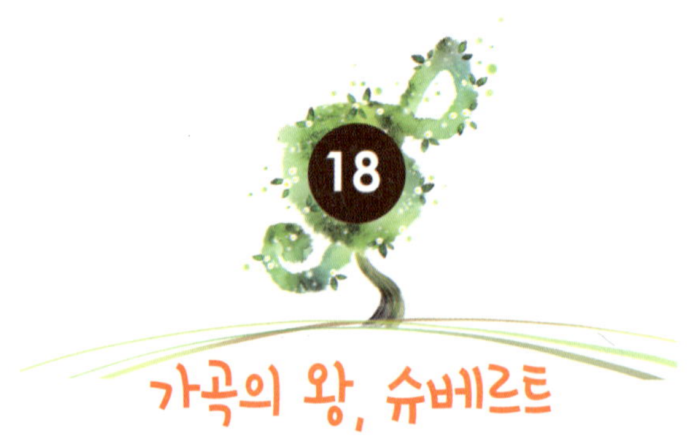

가곡의 왕, 슈베르트

앞에서 우리는 모차르트와 베토벤, 그리고 음악의 선구자들에 관해 알아보았어요. 바로크와 고전파 시대의 음악가들은 음악의 역사에서 보자면 다들 선구자들인 셈이에요. 그들이 닦아놓은 클래식 음악이 낭만파에 이르러서는 다양하게 전개되었어요. 작곡법도 훨씬 더 자유로워지고, 각 나라마다 특징 있는 음악들이 나오기 시작했답니다. 낭만파 음악 시대에 들어와 비로소 음악이 대중예술로 자리 잡았다고 할 수 있지요.

그러면 이제 낭만파 음악가들을 만나보도록 할까요? 낭만파 음악가들 중 자신의 나라 음악을 추구한 사람들을 특별히 국민악파라고 하는데, 여기에 대해선 뒤에서 살펴보기로 해요. 가장 먼저 소개할 낭만파 음악가는 오스트리아의 슈베르트입니다.

프란츠 페터 슈베르트는 정말 아까운 음악 천재예요. 겨우 서른한 살에 죽었거든요. 그가 남긴 수많은 가곡을 생각할 때, 10년만 더 살았다면 하는 아쉬움이 큽니다. 짧은 인생을 살았지만 그는 가곡을 무려 600곡이나 남겼어요. 그중에는 초

등학생들도 아는 노래가 참 많
아요. 〈들장미〉, 〈자장가〉 그
리고 《겨울 나그네》는 음악 시
간에 다 배웠을 거예요. 여기에
〈송어〉와 〈아베 마리아〉도 아
주 유명한 곡이지요.

　슈베르트는 1797년 1월 31
일, 오스트리아 빈 근처 리히텐
탈이라는 곳에서 태어났어요.
그의 아버지는 초등학교를 운
영했어요. 음악 천재답게 슈베
르트는 어려서부터 소질을 보
였는데, 교회에서 노래와 악기

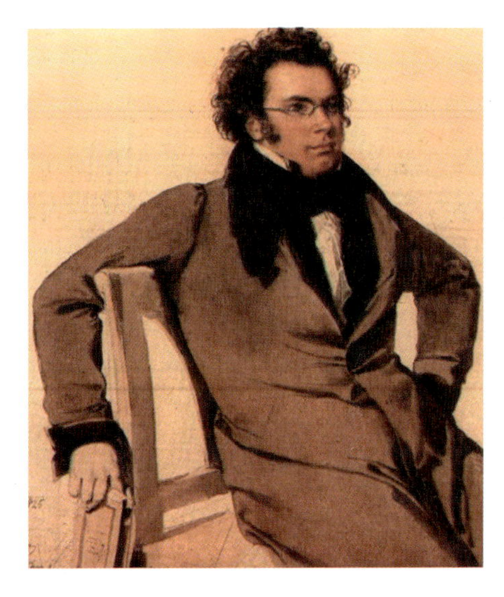

슈베르트

를 배웠어요. 열한 살 때 소프라노로 인정을 받아서 궁정예배당의 합창단으로 뽑
혀 국립 신학교에 들어갔어요. 이때부터 음악을 본격적으로 배우게 되었어요.

　하지만 슈베르트의 집안은 가난했어요. 열여섯 살이 되었을 때, 아버지가 운영
하는 학교에서 음악을 가르치며 집안일을 도와야 했죠. 그러나 오래 하지는 못했
어요. 교사직을 그만두고 다른 일을 찾았지만 쉽지 않았고, 틈틈이 작곡한 곡들도
알아주는 사람이 없었어요. 슈베르트는 마치 자신이 작곡한 《겨울 나그네》의 주
인공처럼 방황했지요.

　친구들은 슈베르트가 작곡한 곡들을 모아 당시 대문호인 괴테에게 보내는 등
그를 도와주려고 노력했어요. 덕분에 슈베르트는 친구네 집에 얹혀 지내기도 했
지요. 이후 슈베르트는 가끔 가정교사로 음악을 가르친 적은 있지만 한 번도 취직

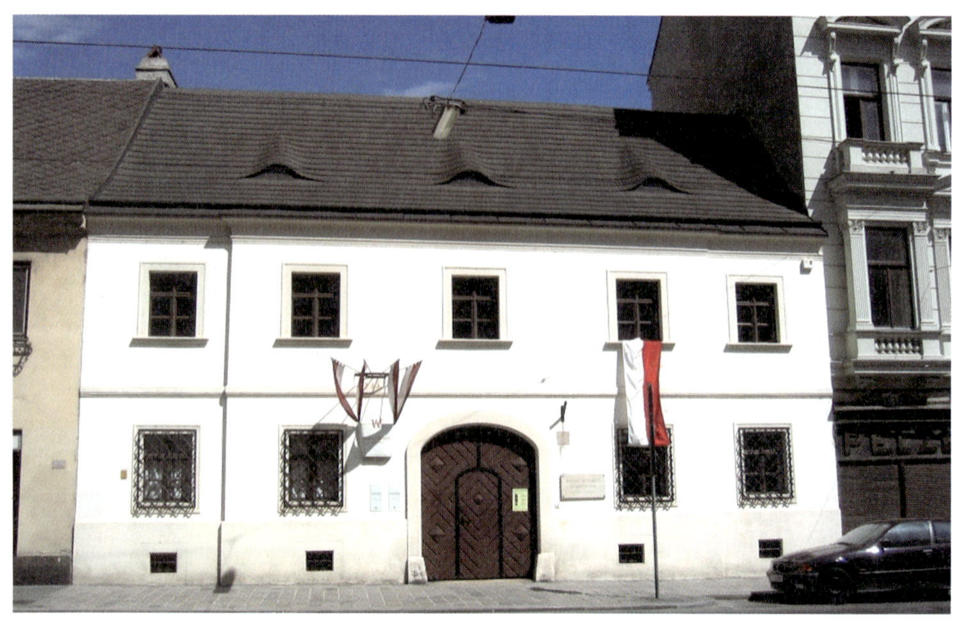

슈베르트가 태어난 집

한 적이 없어요. 게다가 가난해서 결혼도 못 했어요.

그렇게 어려움을 겪으면서도 슈베르트는 오로지 스스로 즐겁고, 다른 사람이 들어도 즐거운 곡을 만들었어요. 누가 알아주지 않아도 정말 열심히 음악 활동을 한 거죠.

그런 슈베르트에게 일생일대의 기회가 찾아왔어요. 1828년, 친구들의 도움으로 연주회를 가진 거예요. 연주회는 대성공을 거뒀고, 슈베르트는 단번에 스타가 되었어요. 큰돈을 벌게 된 슈베르트는 평생 갖고 싶었던 피아노를 구입하고, 나머지는 전부 친구들에게 나눠 주었죠. 그런데 그것이 마지막 연주회가 되고 말았어요. 그해 11월 19일, 31년이란 짧은 생을 마감했거든요. 그것도 거의 굶어 죽었다고 해요. 그는 평소 존경했던 베토벤 가까이에 묻혔어요.

이 세상에 알몸으로 내동댕이쳐져 누구의 도움도 없이 열성을 다해 스스로 탐구하고, 마침내 쓰러져야 했던 슈베르트. 이토록 비참한 생애가 또 있을까? 참으로 슈베르트만큼 불행한 천재를 본 적이 없다.

슈베르트가 죽은 뒤 그로브라는 사람이 안타까워하며 쓴 글입니다.

슈베르트의 위대함은 그가 죽은 뒤에 알려졌어요. 그렇게 짧은 생애를 살았으면서도 998곡이나 작곡했는데, 그중에서도 가곡이 무려 633곡이나 되었어요. 가곡은 고전파 음악 시대에는 별로 주목받지 못한 분야였어요. 슈베르트가 특유의 아름다운 선율과 멋진 화성을 배치하여 비로소 음악의 한 부문을 차지하게 되었지요. 그래서 슈베르트를 '가곡의 왕'이라고 부릅니다.

유명한 작품으로는 《미완성 교향곡》과 〈방랑자 환상곡〉, 〈군대행진곡〉, 가곡집 《아름다운 물방앗간의 아가씨》, 《겨울 나그네》, 《백조의 노래》, 그리고 〈송어〉, 〈마왕〉, 〈아베 마리아〉, 〈들장미〉, 〈자장가〉 등 헤아릴 수 없이 많아요. 슈만과 브람스, 슈트라우스 등 그의 영향을 받은 음악가도 한두 명이 아니에요. 슈베르트는 독일 낭만파 음악을 이끈 위대한 작곡가로 통해요.

《겨울 나그네》 중에서 가장 널리 알려진 〈보리수〉는 음악책에도 실려 있어요.

성문 앞 우물 곁에 서 있는 보리수
나는 그 그늘 아래 단꿈을 보았네.
가지에 희망의 말 새기어 놓고서
기쁘나 슬플 때나 찾아온 나무 밑……

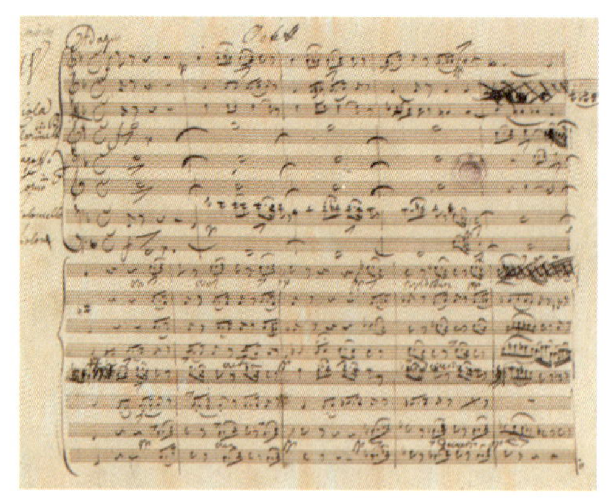

슈베르트가 남긴 악보

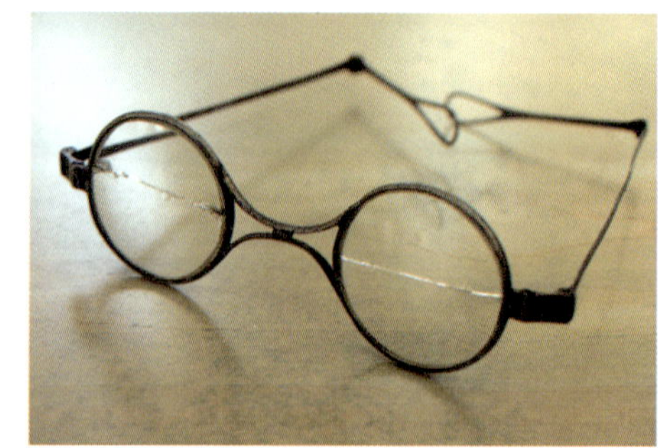

슈베르트가 쓰던 안경

눈보라치는 겨울, 사랑에 실패한 젊은이가 절망에 빠져 방황하는 모습을 표현하고 있어요. 쓸쓸하게 방황했던 슈베르트의 모습이 떠오르지 않나요?

《겨울 나그네》는 슈베르트가 독일 시인 빌헬름 뮐러의 시에다 곡을 붙인 거예요. 본래 제목은 '겨울 여행'인데, 실연의 아픔에 정처 없이 떠도는 모습을 노래로 표현했어요. 곡을 들어보면 슬프면서도 아름다워요. 특히 마지막 곡인 〈거리의 악사〉에 이르면 절망적이에요. 거리의 악사가 꽁꽁 언 손으로 손풍금을 연주하는 모습을 그리는데, 마치 슈베르트 자신의 죽음을 암시하는 듯해요.

마을 저 뒤편에 늙은 악사 한 사람이 서 있네.
얼음판 위에 맨발로 이리저리 비틀거리며
얼어붙은 손으로 건반을 누르고 있네.
앞에 놓인 접시에는 동전 한 닢 없네.
아무도 들어주지 않고 아무도 쳐다보지 않네.

개들은 그를 보고 으르렁거리지만 그는 신경도 쓰지 않네.

오로지 연주만 계속할 뿐, 그의 손풍금은 멈추질 않네.

기이한 노인이여, 내 당신과 동행해도 될는지?

내 노래에 맞춰 당신의 손풍금으로 반주를 해줄 순 없는지?

슈베르트는 죽기 1년 전쯤 《겨울 나그네》를 작곡했어요. 바로 베토벤이 죽은 해이기도 해요. 베토벤을 거의 신처럼 생각했던 슈베르트였으니, 그가 떠나고 난 뒤 아마도 절망적인 심정이었겠지요. 이 곡에는 베토벤의 죽음도 반영되어 있는 것 같아요. 이렇게 쓸쓸하면서도 아름다운 노래를 만들다니, 과연 슈베르트를 가곡의 왕이라고 부를 만하지요.

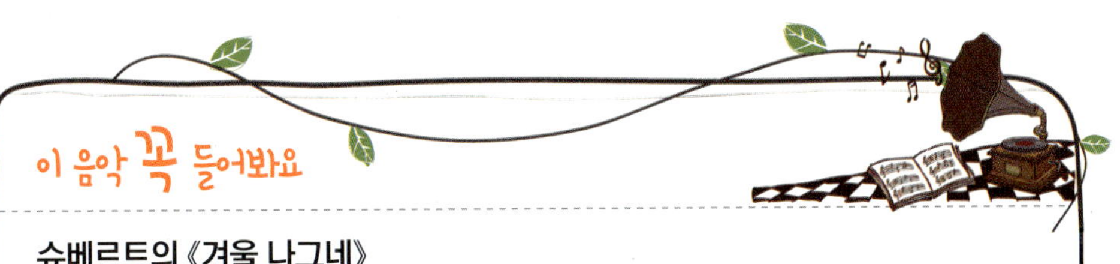

이 음악 꼭 들어봐요

슈베르트의 《겨울 나그네》

뮐러의 시집에 곡을 붙인 것으로 슈베르트가 서른 살에 작곡했다. 실연에 빠진 젊은이가 눈보라 속을 방황하는 느낌이 잔뜩 묻어나는 명곡이다. 모두 24곡이 담겨 있다.

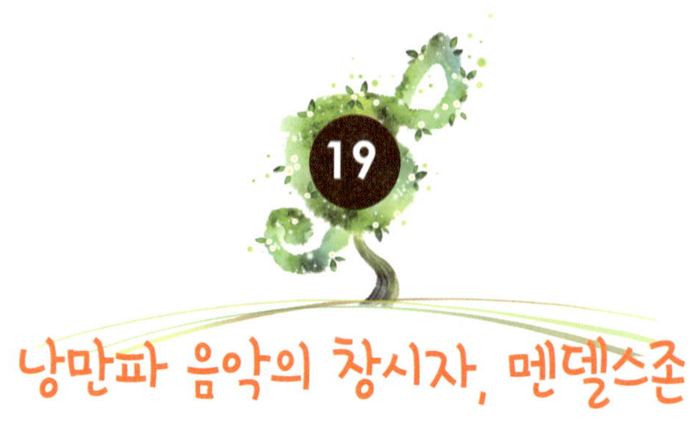

낭만파 음악의 창시자, 멘델스존

　멘델스존은 몰라도 〈결혼행진곡〉을 모르는 사람은 아마 거의 없을 거예요. 결혼식장에 가면 꼭 듣게 되는 음악이 바로 멘델스존의 작품이랍니다. 멘델스존이 바로 〈결혼행진곡〉을 작곡했거든요.

　1826년, 열일곱 살 소년 멘델스존은 셰익스피어의 희곡 《한여름 밤의 꿈》을 읽고는, "내일부터 난 '한여름 밤의 꿈'을 꾸기 시작할 거예요"라고 선언했어요. 그러고 만든 곡이 바로 《한여름 밤의 꿈》 서곡이지요.

　펠릭스 멘델스존은 1809년 독일 함부르크에서 태어났어요. 아버지가 은행가여서 어린 시절을 부유하게 보냈지요. 멘델스존은 어릴 때부터 재주가 많아서 음악은 물론이고 그림, 문학, 철학에도 뛰어났고 영어와 이탈리아어, 프랑스어, 라틴어 등 외국어도 유창하게 구사했어요. 그중 가장 뛰어난 건 역시 음악이었죠. 열세 살 때 집에 전속 오케스트라를 두고 작곡까지 했을 정도예요. 모차르트 못지않은 음악 신동이었던 거죠.

　어른이 된 멘델스존은 신사로 통했어요. 옷도 늘 깔끔하게 입었지요. 그래서 신사의 나라라고 하는 영국에서 인기가 많았어요. 멘델스존은 영국을 열 번이나 방문했는데, 그가 연주회를 열면 빅토리아 여왕까지 참석할 정도였지요.

멘델스존은 특히 지휘자로 유명했어요. 명지휘자를 가리켜 '마에스트로'라고 부르는데, 멘델스존이야말로 세계 최초의 진정한 마에스트로라고 할 만해요. 그는 스물여섯 살에 게반트하우스 오케스트라의 지휘자가 되어 유럽 최고의 악단으로 만들었거든요. 마에스트로는 본래 음악가만을 이야기하는 것은 아니었지요.

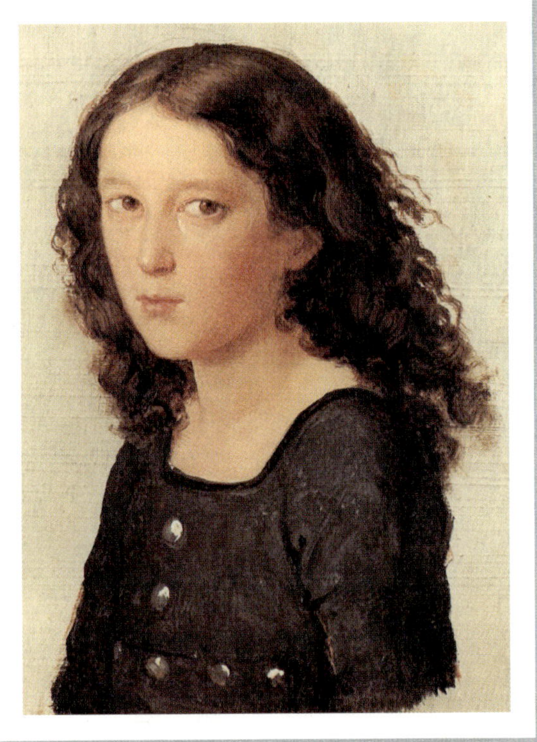

열두 살 때의 멘델스존 초상

멘델스존은 또 바흐를 '음악의 아버지'로 만든 사람으로도 잘 알려져 있어요. 바흐 편에서도 살펴보았듯, 사실 바흐는 살아생전에는 그렇게 유명하지 않았어요. 평생을 독일에서만 살며 음악을 했던 까닭에 외국에는 그다지 알려지지 않았거든요. 그러나 멘델스존은 바흐가 얼마나 대단한 작곡가인지를 알고 있었어요. 그래서 바흐 탄생 100주년 기념 음악회를 열고, 바흐의 대표곡인 《마태 수난곡》을 무대에 올려 호평을 받았어요.

이후부터 바흐는 세상 사람들로부터 관심을 받았으며, 마침내 서양 음악의 아버지라는 찬사를 받게 되었답니다. 멘델스존은 거기서 그치지 않고 바흐가 남긴 곡들을 전부 정리해서 악보를 출판하기도 했어요.

멘델스존은 또 모차르트와 베토벤, 슈베르트의 명곡들을 사람들에게 들려준 음악가이기도 해요. 그는 항상 사람들에게 좋은 음악을 들려주려고 노력했고, 그 덕분에 많은 음악가들이 큰 명성을 얻게 되었어요.

하지만 여러 방면에 재주가 뛰어났던 멘델스존은 겨우 서른여덟 살에 세상을 떠났어요. 누나를 잃은 뒤 슬픔을 이기지 못하고 시름시름 앓다가 몇 주 뒤에 영영 눈을 감고 말았지요.

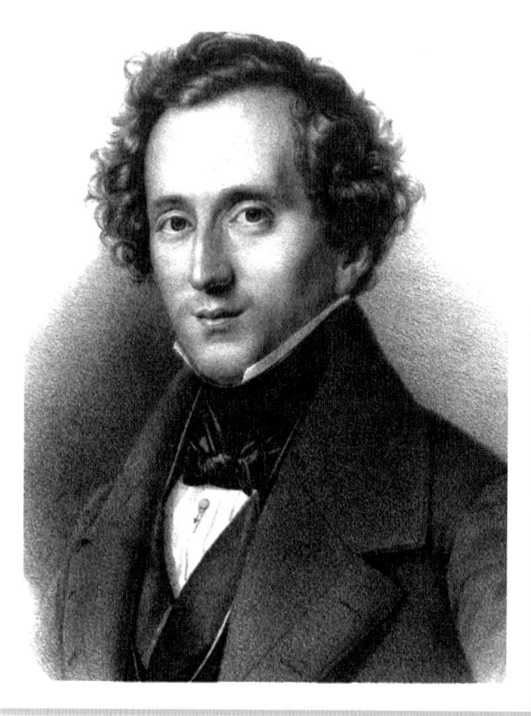

멘델스존

그의 대표곡은 《이탈리아 교향곡》과 《스코틀랜드 교향곡》이에요. 두 나라를 여행하면서 받은 느낌을 담았다고 해요. 멘델스존은 또 바이올린 협주곡을 많이 작곡해서 베토벤, 브람스와 함께 3대 바이올린 협주곡을 남겼답니다. 낭만파 음악을 확고하게 세운 음악가로 음악 역사에 중요한 위치를 차지하고 있어요.

멘델스존이 남긴 〈결혼행진곡〉은 《한여름 밤의 꿈》에

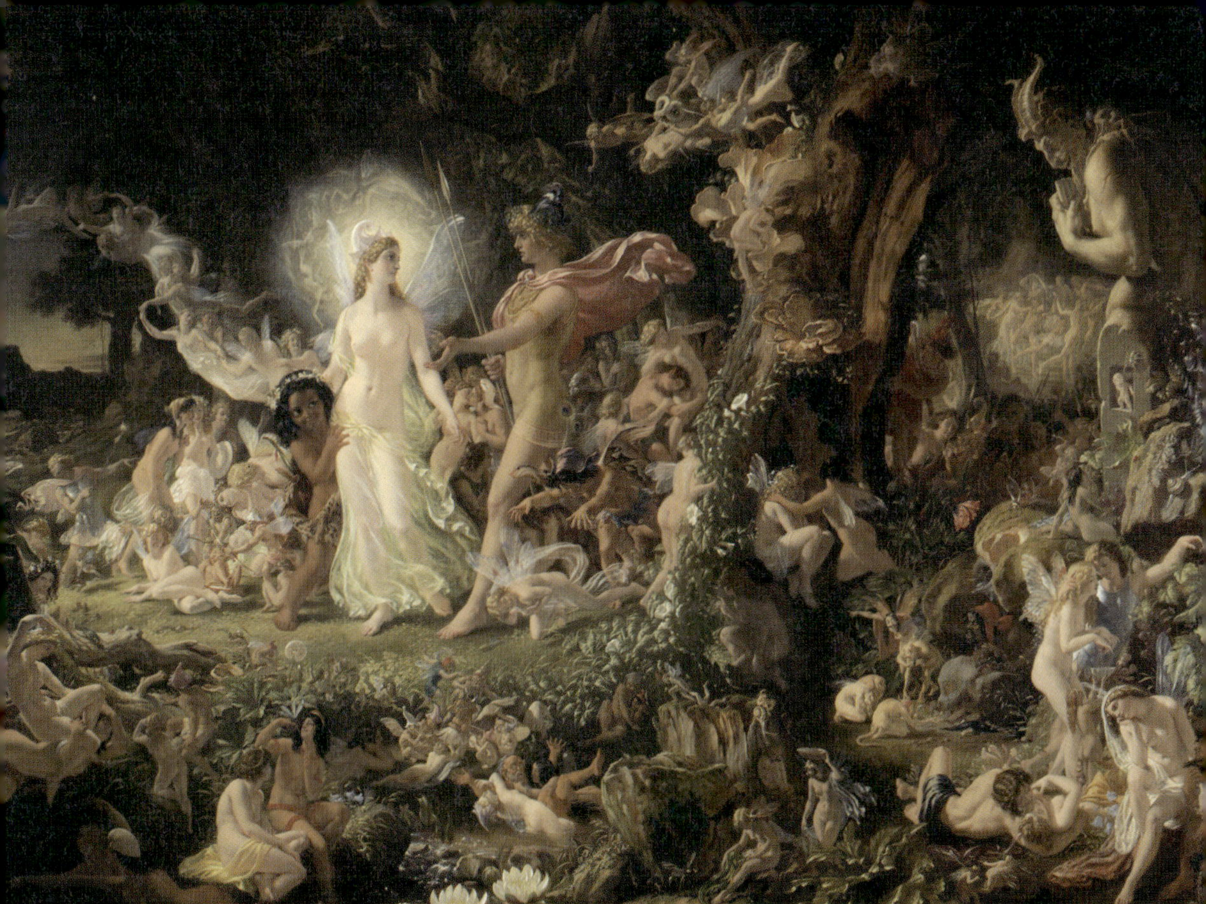

《한여름 밤의 꿈》에 등장하는 숲속의 요정들

수록된 13곡 중 하나예요. 서곡은 열일곱 살 때 완성했고, 나머지 12곡은 그로부터 무려 17년이 지난 1843년에야 완성했지요. 프로이센 국왕 프리드리히 빌헬름 4세의 요청으로 만들었다고 해요. 그래서 〈결혼행진곡〉도 맨 처음 빌헬름 4세를 위해서 연주했어요. 왕의 생일날 축하 연주로 말이에요.

《한여름 밤의 꿈》은 여러 가지 사건에 휘말렸던 연인들이 결국 결혼에 성공한다는 동화 같은 이야기예요. 멘델스존은 그 장면을 기쁨과 축제 분위기가 가득한 행진곡으로 꾸몄어요. 먼저 트럼펫이 팡파르를 연주한 뒤 〈결혼행진곡〉이 나오는데, 결혼식을 마친 신랑 신부가 퇴장할 때 울려 퍼지는 곡이지요. 혹시 결혼식장에 갈 기회가 있다면 귀를 기울여 한번 들어보아요.

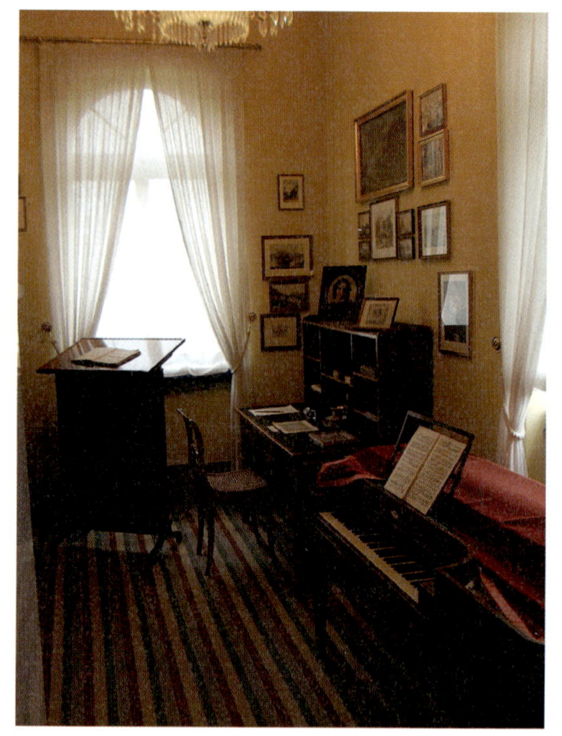

멘델스존이 살던 집

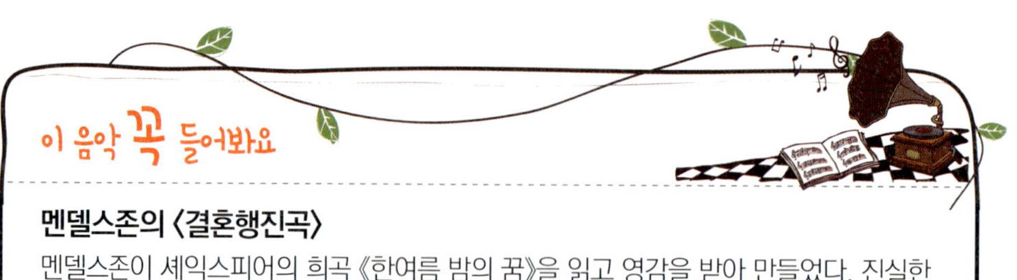

멘델스존의 〈결혼행진곡〉

멘델스존이 셰익스피어의 희곡 《한여름 밤의 꿈》을 읽고 영감을 받아 만들었다. 진실한 사랑을 찾는 연인들이 요정의 도움으로 결혼에 성공한다는 이야기를 담고 있다. 1826년 작품이다.

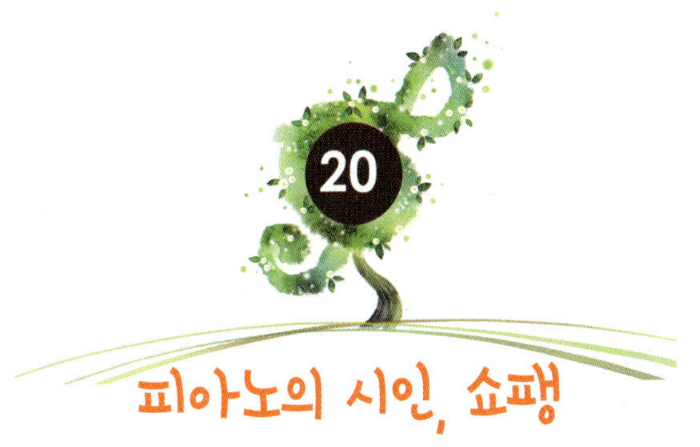

피아노의 시인, 쇼팽

이번에 만나볼 음악가는 폴란드 태생의 쇼팽입니다. 쇼팽은 피아노를 매우 잘 쳐서 흔히 '피아노의 시인'으로 불리죠. 그만큼 피아노에 관해서는 역대 최고의 음악가라고 할 수 있어요.

프레데릭 쇼팽은 1810년 폴란드의 수도 바르샤바 근교의 젤라조바 볼라에서 태어났어요. 앞서 소개한 음악가들 못지않게 쇼팽도 어릴 적부터 '음악 신동'으로 불렸어요. 여덟 살 때 벌써 연주회를 열었을 정도지요. 중학교를 졸업한 뒤 본격적으로 음악을 배우기 위해 바르샤바 음악원에 들어가 스승 엘스너에게서 많은 것을 배웠다고 해요.

그의 조국 폴란드는 우리나라처럼 외침을 많이 받은 나라예요. 주변에 독일과 러시아 등 강대국들이 있어서 전쟁이 끊이질 않았거든요. 쇼팽이 활동할 때도 폴란드 독립혁명이 일어나 온 나라가 어수선했답니다. 쇼팽은 이 혁명에 가담했다가 프랑스로 달아났고, 그 뒤 다시는 고국으로 돌아가지 못했어요. 그가 프랑스로 간 것은 본래 쇼팽 가문이 프랑스 출신으로 폴란드에 귀화해 살고 있었기 때문이

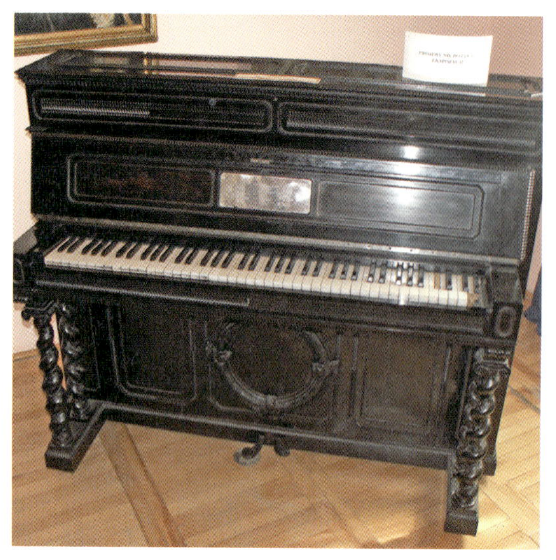

쇼팽의 피아노

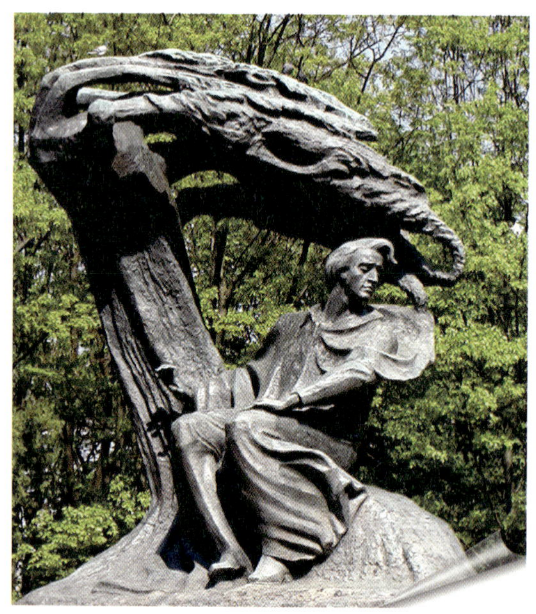

바르샤바 와지엔키 공원의 쇼팽 동상

라고 해요.

프랑스는 쇼팽에게 기회의 땅이었어요. 당시 프랑스에선 사교 모임이 활발했어요. 예술가들과 귀부인, 귀족 들이 살롱에 모여 인생을 이야기하고 예술을 즐기곤 했지요. 피아노를 잘 치는 쇼팽은 일약 살롱의 스타가 되었어요. 얼굴도 잘생겼지, 피아노도 잘 치지, 게다가 매너도 좋으니 그를 보려고 귀부인들이 줄을 설 정도였답니다.

쇼팽은 프랑스의 유명한 소설가 조르주 상드와 연인이 되었어요. 상드는 쇼팽이 폐결핵으로 고생할 때 곁에서 극진히 간호하며 돌봐주었다고 해요.

하지만 상드와 헤어진 후 폐결핵이 재발했어요. 1849년 영국으로 연주 여행을 다녀온 뒤 병이 악화되어 10월

17일 쓸쓸하게 세상을 떠나고 말았어요. 겨우 서른아홉 살에 다른 위대한 음악가들처럼 일찍 세상을 등지게 된 거죠.

쇼팽의 음악은 여성스러운 부드러움과 섬세함이 특징이에요. 또 조국 폴란드에 대한 그리움을 음악에 표현했어요. 젊은 시절 고국에서 쫓겨나 눈을 감을 때까지 돌아가지 못했으니 얼마나 그리웠을까요.

쇼팽은 폴란드의 민속 춤곡인 마주르카와 폴로네즈를 많이 남겼고, 왈츠도 20곡이나 작곡해 고국에 대한 그리움을 달랬어요. 이중 폴로네즈는 4분의 3박자의 느린 춤곡인데, 대표작으로 〈즉흥환상곡〉과 〈강아지 왈츠〉, 〈빗방울 전주곡〉 등이 있어요. 폴란드에서 궁정 의식이나 귀족들의 행렬에 사용했던 음악이에요. 이에 비해 마주르카는 서민들이 손뼉을 치며 신나게 춤추는 춤곡이랍니다.

쇼팽은 특히 피아노곡이 유명해요. 교향곡 하면 베토벤, 실내악곡 하면 하이든, 가곡 하면 슈베르트를 꼽는데, 쇼팽 하면 피아노곡이에요. 마주르카와 폴로네즈 같은 민속음악은 물론이고 왈츠와 발라드, 스케르초, 녹

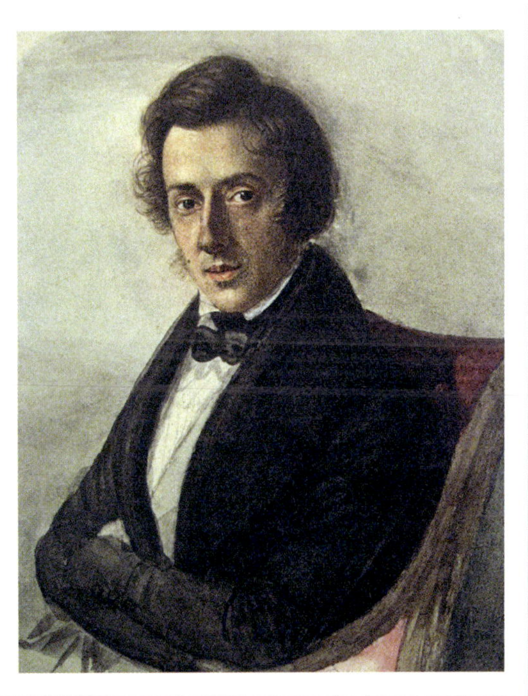

쇼팽

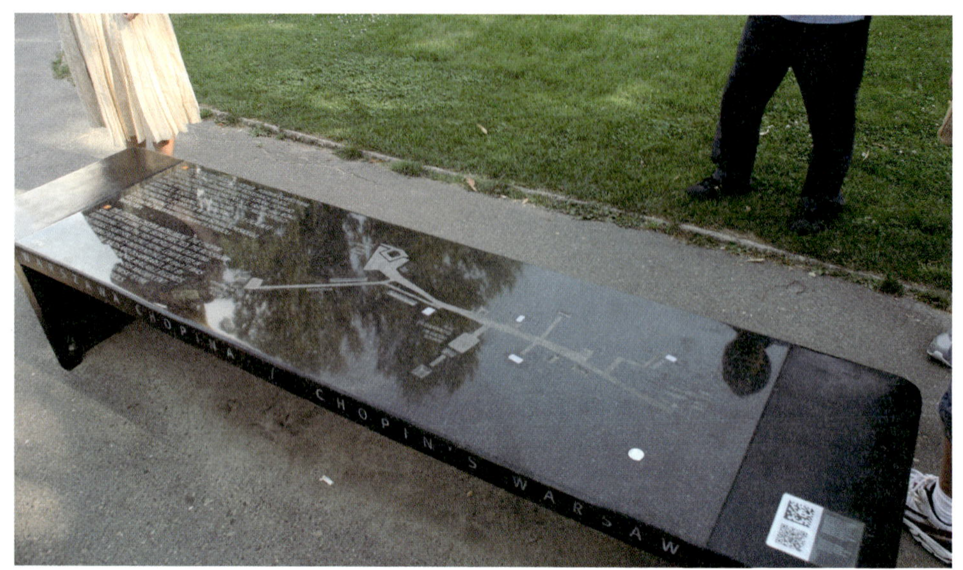

쇼팽 탄생 200주년을 기념하는 벤치

턴, 즉흥곡 등 대부분의 음악에 피아노를 넣었어요. 섬세하고도 부드러운 곡들이 대부분이지만 그 속에는 강한 기백이 숨어 있다고 해요. 바로 조국 폴란드에 대한 애국심이 그것이에요. 그래서 독일의 작곡가 슈만은 그의 음악을 "꽃밭 속에 숨겨진 대포"라고 평가했어요.

쇼팽의 작품은 대부분 명곡이지만 그중에서도 〈즉흥환상곡〉을 최고로 손꼽아요. 1834년 파리에서 만들었는데, 폴란드 출신의 피아니스트이자 친구인 줄르 폰타나에게 바친 곡이에요. 하지만 이 곡은 쇼팽이 죽고 난 뒤에 발표되었어요. 꿈을 꾸는 듯 몽환적인 느낌과 슬픔 그리고 격한 감정을 불러일으키는 음악으로 유명해요. 그래서 피아노를 배우는 사람이라면 누구나 한 번쯤 쳐보고 싶어하는 곡이에요.

어린이들에게 친숙한 곡을 들라면 단연 〈강아지 왈츠〉예요. 이 곡은 〈피아노의

숲〉이라는 일본 애니메이션
에도 나왔어요.

하필 강아지를 주인공으
로 했을까 궁금하죠? 쇼팽은
사랑하는 조르주 상드를 위
해서 이 곡을 만들었대요.
집에서 기르는 강아지를 위
해 음악을 만들어달라는 상
드의 부탁을 받고 작곡한 것
으로 알려져 있어요. 음악을
들어보면 강아지가 꼬리를
흔들며 빙글빙글 도는 모습
이 떠오를 거예요.

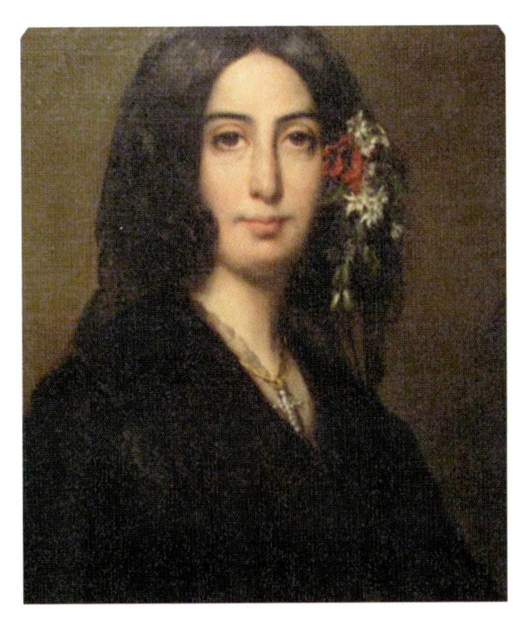

쇼팽이 사랑했던 조르주 상드

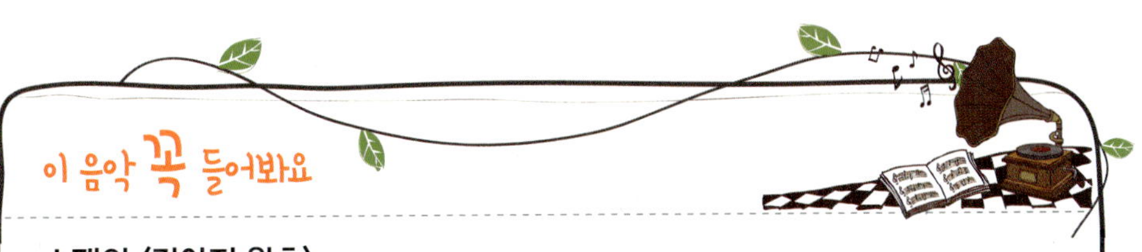

이 음악 꼭 들어봐요

쇼팽의 〈강아지 왈츠〉

쇼팽이 연인 조르주 상드의 애완견이 자기 꼬리를 잡으려고 빙빙 도는 모습을 보고 1847
년에 만든 곡이다. 피아노 소리가 아주 경쾌해 강아지의 모습을 떠올리면서 들으면 웃음
이 절로 난다.

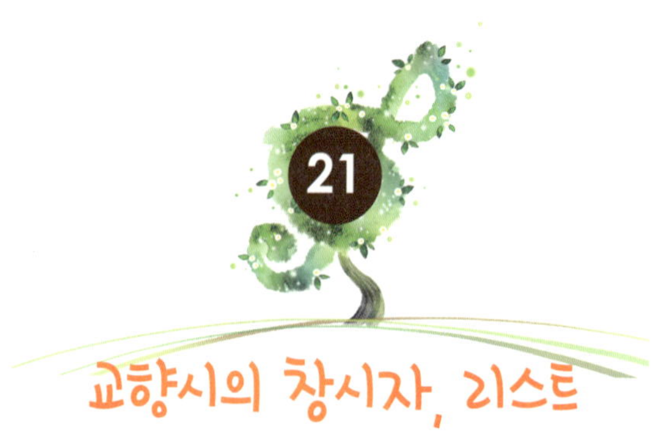

교향시의 창시자, 리스트

낭만파 음악 시대에는 스타가 많이 탄생했어요. 작곡가나 연주가 중에 대중의 인기를 한몸에 받은 사람이 많아요. 앞에서 소개한 쇼팽 못지않게 피아노로 스타가 된 사람이 헝가리 태생의 리스트입니다.

리스트는 얼굴도 미남인 데다가 자신만의 독특한 스타일을 가지고 있어서 더 인기를 끌었지요. 연주하러 나올 때마다 그는 꼭 초록색 장갑을 끼었어요. 그러고는 피아노 앞에 앉으며 한 짝씩 벗는데, 그 모습을 보고 귀부인들이 반해서 "까악~" 하고 소리를 지르곤 했대요. 요즘 아이돌 스타에 열광하는 것처럼 말이죠.

리스트는 음악가들 중 처음으로 리사이틀을 연 사람이기도 해요. 리사이틀은 요즘에 대중가수들이 주로 하는데, 당시에는 혼자 연주하는 걸 말했어요. 물론 악기가 몇 개 등장하기는 했지만 반주만 해주는 정도였어요. 리사이틀이라는 말은 바로 리스트 때문에 생겼다고 해요.

프란츠 리스트는 1811년 10월 22일 헝가리의 라이딩에서 태어났어요. 어려서부터 피아노를 워낙 잘 쳐서 아홉 살 때 독주회를 열었을 정도예요. 특히 열한 살

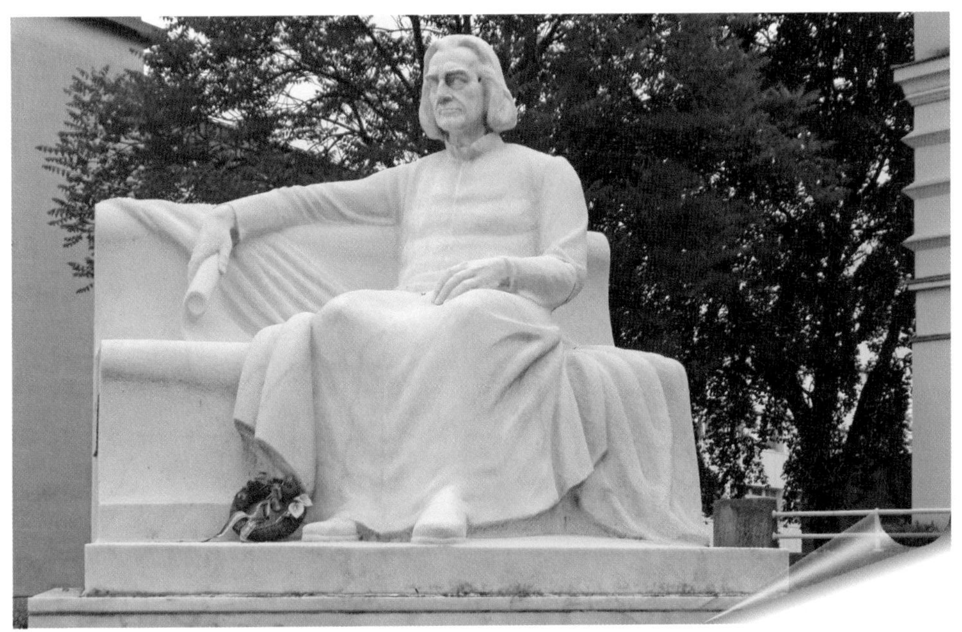

리스트 동상

때 오스트리아 빈에서 연주회를 가졌는데, 청중들이 너무 열광해서 큰 소동이 일어났대요. 이때 베토벤도 음악 신동이 나타났다는 소문을 듣고 연주회에 가서 지켜보았어요. 연주회가 끝난 뒤 베토벤은 리스트에게 입을 맞추며 이렇게 말했어요.

"이 터키의 꼬마 녀석, 참 대단하구나!"

베토벤은 리스트가 터키 사람인 줄 알았던 거예요.

이후 리스트는 베토벤의 제자 체르니에게 피아노와 작곡을 배웠고, 살리에리에게도 작곡과 화성학을 배웠어요. 체르니는 피아노를 배우는 사람이라면 누구나 아는 이름이지요. 바로 피아노 교본을 만든 사람이거든요.

실력이 더 늘자 리스트는 파리 음악원에 들어가려고 했어요. 그러나 당시 파리

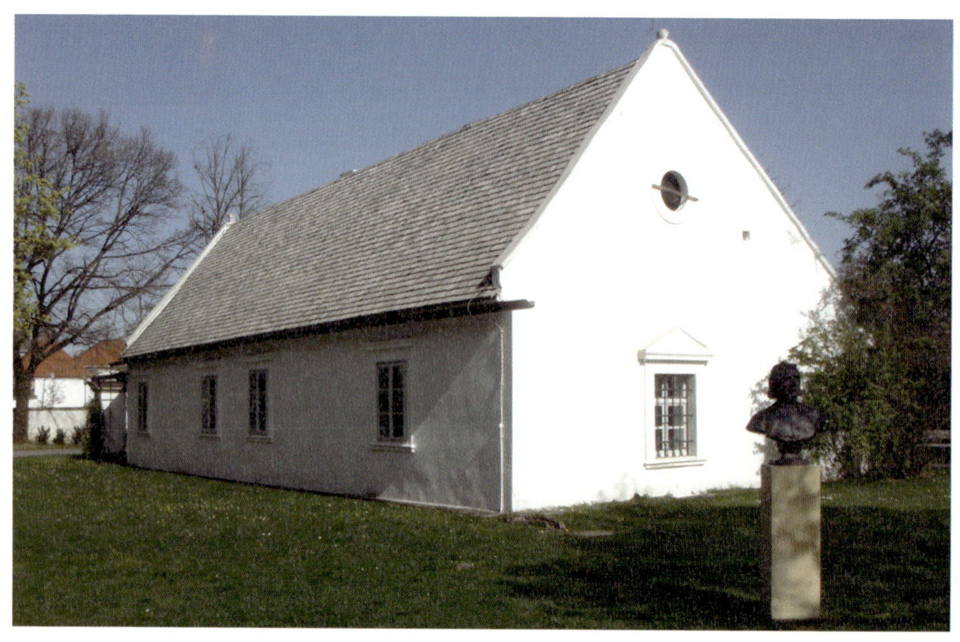

라이딩 마을에 있는 리스트 생가

음악원에서는 외국인을 받지 않았대요. 하지만 그의 천부적인 재능은 파리에서 빛을 발했어요. 1823년부터 파리를 중심으로 10년 동안 활약하며 영국에도 네 번이나 건너가 연주회를 열며 명성을 떨쳤어요.

당시 "피아노는 리스트, 바이올린은 파가니니"라는 말이 있었어요. 쇼팽을 파리 음악계에 소개한 사람도 리스트였다고 해요. 또 바그너를 소개한 사람도 그였고요. 바그너는 초기에 여러 번 좌절을 겪었는데 그때마다 리스트가 도움을 줬다고 해요. 《환상 교향곡》으로 유명한 프랑스의 작곡가 베를리오즈를 여러모로 도와주기도 했다니까 리스트는 좋은 친구였음이 틀림없네요.

10여 년이 넘게 여러 곳을 돌아다니며 연주회를 가진 리스트는 1847년 바이마르 궁정의 악장으로 취임하면서 새로운 전환기를 맞았어요. 작곡도 더욱 세련되어지고 지휘자로서도 훌륭한 마에스트로로 성장한 것이지요.

한 가지 아쉬운 점은 리스트가 유부녀를 사랑했다는 사실이에요. 자기보다 여섯 살 많은 마리 다구 백작 부인과 사랑에 빠졌거든요. 그녀에겐 남편뿐만 아니라 아이도 셋이나 있었답니다. 그러나 사랑에 빠진 두 사람은 파리로 도피해 그곳에서 세 아이를 낳고 살았어요. 그중 둘째 딸 코지마가 리스트의 친구인 바그너와 사랑에 빠져 리스트는 바그너를 사위로 두게 됩니다. 10년을 함께했던 리스트와 마리는 결국 사이가 나빠져 헤어지고 말았어요.

그 후에 리스트는 자신의 열렬한 팬이자 역시 유부녀인 카롤리네와 다시 사랑에 빠졌어요. 두 사람은 결혼하기를 원했지만 가톨릭교회에서는 재혼을 허락하지 않았어요. 그런데 1862년에 큰딸이 사망하자 리스트는 신부가 되기로 결심했고, 3년 뒤에 마침내 정식 신부가 되었어요. 이후부터는 종교음악에 전념했어요.

1886년, 바그너를 기념하는 연주회에 참석했던 리스트는 기관지염이 악화되어 생을 마감했어요.

리스트는 클래식 음악에서 교향시라는 새로운 장르를 개척한 음악가로 통해요.

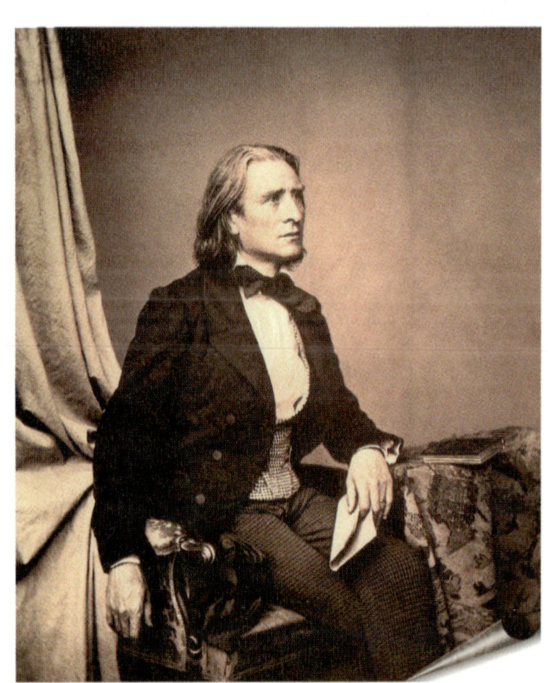

1858년경의 리스트

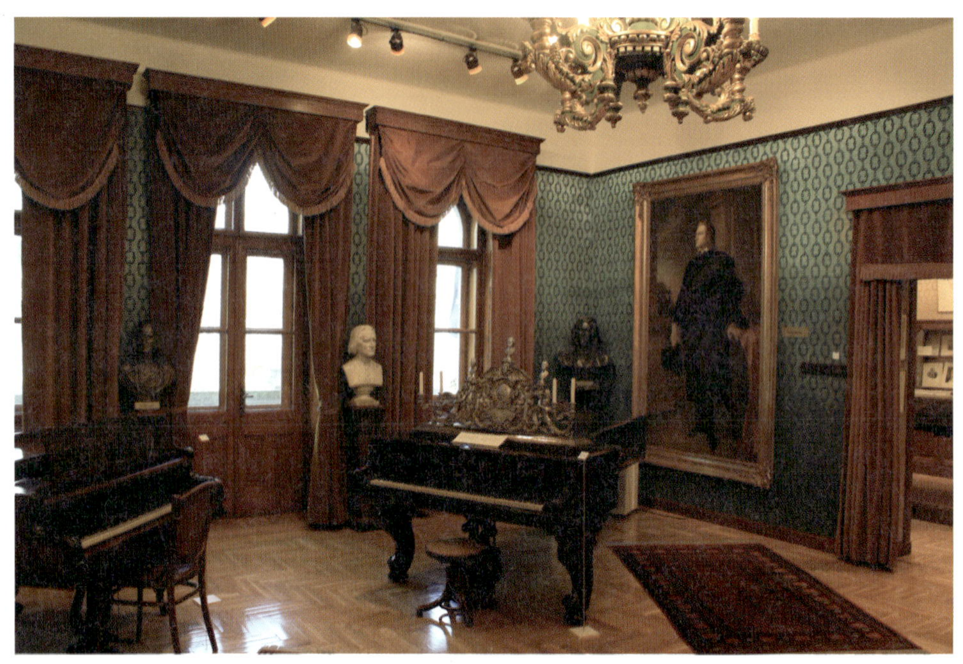

리스트의 피아노

교향시란 시에서 영감을 얻어 만든 곡이에요. 한마디로 '교향곡+시'라고 생각하면 된답니다. 특별한 형식도 없고 악장도 나뉘지 않는 것이 특징인데, 악보에 시적인 묘사가 붙어 있어요. 주제를 나타낸다고 하여 이런 음악을 '표제음악'이라고도 해요.

리스트는 헝가리 민속음악인 집시 음악을 세상에 널리 알린 사람이기도 해요. 집시 음악을 '랩소디'라고 하는데, 아주 정열적인 것이 특징이에요. 리스트는 그런 랩소디를 19곡이나 작곡했어요. 그중 대표곡은 〈죽음의 무도〉와 〈헝가리 환상곡〉, 〈전주곡〉 등이에요.

또 유명한 곡이 〈라 캄파넬라〉예요. TV 광고에도 나와 들어보면 귀에 익은 선율일 거예요. '라 캄파넬라'는 종소리라는 뜻인데, 본래 바이올린으로 종소리를 내는 파가니니의 연주곡이었어요. 리스트가 그 연주에 매료되어 같은 곡명으로 작곡한 것이지요. 그래서 리스트를 '피아노의 파가니니'라고도 부른답니다.

그러나 역시 리스트 하면 1856년에 발표된 〈전주곡〉이 가장 유명해요. 프랑스 시인 라마르틴의 〈시적 명상〉이라는 글에 나오는 짧은 문장에서 영감을 얻어 작곡한 곡이에요. 악보를 출판할 때 서문에 쓴 글을 보면 굉장히 철학적이에요.

"우리의 인생이란 죽음에 의해 그 엄숙한 첫 음이 연주되는 미지의 찬가에 대한 전주곡이 아니겠는가?"

좀 어려운 말이지요? 그러나 이 〈전주곡〉이야말로 리스트 음악의 깊이를 잘 알게 해주는 곡이랍니다.

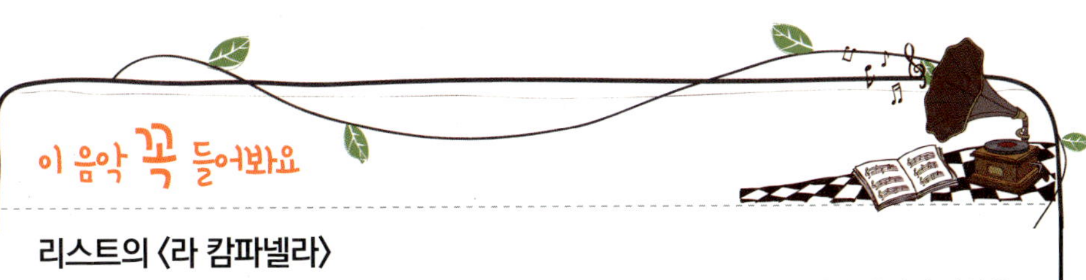

이 음악 꼭 들어봐요

리스트의 〈라 캄파넬라〉
《파가니니 대연습곡집》에 들어 있는 6곡 가운데 제3번이다. 1838년 파가니니의 바이올린 연주에 반해서 작곡했다.

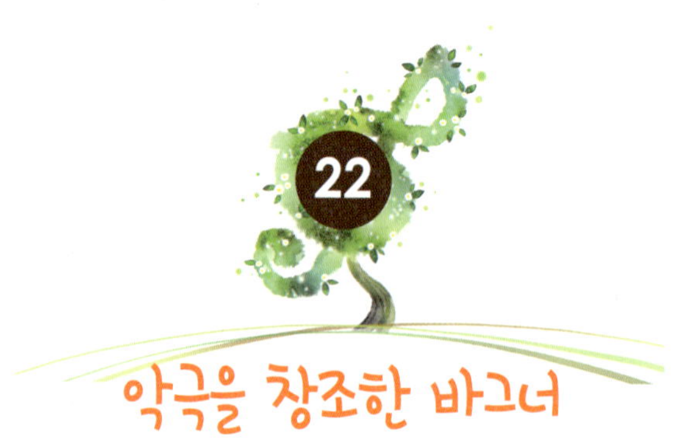

악극을 창조한 바그너

　바그너는 리스트의 친구였어요. 하지만 리스트의 딸이 전남편을 버리고 바그너와 사랑에 빠지는 바람에 리스트의 사위가 되었지요.

　바그너는 오페라로 유명해요. 오페라에 연극적인 요소를 많이 추가해서 새로운 음악을 창조해냈지요. 음악을 기본으로 시와 대사도 중요하게 다뤘으며, 무대 배경도 상황에 맞게 제대로 꾸몄어요. 이러한 면은 오늘날까지도 이어집니다.

　리하르트 바그너는 1813년 독일의 라이프치히에서 태어났어요. 9남매 중 막내로 태어났는데, 아버지가 일찍 죽는 바람에 어린 시절을 가난 속에서 보내야 했어요. 어머니가 재혼해서 이제 잘 사려나 했지만, 새아버지도 죽어서 결국 삼촌 밑에서 자랐어요. 음악 공부도 대학에 들어가서야 본격적으로 시작했을 정도로 늦었지요. 바그너가 음악에 빠진 것은 열다섯 살 때 베토벤의 연주회를 보고 나서였다고 해요.

　젊은 시절의 바그너는 우여곡절이 참 많았어요. 1832년 처음으로 자신의 곡이 연주회에 채택되어 작곡가의 길을 걷기 시작했고, 여러 방면에 재주가 많아 가극

대본도 썼어요. 음악은 그런대로 괜찮았지만 가극은 실패로 끝났지요.

스물네 살 때에는 민나라는 여인과 결혼을 했어요. 하지만 2년 뒤 가극으로 진 빚 때문에 파리로 달아나기도 했지요. 이후 몇 년을 방랑하던 바그너는 1842년에 드레스덴의 왕실 지휘자가 되었어요. 드디어 탄탄대로를 걷나 했지요. 하지만 드레스덴에 혁명이 일어나는 바람에 스위스로 망명을 해야 했어요.

바그너는 이렇게 우여곡절을 겪으면서도 음악에 문학과 무용을 결합하

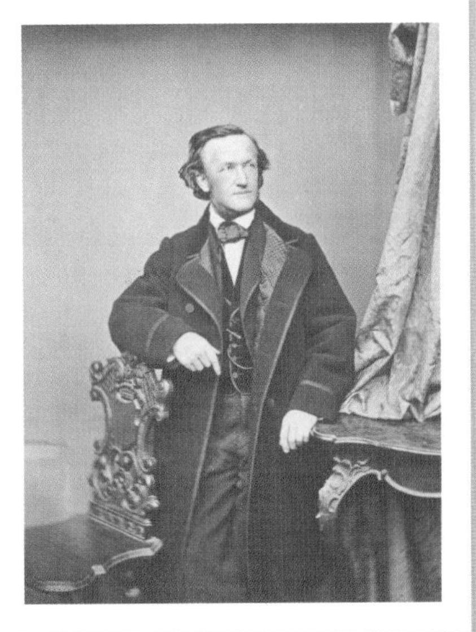

악극을 창조한 바그너

려는 시도를 계속했어요. 그것을 '악극'이라고 불렀어요. 영화 〈반지의 제왕〉의 토대가 된 《니벨룽겐의 반지》가 바로 그 당시 작곡한 악극이랍니다. 바그너는 스위스에서 이름을 날렸어요. 마흔아홉 살이 되어서야 고국인 독일로 돌아올 수 있었는데, 이때 국민들의 열렬한 환영을 받았어요.

《니벨룽겐의 반지》는 이야기가 정말 흥미로워요. 중세 독일의 영웅 서사시《니벨룽겐의 노래》와 《베르중겐 이야기》를 소재로 했어요. 주인공 알베리히는 라인 강 밑바닥에서 세 명의 처녀들이 지키던 황금을 찾아내 반지로 만듭니다. 그 반지를 지니면 세계를 지배할 수 있다고 했어요. 하지만 알베리히는 반지를 다른 이들에게 빼앗기고 말아요. 그러자 알베리히는 반지에 저주를 내립니다.

"반지를 갖는 자는 죽을 것이다."

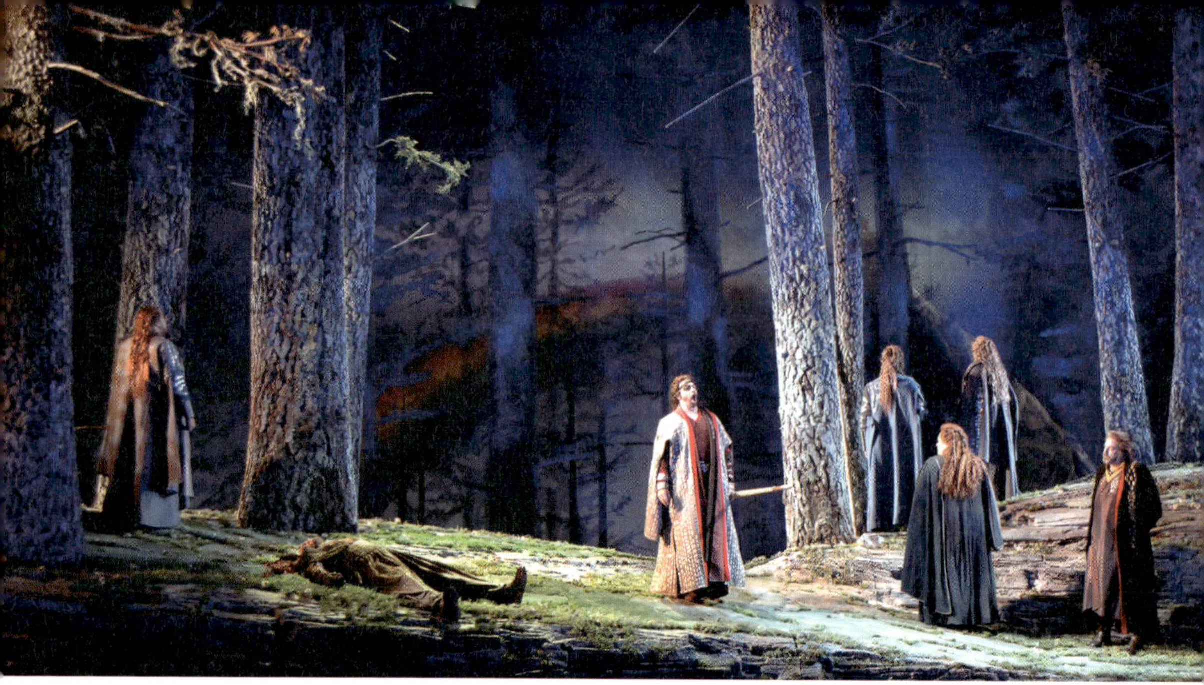

오페라 《니벨룽겐의 반지》

　이후 반지를 둘러싸고 엄청난 싸움이 벌어집니다. 결국 신들도 죽고, 영웅도 죽고, 니벨룽겐 종족도 모두 죽고 말아요. 그 뒤 사랑으로 만들어진 인간 세상이 된다는 줄거리예요.

　《니벨룽겐의 반지》는 음악 역사상 가장 규모가 큰 오페라로 기록되고 있어요. 쉬지 않고 계속 연주해도 열네 시간이나 걸리고, 제대로 공연하려면 4일 동안 해야 한답니다. 그 기간에 동원되는 악기도 무려 200여 종이나 되고요. 문학에 대하소설이 있는 것처럼, 음악에도 대하 장편 연주가 있는 셈이지요.

　《니벨룽겐의 반지》는 처음 발표되었을 때 엄청난 비난을 받았어요. 왜냐하면 주인공들이 모두 죽는 내용이었기 때문이에요. 그래서 바그너를 파괴적인 음악가로 생각했어요. 하지만 곡을 계속 들어보면 놀라지 않을 수가 없어요. 웅장한 소리가 곧 싸움이라도 일어날 듯 팽팽한 긴장감을 불러일으키거든요. 또 파괴로 끝나는 것이 아니라 결국 인간 세상이 된다는 희망적인 결말을 보여주지요. 그래서 독일의 한 시인은 이렇게 평가했어요.

"아폴로 신은 오른손에는 시를, 왼손에는 음악을 가진 천재를 기다리고 있었다."

바그너가 음악뿐 아니라 문학에도 대단한 소질이 있다는 말이에요.

《니벨룽겐의 반지》는 전쟁을 소재로 한 영화에 꼭 등장하는 배경음악이기도 합니다.

바그너는 1882년 마지막 오페라인 《파르지팔》을 완성한 후 이탈리아 베네치아로 요양을 떠났어요. 그리고 그 이듬해에 일흔 살의 나이로 생애를 마감했어요. 모든 일을 마무리하고 떠난 것이지요. 그는 낭만파 음악으로 시작했지만 가극과 악극이라는 새로운 분야를 개척하며 근대 음악의 시대를 열었어요.

대표작으로는 오페라 《탄호이저》와 《로엔그린》, 《방황하는 네덜란드인》 그리고 〈파우스트 서곡〉 등이 있습니다.

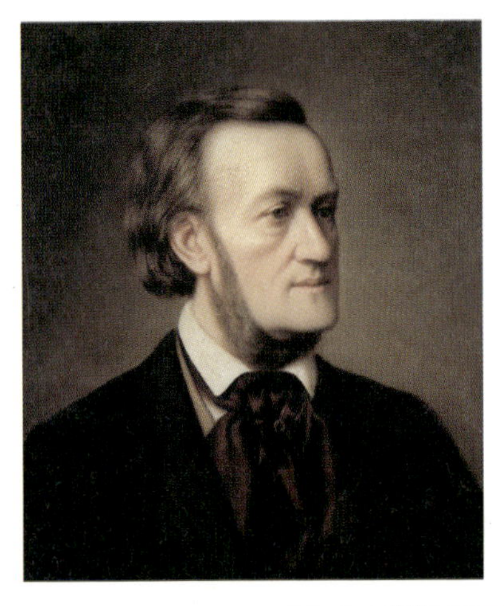

바그너

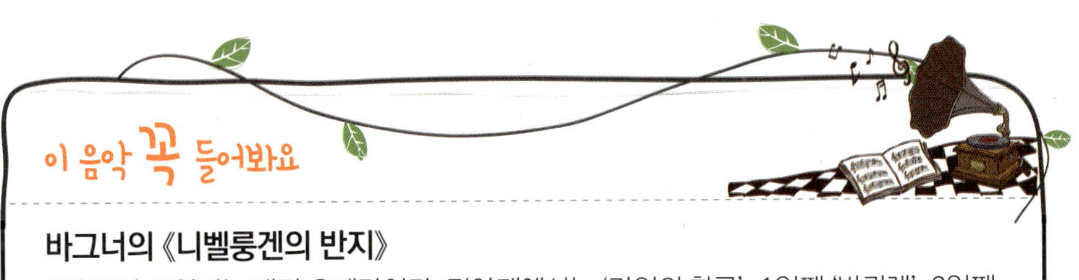

이 음악 꼭 들어봐요

바그너의 《니벨룽겐의 반지》
4일 동안 공연되는 대작 오페라이다. 전야제에서는 '라인의 황금', 1일째 '발퀴레', 2일째 '지크프리트', 3일째 '신들의 황혼'이 펼쳐진다. 독창과 합창을 과감히 버리고 처음부터 끝까지 음악이 흐른다.

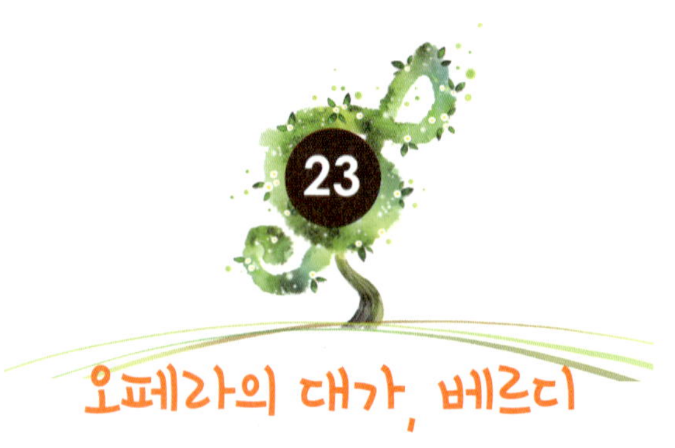

오페라의 대가, 베르디

베르디는 오페라의 대가입니다. 이탈리아에서는 국민 음악가로 추앙을 받아요. 어려서부터 음악에 재질을 보였지만, 베르디의 인생도 우여곡절이 참 많았어요. 성공과 실패를 연이어 경험했거든요.

주세페 베르디는 1813년 이탈리아의 부세토 근교 레론콜레라는 곳에서 태어났어요. 아버지는 식료품점과 여인숙을 운영했지요. 집안이 부유하진 않았지만, 다행히 아버지의 친구인 바레치라는 사람의 도움을 받아 어릴 때부터 음악을 배울 수 있었어요. 그의 음악적 재능은 열여섯 살 때 교향곡을 작곡하며 더욱 빛이 났어요. 열아홉 살 때인 1832년에는 당시 음악의 중심지인 밀라노로 유학까지 하게 되었어요.

잘나가던 베르디는 밀라노에서 처음으로 실패의 쓴맛을 보았어요. 밀라노 음악원에 응시했다가 낙방한 거예요. 실력이 모자라서가 아니라 나이가 너무 많았기 때문이에요. 스물세 살 때 바레치의 딸과 결혼을 했지만 이 역시 불행의 씨앗이 되었어요. 남매를 낳았는데 곧 아내와 아이들이 병으로 죽고 말았거든요.

　이 와중에 베르디는 첫 번째 오페라 《오베르토》를 작곡하여 성공의 길에 들어섭니다. 《오베르토》를 무대에 올린 뒤 호평을 받으며 오페라 세 작품을 의뢰받았거든요. 하지만 이때 가족들을 모두 병으로 잃었고, 그나마 완성한 《왕국의 하루》라는 오페라도 흥행에 참패하고 말았어요. 베르디는 더 이상 음악을 할 기운이 나지 않았어요. 이때 메릴리라는 사람이 옆에서 격려하지 않았다면 오늘날 베르디라는 이름은 아무도 기억하지 못할 거예요.

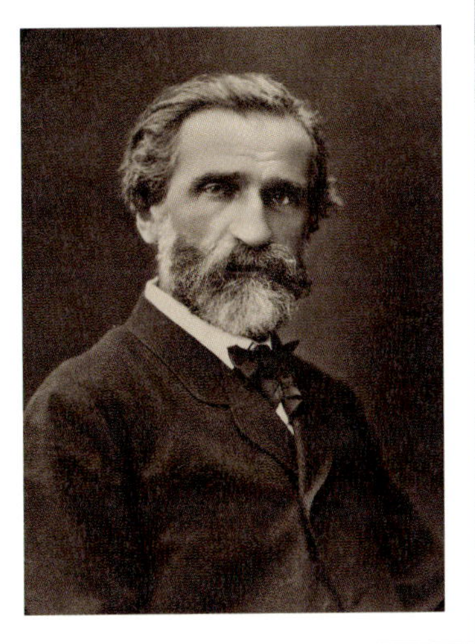

오페라의 거장, 베르디

　1842년에 완성한 《나부코》는 베르디를 다시 일으켜 세운 오페라입니다. 그는 이 작품에 오페라의 또 다른 매력인 합창과 당시 이탈리아의 정치적인 상황을 절묘하게 담아 국민들로부터 큰 박수를 받았어요. 그 당시 이탈리아 북부는 오스트리아의 지배를 받고 있었어요. 그래서 음악을 발표할 때조차 오스트리아 당국으로부터 검열을 받아야 했어요. 베르디는 검열을 교묘하게 피해 작품들을 발표했어요. 〈노예들의 합창〉도 그런 작품으로, 나중에는 이탈리아 국민들의 애창곡으로 널리 퍼졌지요. 이어 《리골레토》와 《라 트라비아타》, 《가면무도회》 등 주옥 같은 오페라를 연이어 발표하며 '오페라는 베르디'라는 찬사를 받았어요.

　1869년에는 수에즈 운하 개통 기념식에서 《아이다》를 공연하여 큰 인기를 얻었어요. 그 뒤로도 《오셀로》와 《팔스타프》 등 훌륭한 오페라 작품들을 계속 발표했어요.

　베르디의 삶은 이렇게 우여곡절이 많았지만 말년에는 행복했답니다. 이탈리아

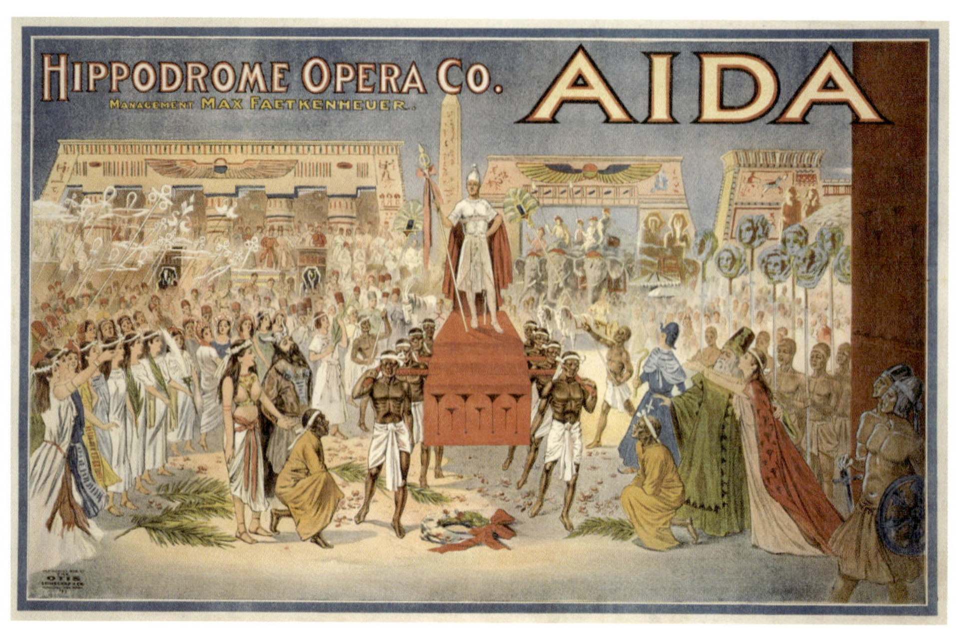

오페라 《아이다》 포스터

가 오스트리아로부터 독립하자 국민들은 그를 국회의원으로 추대했어요. 그의 음악에는 이탈리아를 사랑하는 마음이 듬뿍 담겨 있다는 것을 알아준 것이지요. 1901년, 베르디가 사망하자 수십만 명이 몰려와 그의 죽음을 슬퍼하며 국민 애창곡이 된 〈노예들의 합창〉을 함께 불렀다고 해요.

혹시 이 노래 들어본 적 있나요?

바람에 날리는 갈대와 같이 항상 변하는 여자의 마음
눈물을 흘리며 방긋 웃는 얼굴로 남자를 속이는 여자의 마음
바람에 날리는 갈대와 같이 여자의 마음은 변한다네.

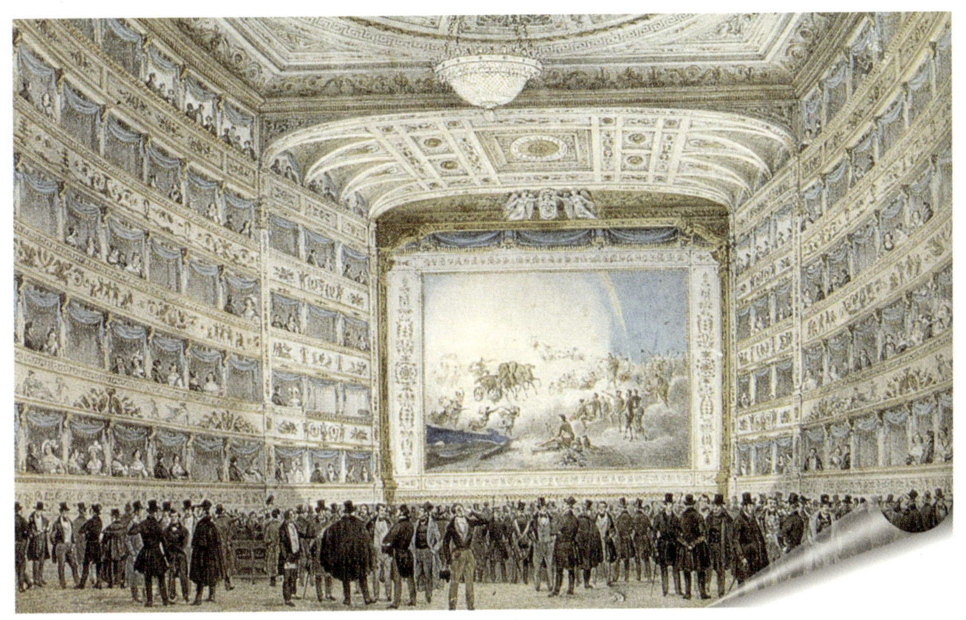

베네치아의 페니체 극장

　베르디의 오페라 《리골레토》에 나오는 〈여자의 마음〉이라는 노래예요. 《리골레토》의 주인공 중 한 명인 만토바 공작이 부르는 아리아, 즉 독창이에요. 베르디가 처음 이 곡을 만들었을 때에는 만토바 공작 대신 프랑스 국왕이 남자 주인공이었어요. 그런데 검열에서 그 부분이 걸렸대요. 그래서 국왕 대신 공작을 내세웠고, 오페라 곡명도 만토바의 심부름꾼인 광대 ‘리골레토’로 바꾼 거래요.

　《라 트라비아타》도 매우 유명한 오페라예요. 이 작품은 전 세계인으로부터 많은 사랑을 받고 있어요. 여주인공 비올레타를 등장시켜 당시 상류 사회의 위선과 사회적 약자의 모습을 그린 작품이에요. 프랑스의 소설가 뒤마가 쓴 《동백꽃 여인》을 소재로 했어요. 뒤마는 연인의 죽음을 슬퍼하며 이 작품을 썼다고 해요.

　《라 트라비아타》는 우리나라에서 공연된 최초의 오페라이기도 해요. 1948년

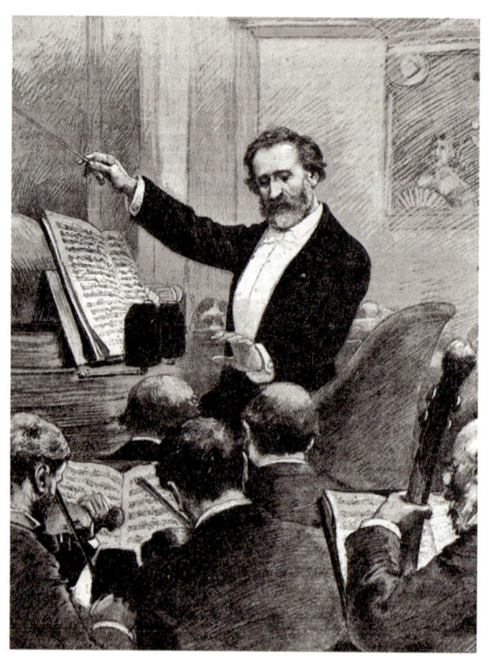
지휘하는 베르디

서울 명동의 시공관이라는 곳에서 '춘희'라는 제목으로 상연되었어요. 제목이 좀 촌스럽지요? '라 트라비아타'는 '길을 잘못 든 여자'라는 뜻인데, 우리나라로 치면 기생을 말해요.

이것으로 베르디의 명작은 거의 소개했네요. 하지만 이외에도 많은 작품들이 있답니다. 베르디는 어린 시절의 가난과 젊은 시절 여러 차례의 고난을 극복하고 88세까지 살았기에 어떤 음악가보다도 많은 오페라를 남길 수 있었어요.

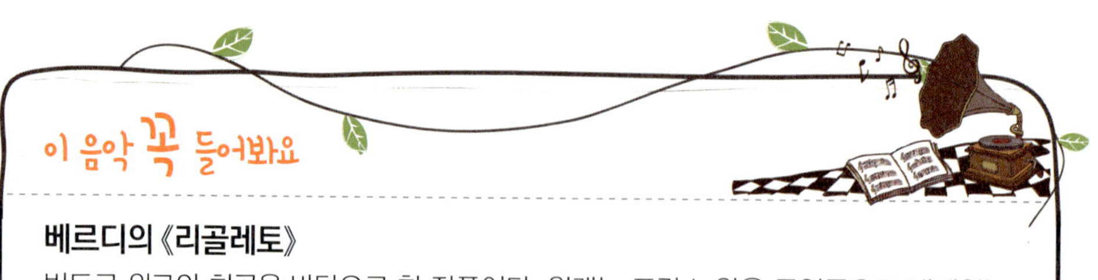

베르디의 《리골레토》
빅토르 위고의 희곡을 바탕으로 한 작품이다. 원래는 프랑스 왕을 주인공으로 내세웠는데 오스트리아 당국의 검열 때문에 주인공을 만토바 공작으로 바꾸고 제목도 '리골레토'로 고쳤다.

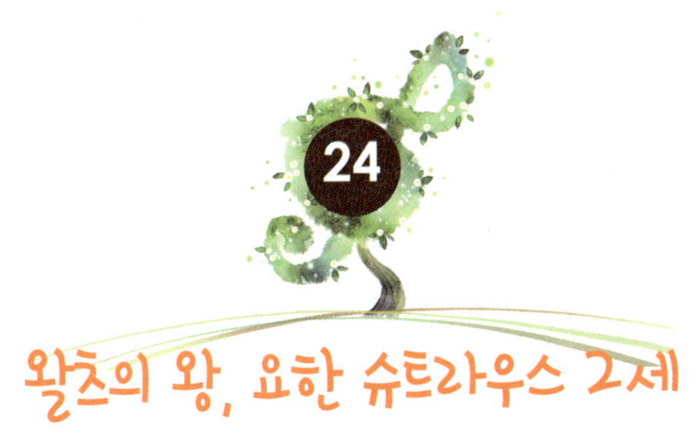

왈츠의 왕, 요한 슈트라우스 2세

쇼팽을 소개할 때 〈강아지 왈츠〉에 대해 잠깐 알아봤어요. 왈츠란 본래 오스트리아의 민속춤으로, 남녀가 서로 안고 경쾌하게 추는 춤을 말해요. 남자와 여자가 너무 가까이 붙어서 춤을 춘다고 한때 금지된 적도 있었대요. 하지만 사교계에 널리 유행하며 퍼지기 시작했고, 특히 1814~1815년 오스트리아 빈에서 열린 '빈 회의'를 통해 유럽 전역에 널리 알려져 훗날 음악의 한 분야로 당당히 자리를 잡게 되었지요.

19세기 초까지만 해도 왈츠는 사교춤에 불과했어요. 이것을 예술로 끌어올린 사람은 바로 요한 슈트라우스 1세입니다. 흔히 '왈츠의 아버지'로 불리죠. 그리고 그 아들인 요한 슈트라우스 2세에 이르러 왈츠는 드디어 가장 아름다운 춤곡으로 자리 잡게 되었어요. 그래서 그를 '왈츠의 왕'으로 부르기도 합니다.

요한 슈트라우스 2세가 아버지의 뒤를 이어 왈츠의 수준을 한 차원 더 높인 것인데, 사실을 알고 보면 아주 치열한 이야기가 숨어 있어요. 요한 슈트라우스 1세는 아들이 음악을 하는 것을 반대했거든요.

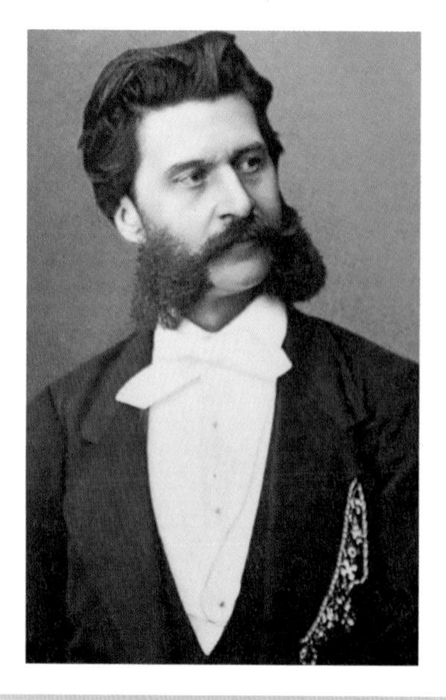

요한 슈트라우스 2세

요한 슈트라우스 2세는 1825년 오스트리아 빈에서 태어났어요. 당시 음악가의 길은 너무 힘들어서 아버지는 요한 슈트라우스 2세가 돈을 잘 버는 은행가가 되기를 바랐어요. 아들이 몰래 음악을 하다가 걸리면 심하게 매를 때렸고, 채찍으로 후려치며 이렇게 말하기도 했대요.

"네 몸에서 음악을 쫓아내야겠다."

하지만 요한 슈트라우스 2세는 음악에 대한 열정을 포기할 수가 없었어요. 그렇게 혼이 나면서도 몰래 계속 배웠거든요.

그러나 음악가의 길은 역시 쉬운 일이 아니었어요. 돈벌이가 영 신통찮았거든요. 그래서 요한 슈트라우스 2세는 아버지 말대로 은행에 취직을 하게 됩니다. 그 후로 일을 하면서도 틈틈이 음악을 했지요. 특히 악단을 만들어서 연습을 많이 했어요.

그런데 아버지에게 커다란 일이 생기고 말아요. 다른 여자와 바람이 나서 집을 나가버린 것이지요. 이 일을 계기로 요한 슈트라우스 2세는 본격적으로 음악을 하게 됩니다. 아버지의 잘못된 행동을 못마땅해 한 어머니는 아들을 적극 지원했어요.

그런데 이것이 또 묘하게 아버지와 경쟁하게 되는 일을 불러왔어요. 요한 슈트라우스 2세는 열아홉 살이 되어서야 겨우 음악계에 진출했는데, 어느 날 우연히 같은 장소에서 아버지와 연주를 하게 된 거예요. 본래 아버지가 자주 연주하던 곳인데 요한 슈트라우스 2세도 그 무대에 오르게 되었지요. 빈의 신문들은 이 사실을 '슈트라우스 대 슈트라우스'라고 소개하며 대대적으로 알렸어요. 그의 아버지는 화가 머리끝까지 났어요. 자신의 텃밭에 아들이 치고 들어온 것이니까요.

이런 불편한 관계는 몇 년 동안 계속되었어요. 그러다 아버지가 몹쓸 병에 걸려 일찍 죽는 바람에 이제 요한 슈트라우스 2세가 왈츠를 대표하게 되었어요. 그는 아버지가 이끌던 악단을 인수해 세계 최고의 왈츠 악단을 꾸렸어요. 이후 아버지의 명성을 넘어 세계적인 음악가로 떠오르기 시작했답니다. 특히 1870년대 미국에 그의 명성이 알려지면서 '왈츠의 왕'이라는 최고의 찬사를 받았어요.

그런데 왜 유독 오스트리아가 왈츠로 유명할까요? 왈츠가 본래 오스트리아와 보헤미아 지방에 전해지는 춤이기는 해도 말이에요. 다른 민속 춤곡보다 왈츠는 예술성이 높은 음악으로 통하거든요. 여기에는 다 이유가 있어요.

당시 유럽에는 프랑스 대혁명의 영향이 곳곳에 미치고 있었어요. 특히 인간의 자유를 추구하는 사상이 널리 전파되었지요. 그러나 오스트리아는 당시 강국으로서 새로운 사상을 막고, 옛날처럼 국왕이 나라를 다스리는 체제를 유지하려고 했어요. 국민들의 정치적 불만을 잠재우고 시선을 다른 데로 돌리기 위해서 오스트리아 당국은 왈츠를 적극 장려했어요. 여기에 외무장관 메테르니히가 앞장섰어요. 그는 국민들이 정치보다 춤추

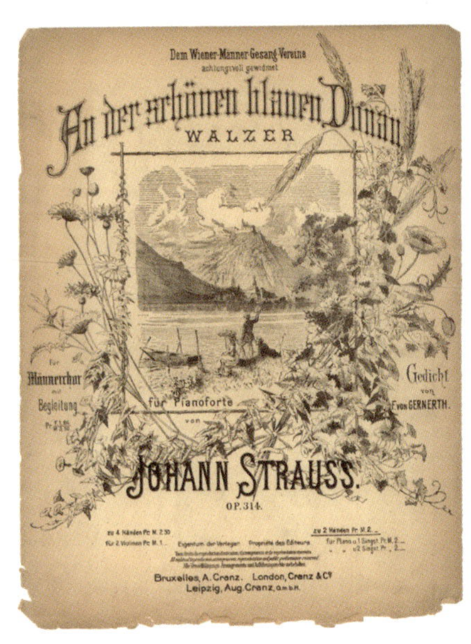

요한 슈트라우스 2세의 〈아름답고 푸른 도나우〉 악보

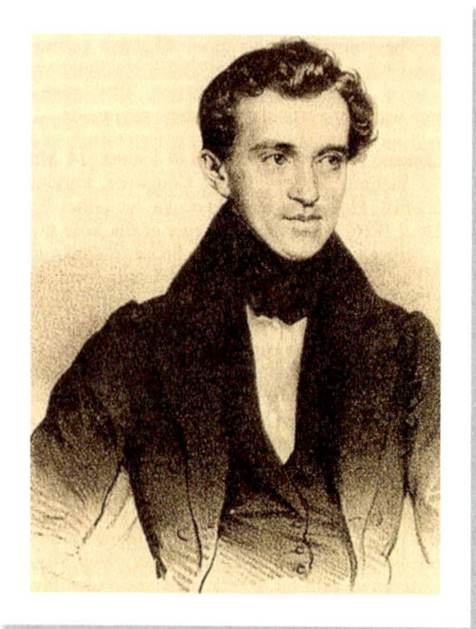

요한 슈트라우스 1세

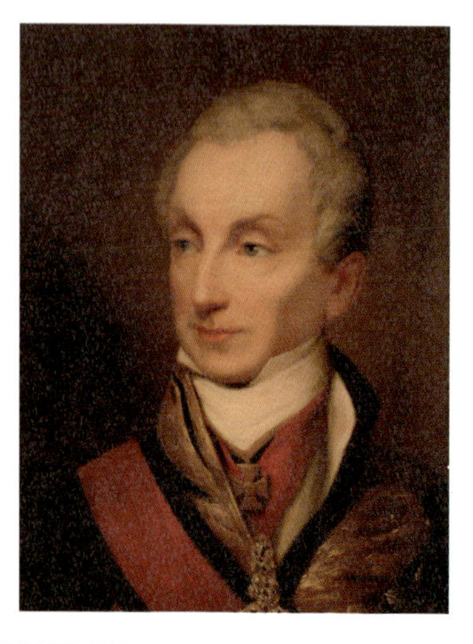

왈츠를 적극 장려한 외무장관 메테르니히

는 데 관심을 갖게 하려고 왈츠를 널리 장려했어요.

이런 와중에 요한 슈트라우스 부자는 1세가 150곡, 2세가 500곡의 왈츠를 남겼어요. 특히 요한 슈트라우스 2세는 왈츠를 통해 국민 음악가 대접을 받았어요. 1899년 6월, 그가 죽자 장례식에 모인 사람만 10만 명이 넘었을 정도예요.

요한 슈트라우스 2세의 대표곡으로는 7대 왈츠가 유명해요. 〈아름답고 푸른 도나우〉, 〈예술가의 생애〉, 〈빈 숲의 이야기〉, 〈술과 여자와 노래〉, 〈남국의 장미〉, 〈봄의 소리〉, 〈황제〉가 그것이에요.

이중 가장 유명한 것은 〈아름답고 푸른 도나우〉라는 곡이에요. 도나우는 우리나라의 한강처럼 오스트리아를 상징하는 강이에요. 이 곡은 왈츠를 예술의 경지로 끌어올린 작품으로, 오스트리아 제2의 국가가 되었답니다. 마치 우리나라의 〈아리랑〉처럼 말이죠.

이 곡에는 특별한 사연이 담겨 있어요. 당시 오스트리아는 프로이센과의 전쟁에서 7주 만에 어이없게 패하고 말았

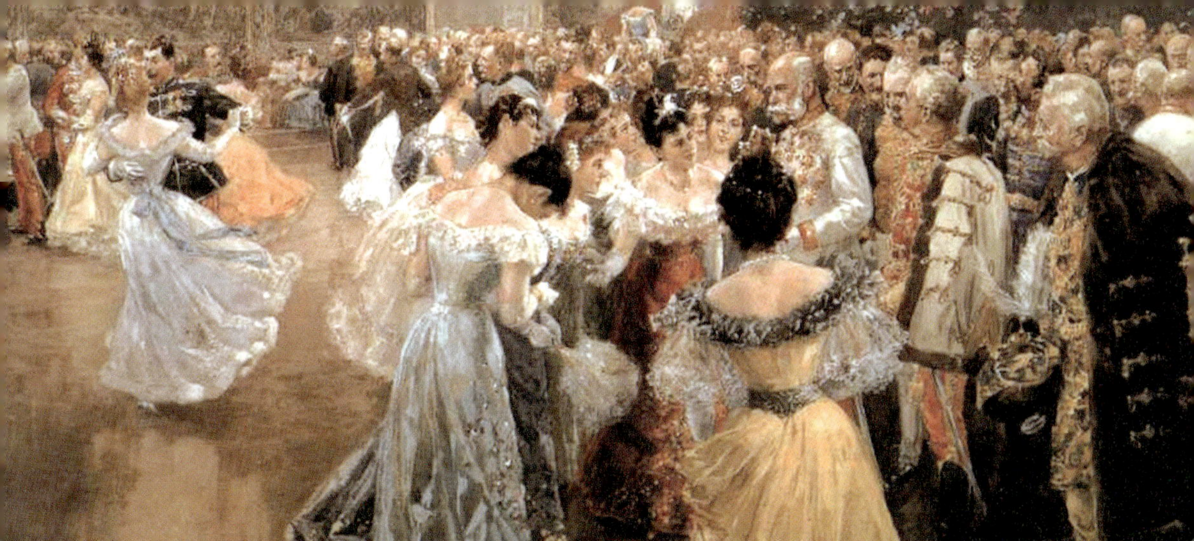

빈의 궁정에서 왈츠를 추는 사람들

어요. 이후 오스트리아는 암울한 분위기에 휩싸였어요. 빈의 남성합창단은 실의에 빠진 국민들에게 힘을 줄 수 있는 곡을 공연하기로 하고, 요한 슈트라우스 2세에게 작곡을 의뢰했어요. 그래서 탄생한 왈츠가 바로 〈아름답고 푸른 도나우〉예요.

처음 발표했을 때에는 반응이 별로였지만, 1867년 파리박람회에서 오케스트라로 편곡해 공연하여 대성공을 거두었지요. 그 후 이 곡은 큰 사랑을 받아, 해마다 빈에서 열리는 신년음악회에 빠지지 않고 등장하는 고정 레퍼토리가 되었어요.

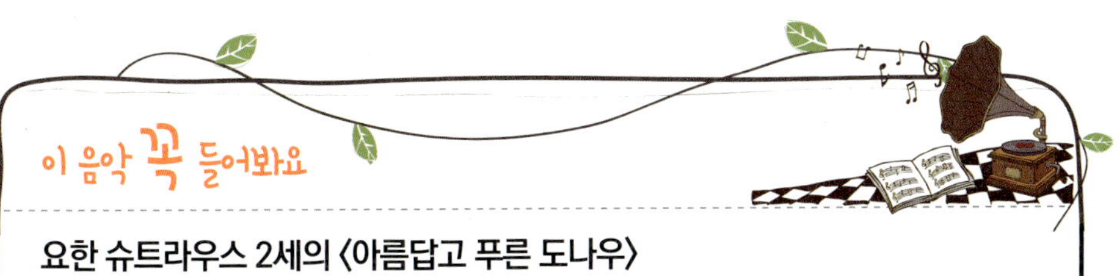

요한 슈트라우스 2세의 〈아름답고 푸른 도나우〉
경쾌하면서도 우아한 선율이 정겹게 다가온다. 요한 슈트라우스 2세가 1867년에 작곡한 왈츠곡으로, 왈츠를 예술의 경지로 끌어올린 명작이라는 평가를 받고 있다.

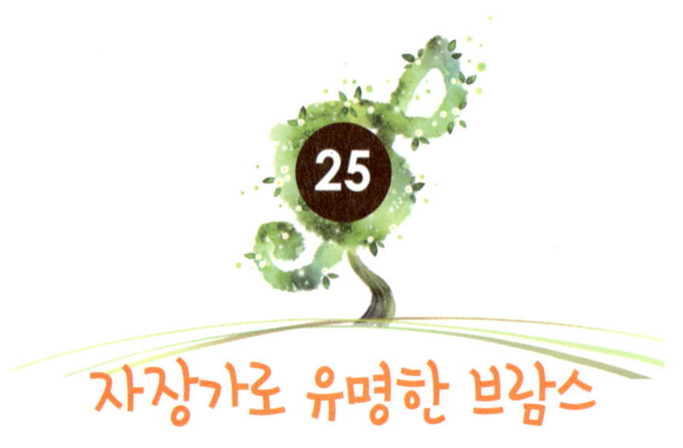

자장가로 유명한 브람스

　자장가는 아기를 재울 때 부르는 노래인데, 유명한 곡이 몇 개 있어요. 모차르트의 자장가와 슈베르트의 자장가, 그리고 브람스의 자장가를 세계 3대 자장가라고 하지요. 이중 브람스의 자장가가 가장 듣기 좋은 것 같아요.

　브람스의 자장가는 중학교에 올라가면 배우게 될 거예요. 브람스가 함부르크에서 합창단을 지휘할 때 합창단원으로 있던 파버라는 여인이 결혼하여 아이를 낳자 축하하기 위해 작곡했다고 해요. 파버가 즐겨 불렀던 왈츠를 약간 바꿔서 자장가를 만들었다는 이야기가 전해져요.

　요하네스 브람스는 1833년 독일 함부르크에서 태어났어요. 어릴 때부터 아버지가 지원을 해준 덕분에 음악을 제대로 배울 수 있었어요. 특히 바이올린과 첼로, 피아노 등 여러 악기를 배웠지요. 그런데 아버지는 아들의 재능을 이용해 보려는 욕심이 있었어요. 당시는 음악 신동이라고 하면 여러 나라를 다니며 연주회를 열고 돈을 벌 수 있었거든요. 브람스의 아버지는 아들을 미국에 데려가려고 했지요. 브람스에게 피아노를 가르친 스승이 말려서 가지는 않았어요.

브람스는 여러 스승 밑에서 배웠어
요. 그중 슈만은 브람스에게 가장 많은
영향을 끼친 스승이었지요. 브람스를
유명하게 만들기도 했거든요. 하지만
엉뚱하게도 브람스는 스승의 부인인 클
라라를 사랑했어요. 나중에 슈만이 죽
은 뒤 부인을 많이 도와주었다고 해요.

브람스는 특히 베토벤을 존경했어
요. 베토벤이 작곡한 교향곡은 그에게
커다란 충격을 주었어요. 그는 이렇게
말했어요.

"베토벤의 교향곡이 있는 한, 더 이상
의 교향곡은 필요하지 않다."

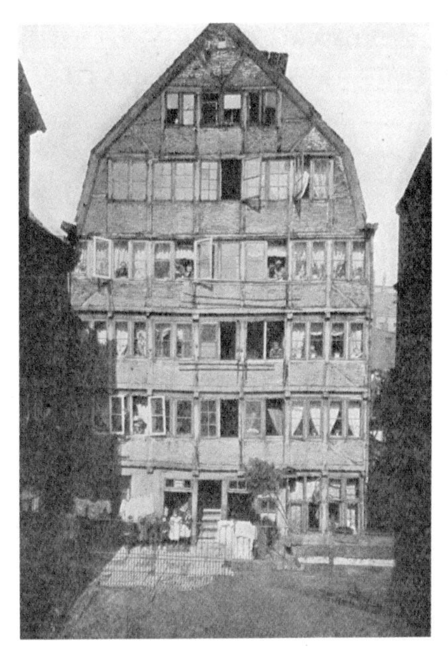

함부르크에 있는 브람스의 생가

브람스가 평생 교향곡을 몇 곡밖에 남기지 않은 것도 그 때문이에요. 그중 가
장 유명한 곡이 교향곡 1번이에요. 이 곡은 21년에 걸쳐서 완성했는데, 베토벤
의 영향을 많이 받았음을 알 수 있어요. 훗날 사람들은 브람스의 교향곡 1번을
'베토벤의 10번 교향곡'이라고 불렀지요.

브람스는 작곡법도 베토벤의 영향을 많이 받았어요. 한 곡을 만들더라도 최선
을 다했어요. 그리고 곡을 완성했더라도 조금만 마음에 들지 않으면 발표하지 않
았어요. 완벽함이 지나쳐 결벽증에 가까웠던 거죠. 그래서 자신의 이름이 아니라
가명으로 발표한 작품도 꽤 된답니다. 또 자신의 유언장에 이런 말을 남기기도
했어요.

"아직 발표하지 않은 게 남아 있는데, 모두 불태우세요."

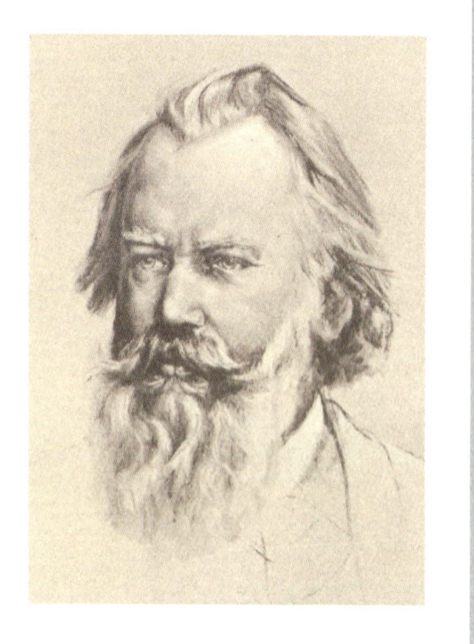

브람스

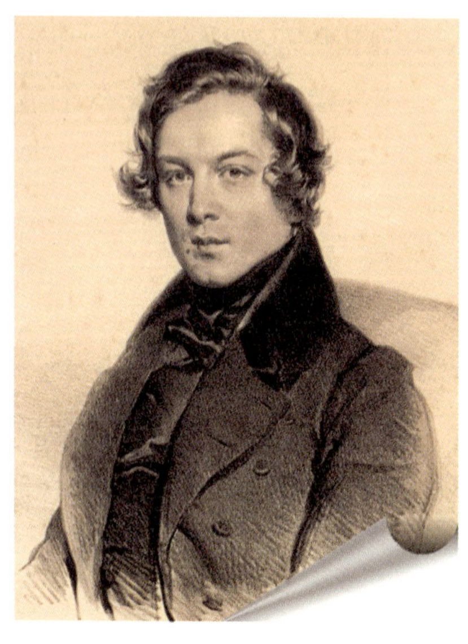

브람스의 스승, 슈만

조금이라도 부족한 부분이 있다고 느껴지면 아예 세상에 내놓지 않았던 거예요.

그렇게 정성을 기울여 만든 작품 가운데 바이올린 협주곡으로 베토벤, 멘델스존과 어깨를 나란히 하게 되었어요. 또 베토벤, 바그너 등과 함께 '3B 음악가'로 불렸어요.

브람스는 낭만파 음악 시대를 살았지만, 고전파 음악의 전통을 지키고자 했습니다. 이런 면 때문에 당시 새로운 음악을 추구했던 바그너와 사이가 매우 좋지 않았다고 해요.

브람스는 평생 교향곡 4곡, 피아노 협주곡 2곡, 바이올린 협주곡 1곡, 세레나데 2곡, 현악 4중주 3곡, 실내악 21곡, 피아노 소나타 3곡, 〈독일 레퀴엠〉, 그리고 수많은 합창곡, 성악 앙상블, 200여 곡의 가곡을 남겼어요.

그중 대표작은 교향곡 1번이고, 그 외 유명한 곡으로 〈대학 축전 서곡〉, 〈헝가리 무곡 5번〉, 〈자장가〉 등이 있어요. 협주곡으로는 〈바이올린 협주곡 D장조〉

가 매우 유명해요.

〈헝가리 무곡 5번〉은 브람스가 헝가리로 연주 여행을 갔을 때 만든 곡이에요.《헝가리 무곡》21곡 중 하나지요. 헝가리의 집시 음악에 반해 만든 곡인데, 헝가리의 바이올린 연주자 레메니가 자신의 아이디어를 훔쳤다고 브람스를 고소하기도 했지요. 브람스는 악보를 출판할 때 작곡이 아니라 편곡을 했다고 밝혀 저작권을 침해하지 않은 것으로 판명 났어요.

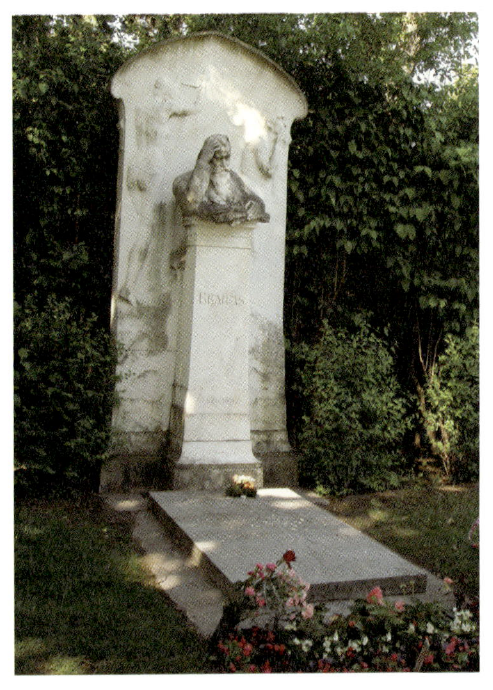

빈에 있는 브람스의 묘지

그런 일을 겪은 후 브람스는 21곡 중 11번부터는 헝가리 특유의 민속적인 선율을 자제하며 자신만의 색깔을 표현하려고 노력했어요. 〈헝가리 무곡 5번〉을 한번 들어보면 '아, 이 곡이었어!' 하고 바로 알아차릴 거예요.

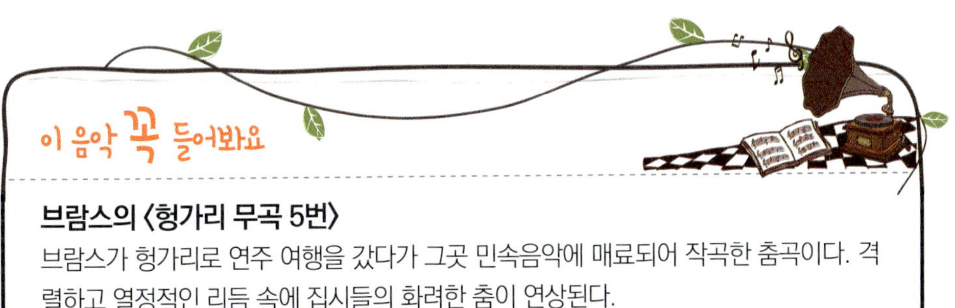

이 음악 꼭 들어봐요

브람스의 〈헝가리 무곡 5번〉
브람스가 헝가리로 연주 여행을 갔다가 그곳 민속음악에 매료되어 작곡한 춤곡이다. 격렬하고 열정적인 리듬 속에 집시들의 화려한 춤이 연상된다.

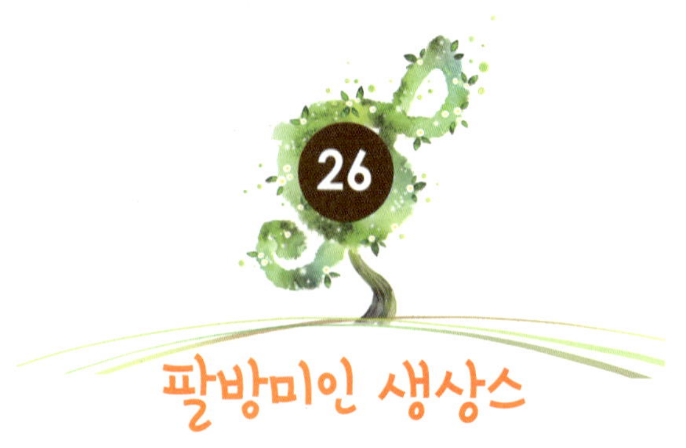

26 팔방미인 생상스

"모차르트에 견줄 만한 음악 신동!"

카미유 생상스를 두고 하는 말이에요. 생상스는 1835년 프랑스 파리에서 태어났어요. 두 살 때 피아노를 치고, 세 살 때 작곡을 했다니, 도무지 믿을 수가 없을 정도예요.

그런데 음악만 잘한 게 아니에요. 시도 잘 쓰고, 소설도 수준급이며, 게다가 그림도 잘 그렸어요. 피아니스트 겸 작곡가에 지휘자, 평론가, 철학자……. 도대체 그 많은 일들을 어떻게 해냈는지 믿기지가 않아요.

생상스는 어릴 때부터 음악에 재능을 나타내 열여섯 살 때 교향곡을 작곡했고, 스물여섯 살 때에는 음악 교수가 되었어요. 프랑스 사람들은 생상스의 출현에 열광했어요. 왜냐하면 프랑스는 예술의 나라라는 자부심이 있었지만, 음악만은 다른 나라들에 뒤처져 있었기 때문이에요. 생상스는 이런 프랑스 음악을 세계 수준으로 끌어올렸어요.

생상스는 관현악 모음곡 《동물의 사육제》로 유명해요. 친구가 주최하는 사육제의 음악회를 위해 만든 곡이죠. 사자, 수탉과 암탉, 당나귀, 거북, 코끼리, 캥거루, 뻐꾸기, 커다란 새장, 피아니스트, 화석, 백조 등 갖가지 동물들과 관련 있는 것들이 등장합니다.

"사과나무가 사과를 맺듯이 운명처럼 작품을 썼다."

생상스가 《동물의 사육제》를 만들고 나서 한 말이에요.

이 밖에도 생상스는 《삼손과 델릴라》 등 10여 편의 오페라를 남겼고, 8편의 극음악과 여러 협주곡을 남겼어요. 또 〈죽음의 무도〉 같은 교향시도 썼고요. 〈죽음의 무도〉는 피겨 여왕 김연아 선수가 피겨스케이트 곡으로 사용하면서 더 유명해졌지요.

여기에서 하나 알아둘 것은, 생상스가 낭만파 음악 시대에 활동했지만 고전파의 특징을 많이 담아냈다는 것이에요. 브람스가 베토벤의 정신을 이으려고 한 것처럼, 생상스는 고전파의 감각과 균형을 갖추려고 노력했어요. 그런데 브람스와는 달리 번뜩이는 아이디어를 담아냈어요. 《동물의 사육제》처럼 말이죠.

사육제는 카니발을 뜻해요. 카니발은 라틴어로 '고기여 안녕!'이라는 뜻이에요. 이런 이상한 명칭이 붙은 것은 예수님의 일화와 관련이 있어요. 예수님은 광야에서 40일 동안 단식을 했어요. 서양에서는 이를 기념해 40일 동안 고기를 먹지 않았는데, 이 기간을 사순절이라고 해요. 그래서 사람들은 사순절

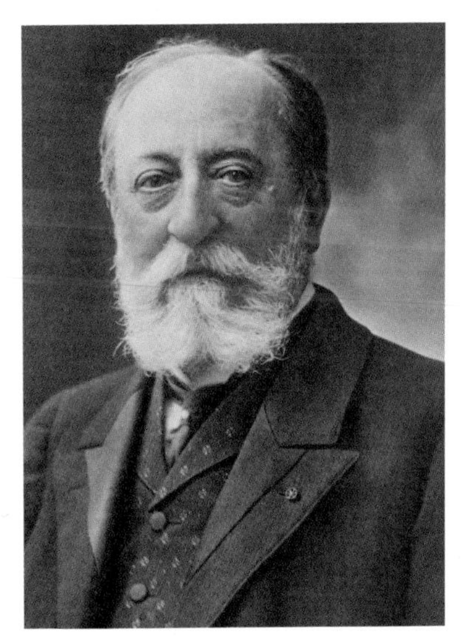

생상스

Camille Saint-Saëns
Carnival of the Animals
narrated by
Johnny Morris
Ravel Mother Goose • Dukas The Sorcerer's Apprentice

SAINT-SAËNS
Carnaval des animaux
Danse macabre etc.
Cristina Ortiz · Pascal Rogé · Charles Dutoit
London Sinfonietta · Philharmonia Orchestra
414 460-2
LONDON

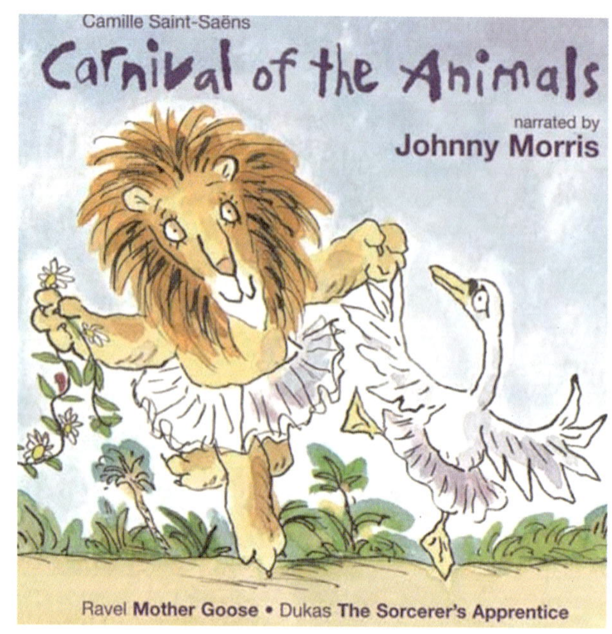

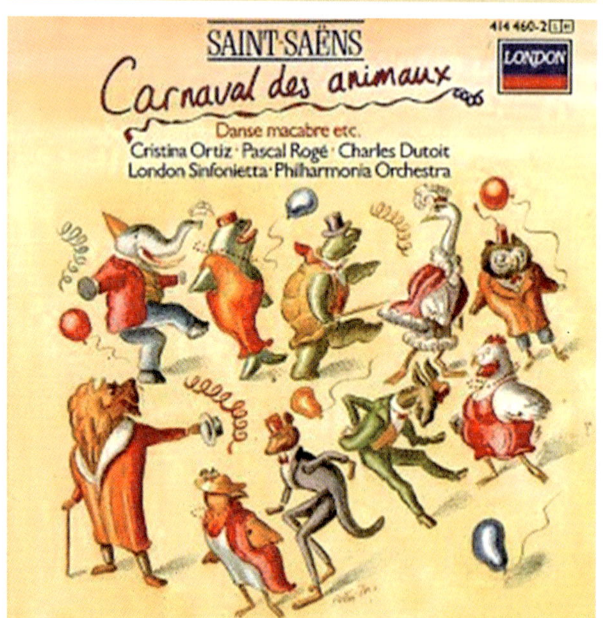

《동물의 사육제》 음반 표지

이 되기 전에 고기를 실컷 먹어두었어
요. 카니발은 바로 사순절을 앞두고 며
칠 동안 축제를 벌이며, 고기를 마음껏
먹은 데에서 유래했어요. 실컷 먹고 나
서 '고기여 안녕!' 하고 작별을 고하는
것이지요.

생상스는 여러 방면으로 재주가 많
았는데, 특히 연주를 잘했어요. 생 마
리 교회에서 오르간 연주자로 일할 때
는 즉흥 연주도 뛰어나게 잘했다고 해
요. 또 피아니스트로 이름을 날렸고,
교수로 일하면서 많은 제자를 길러냈
어요.

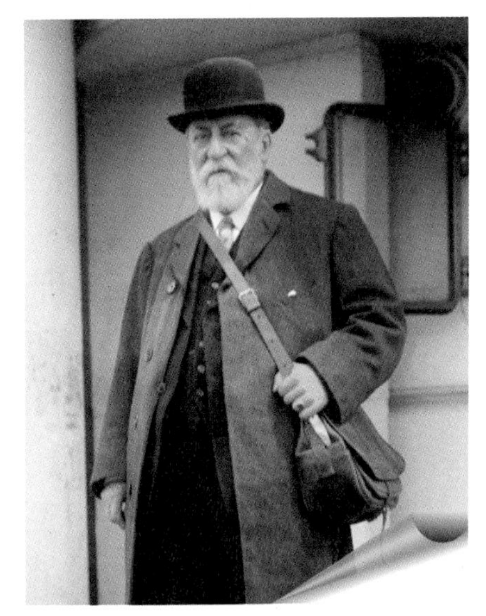

1915년의 생상스

생상스 하면 역시 《동물의 사육제》가 가장 유명해요. 이 곡에는 '피아노, 두 대
의 바이올린, 비올라, 첼로, 더블베이스, 플루트, 클라리넷, 하모니움(풍금을 닮은 소
형 오르간의 일종), 실로폰, 첼레스타를 위한 동물학적 환상곡'이라는 부제가 붙어
있어요. 부제는 음악을 더욱 쉽게 이해할 수 있게 해주지요. 《동물의 사육제》에
는 모두 14곡이 담겨 있지만, 생상스가 악보로 출판한 것은 열세 번째 곡인 〈백
조〉뿐이에요. 생상스가 《동물의 사육제》를 그리 중요하게 생각하지 않았음을 알
수 있어요.

또 하나의 대표작으로 오페라 《삼손과 델릴라》를 꼽을 수 있어요. 이 작품은 생
상스는 물론 프랑스를 대표하는 오페라이기도 해요. 처음 이 곡이 발표되었을 때

프랑스에서는 그다지 반응이 없었대요. 왜냐하면 성경 속 이야기이기도 하거니와, 바그너의 영향을 많이 받은 것으로 생각했기 때문이에요. 그래서 이 오페라는 프랑스가 아닌 독일 바이마르에서 처음 무대에 올려졌고, 프랑스에는 30년이 지난 뒤에야 소개되었어요.

삼손의 이야기는 구약성서에 나와요. 이스라엘 민족이 이교도들에게 박해를 받을 때 삼손이 등장해 이교도들인 페리시테인을 무찌르죠. 그러나 삼손은 델릴라의 유혹에 빠져 자신의 힘이 머리털에서 나온다는 사실을 털어놓게 돼요. 페리시테인들은 삼손이 잠든 사이에 그의 머리털을 잘라 삼손을 붙잡아요. 그리고 삼손의 두 눈을 멀게 하여 지하 감옥에 가두고는 그를 신에게 제물로 바치려고 했어요. 그때 삼손은 다시 힘이 솟아나 기둥을 뽑아 아수라장으로 만들지요. 《삼손과 델릴라》는 이러한 줄거리를 가진 오페라입니다.

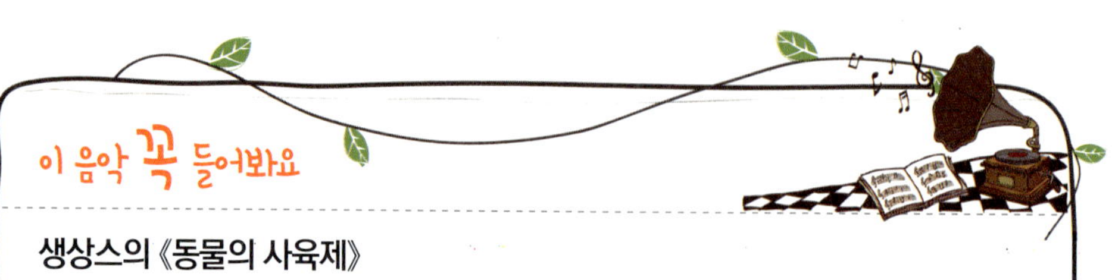

생상스의 《동물의 사육제》
풍자와 재치가 넘치는 실내 관현악 모음곡이다. 〈사자 왕의 행진〉 등 모두 14곡이 들어 있다. 1886년 생상스가 사육제에 참가한 친구의 음악회에서 청중들을 놀라게 하려고 작곡했다고 전해진다.

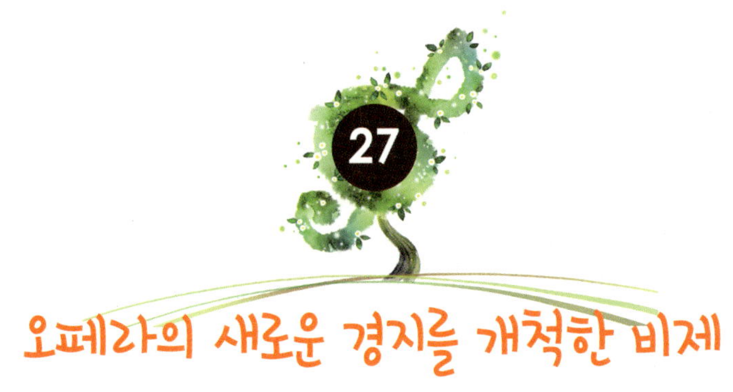

오페라의 새로운 경지를 개척한 비제

19세기 후반 프랑스의 작곡가 비제를 빼놓고는 오페라를 이야기할 수 없어요. 비제는 《카르멘》이라는 단 한 편의 오페라로 이탈리아의 베르디, 독일의 바그너와 어깨를 나란히 할 정도로 대단한 음악가입니다.

조르주 비제는 1838년 프랑스의 수도 파리에서 태어났어요. 성악가인 아버지와 피아니스트인 어머니 덕에 어릴 적부터 음악을 배웠고, 열 살 때 파리 음악원에 입학할 정도로 재능을 보였죠. 비제는 《아베 마리아》와 《파우스트》로 유명한 프랑스 작곡가 구노와 알레비 등으로부터 큰 영향을 받았어요. 그중 알레비는 특별한 스승이라고 할 수 있어요. 그의 딸 주느비에브와 결혼해 사위가 되었고, 1862년 알레비가 죽자 그가 남긴 미완성 오페라 《노에》를 완성했어요.

비제가 자신의 진가를 드러낸 것은 열일곱 살 때였어요. 1855년 교향곡 1번을 발표하며 아름다운 선율과 남국적인 정취를 담아냈다는 평가를 받았어요. 열아홉 살 때에는 칸타타 〈다윗〉으로 로마 대상을 거머쥐며 3년 동안 이탈리아로 음악 유학을 갈 수 있는 기회를 잡았어요. 하지만 로마에서 유학하는 사이 어머니가

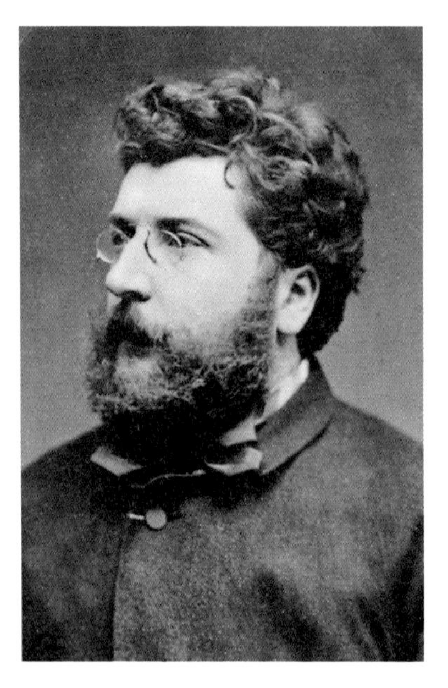

비제

위독하다는 소식을 듣고 귀국했어요. 이후 개인 교수와 편곡을 주로 하면서 활동했답니다.

교향곡 1번으로 주목을 받긴 했지만, 비제의 출세작을 꼽으라면 1863년에 첫선을 보인 오페라 《진주잡이》를 들 수 있어요. 이 오페라는 고대 실론 섬을 배경으로 해요. 진주잡이를 하는 마을 사람들의 안전을 기도하고 노래하는 여사제 레일라와 그녀를 사랑하는 두 남자의 갈등을 다루고 있어요. 비제의 다른 작품들처럼 주인공들이 죽음에 이르는 비극이에요. 《진주잡이》는 비제의 독창성이 드러나기 시작한 작품이기도 해요.

이어 오페라 《아름다운 퍼스의 처녀》 등을 발표했어요. 특히 1872년에는 〈마지막 수업〉의 작가 알퐁스 도데의 희곡인 〈아를의 여인〉에 곡을 붙여 큰 호응을 받았지요. 이 희곡은 프랑스 남부 프로방스 지방의 아를이라는 작은 마을에서 벌어지는 비극적인 사랑 이야기가 주된 내용이에요. 비제 음악의 독특한 아름다움과 화려한 관현악이 잘 조화된 곡으로 오늘날에도 사랑받고 있어요.

그러나 역시 비제 하면 《카르멘》을 대표작으로 꼽지요. 이 오페라는 19세기 오페라의 발전에 획기적인 공을 세운 작품이에요. 이전과는 다른 요소가 많이 담겨 있기 때문이에요. 다른 요소들이란 과연 무엇일까요?

1875년 3월, 비제가 처음《카르멘》을 발표했을 때에는 완전 실패했어요. 집시 여인 카르멘이 시골 출신의 젊은 군인 돈 호세, 투우사 에스카밀리오와 비극적인 삼각관계에 빠지는 내용이에요. 이런 내용은 오늘날의 시각으로 보자면 흥미진진하지만 당시에는 달랐어요. 그 무렵의 오페라는 대개 신화나 전설, 귀족들의 이야기를 다뤘거든요.

그런데《카르멘》에는 평범한 서민들이 등장해요. 더구나 떠돌이 여인과 밀수꾼을 내세웠죠. 지고지순한 사랑이 아니라 이들은 칼부림까지 난무하는 처절한 사랑과 배신을 보여주지요. 특히 여주인공 카르멘은 당시 사회 기준으로는 욕을 엄청나게 먹는 인물이었어요. 그래서 파리의 관객들은 무대에 올려진《카르멘》을 보고 온갖 욕을 해댔던 거죠.

이 곡을 발표한 뒤 비제는 엄청난 스트레스에 시달렸어요. 아마도 그 탓이었을까요. 비제는 3개월 뒤 갑자기 세상을 뜨고 말았어요. 겨우 서른여덟 살에 요절한 거예요. 그에 대한 평가는 그가 죽은 뒤에야 내려졌지요. 사람들은 비제의《카르멘》이 얼마나 생동감 있는 오페라였는지 기억해냈어요. 사실《카르멘》은 당시 사회에서 충분히 있을 수 있는 이야기였거든요. 그런 까닭에 사람들은 마치 자신들의

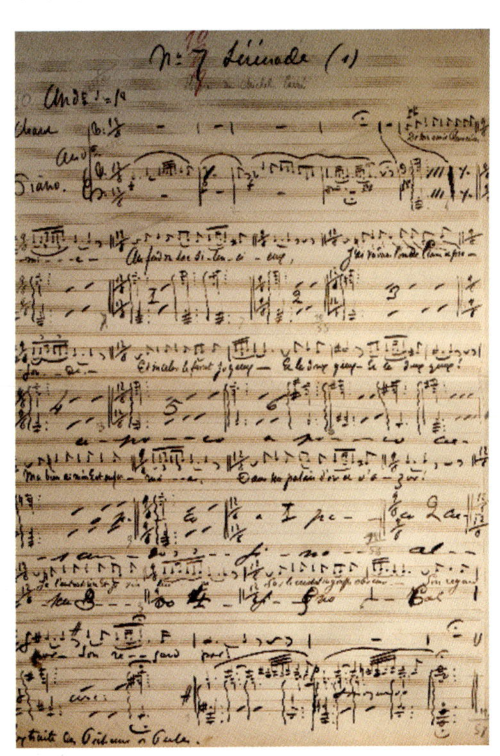

비제가 완성한 악보

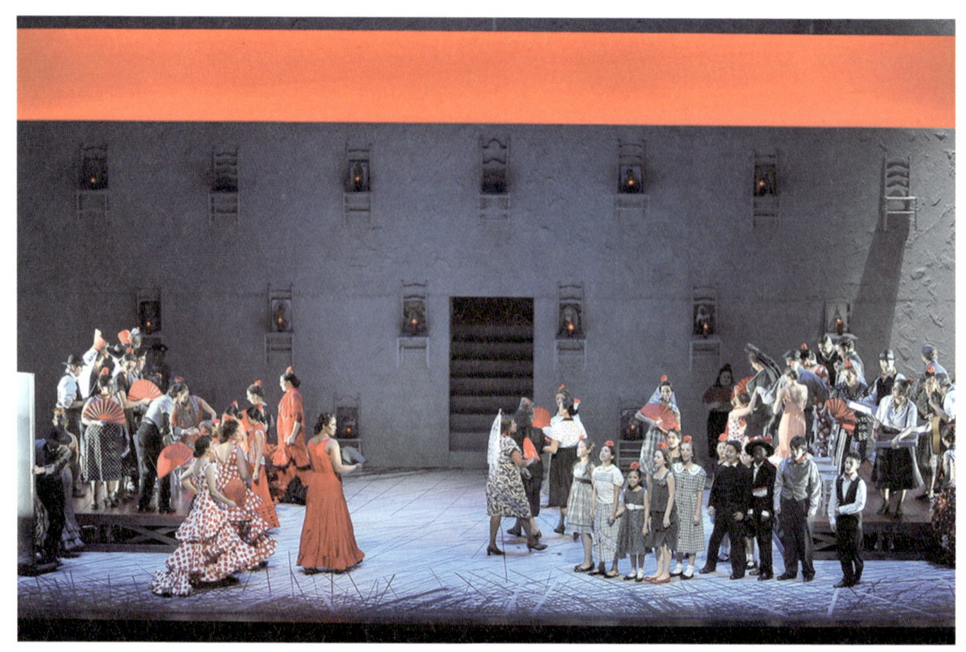

오페라 《카르멘》의 한 장면

주변 이야기처럼 느끼게 되었어요. 그리하여 《카르멘》은 비제가 죽은 뒤에 세계 최고의 오페라로 우뚝 서게 되었답니다.

오늘날 《카르멘》은 오페라로만 유명한 게 아닙니다. 오페라를 받쳐주는 관현 악 연주도 매우 화려하고 아름다워 오페라 모음곡으로 연주회에서 많이 연주되 거든요.

독일의 유명한 철학자인 니체는 1881년에 《카르멘》을 처음 보고는 이렇게 말 했어요.

"습기와 우울을 날려버리는 강렬한 태양의 오페라! 풍요롭고 건축학적으로 완 벽하다!"

또 독일의 작곡가 리하르트 슈트라우스도 《카르멘》에 찬사를 보냈어요.

"음표 하나도 버릴 것이 없다. 오페라 작곡을 공부하는 학생이라면 모두 《카르멘》의 악보를 완벽하게 익혀야 한다."

브람스 역시 《카르멘》의 광팬이었어요.

비제의 작품이 기존 음악과 다른 점은 등장인물의 성격을 뚜렷하게 묘사하고, 구성이 아주 치밀하다는 것이에요. 한마디로 소설이나 연극 못지않은 줄거리를 갖추고 있다는 것이지요. 이러한 새로운 작곡 기법은 이후 오페라에 큰 영향을 끼쳤어요.

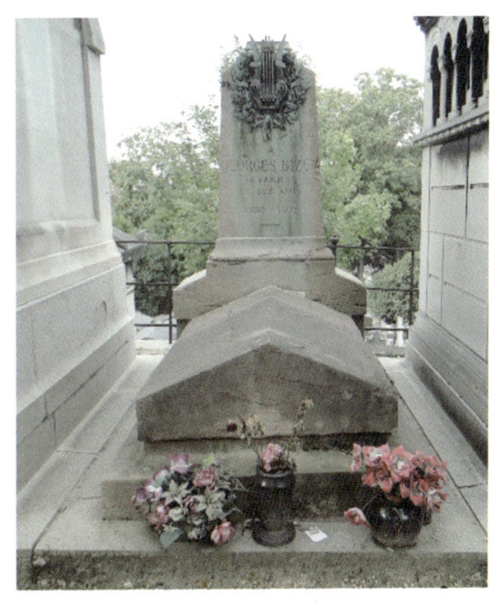

파리에 있는 비제의 묘지

비제는 당시 대세였던 바그너의 음악에서 벗어났다며 스스로 이렇게 말했어요.

"모방은 바보들이나 하는 짓이다. 모방의 대상이 되는 작품이 대단할수록 그 모방은 우스꽝스러운 것이 된다."

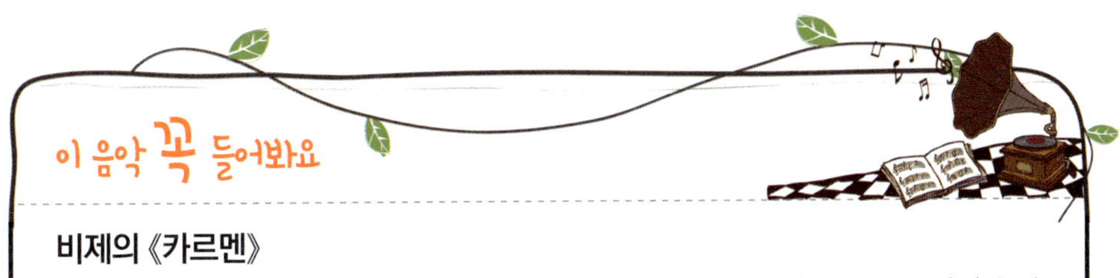

이 음악 꼭 들어봐요

비제의 《카르멘》

집시 여인과 군인, 투우사를 등장시켜 절망스러운 삼각관계를 다룬 작품으로, 당시 오페라의 틀을 과감히 깬 곡으로 평가된다. 그러나 첫 공연은 실패했고, 그 바람에 비제는 죽음에 이르렀다. 하지만 그가 죽은 후 《카르멘》은 세계 최고의 오페라로 우뚝 올라섰다.

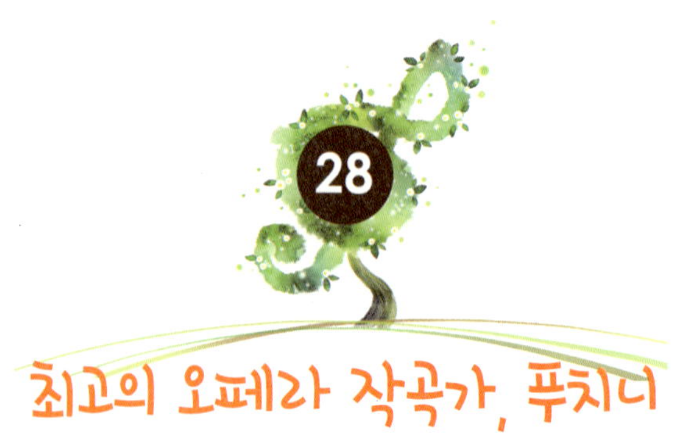

최고의 오페라 작곡가, 푸치니

예술에도 올림픽이 있다면 음악의 오페라 부문은 아마 이탈리아가 휩쓸 거예요. 오페라라는 장르가 이탈리아에서 태어나기도 했지만, 수백 년 동안 이탈리아에서 세계적인 오페라 작곡가가 계속 나왔거든요. 특히 푸치니야말로 이탈리아 오페라의 위대함을 제대로 보여준 음악가예요. 푸치니는 베르디의 오페라《아이다》를 보고 오페라를 만들겠다는 생각을 하게 되었어요.

지아코모 푸치니는 1858년 12월 22일, 이탈리아 중부의 작은 도시 루카에서 태어났어요. 그는 어려서부터 음악에 소질이 남달랐는데, 특히 오르간을 잘 다루었대요. 그러나 집안이 가난해 음악을 제대로 배우기가 어려웠어요. 스물두 살이 되어서야 겨우 밀라노 음악원에 들어가 하숙을 하며 학교를 다녔어요.

음악가로 두각을 나타낸 것도 서른다섯 살이나 되어서였죠. 오페라《마농 레스코》를 작곡한 뒤 이름이 슬슬 알려지기 시작했어요. 한번 물꼬를 트자 내놓는 작품마다 히트를 쳤어요. 가난한 학창 시절의 경험을 살려 만든《라 보엠》을 비롯해《나비부인》, 그리고 로마에서 처음 무대에 올린《토스카》등 내놓는 작품마다 크게 성공을 거뒀어요.

도대체 푸치니의 오페라는 왜 인기가 있었던 걸까요? 몇몇 작품을 살펴보면 그 이유를 알 수 있어요.

먼저 《라 보엠》은 방황하는 젊은 예술가들을 그리고 있어요. 1830년대 파리의 변두리에서 펼쳐지는 젊은이들의 사랑과 우정을 담아냈어요. 오페라 하면 대개 멋진 내용을 다루지만 푸치니는 달랐어요. 누구나 겪을 만한 일상적인 이야기, 그러면서도 스토리가 재미있어서 대중들의 인기를 얻었어요.

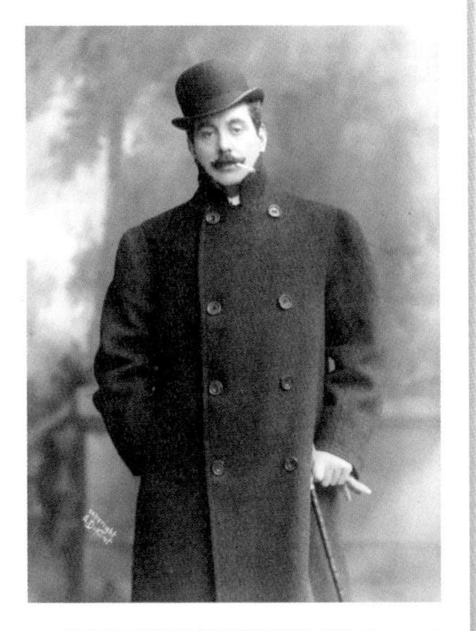

푸치니

《토스카》도 그런 오페라 중 하나예요. 사랑과 음모, 배신과 복수를 다루고 있거든요. 토스카는 여주인공 이름이에요. 줄거리를 한번 볼까요?

1800년대 로마 총독이 오페라의 여주인공 토스카를 차지하기 위해 그녀의 남자친구 카발라도시를 옥에 가둡니다. 고난을 이겨내고 토스카와 남자친구가 사랑을 이루길 바라지만 모두 죽는 것으로 결말이 납니다. 카발라도시는 사형을 당하고, 토스카는 총독을 죽인 뒤 성벽 아래로 몸을 던집니다. 이 역시 해피 엔딩을 기대하는 사람들에게 엄청난 슬픔을 안겨주었지요.

내용은 슬프지만 주인공들이 부르는 노래는 매우 아름답습니다. 토스카가 부르는 〈노래에 살고, 사랑에 살고〉와 카발라도시가 부르는 〈별은 빛나건만〉은 오늘날에도 수없이 불리는 명곡이에요. 그중 카발라도시가 처형되기 전에 부르는

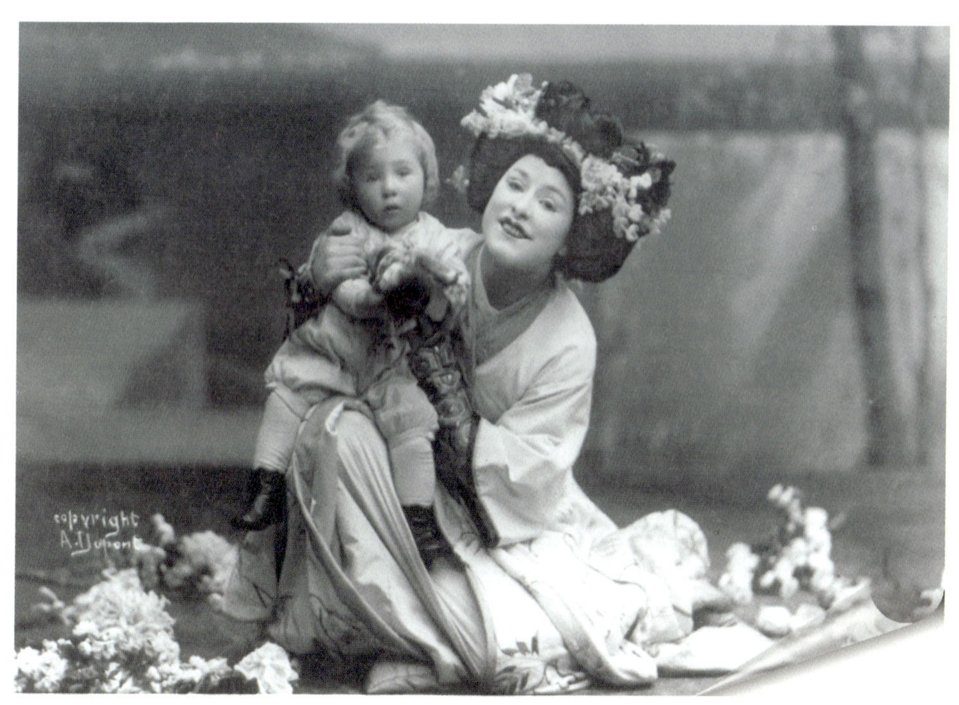

오페라 《나비부인》의 한 장면

〈별은 빛나건만〉은 다음과 같은 노랫말을 담고 있답니다.

별들은 빛나고 대지는 향기로운데
저 화원 문을 열고 가벼운 발자국 소리 났네.
또 나를 알아준 것, 향기로운 그녀였네.
아, 달콤한 입맞춤으로 나를 떨게 하고
고운 그 몸은 베일에 가려지듯 사라지고
내 사랑의 꿈도 영원히 사라지는가.

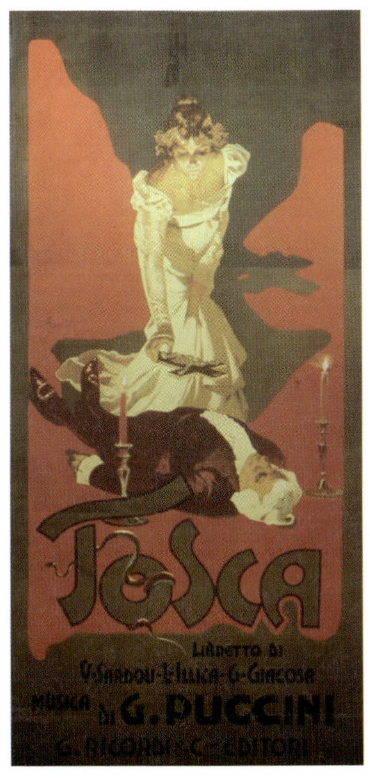

오페라 《토스카》 포스터

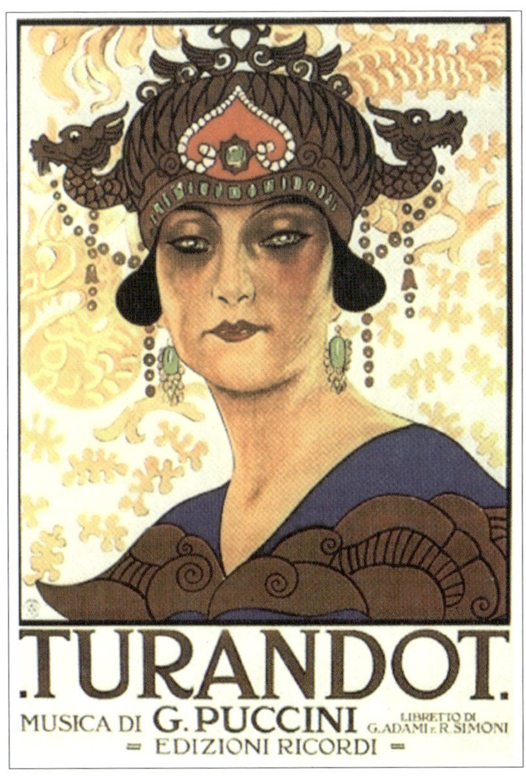

오페라 《투란도트》 포스터

절망 속에서 나는 죽어가네

나는 죽어가네

내 생애 전부만큼 난 사랑하지 못하였네.

직접 들어보면 눈물겹도록 아름다운 노래입니다.

《나비부인》은 《라 보엠》, 《토스카》와 더불어 푸치니의 3대 오페라로 손꼽혀요.

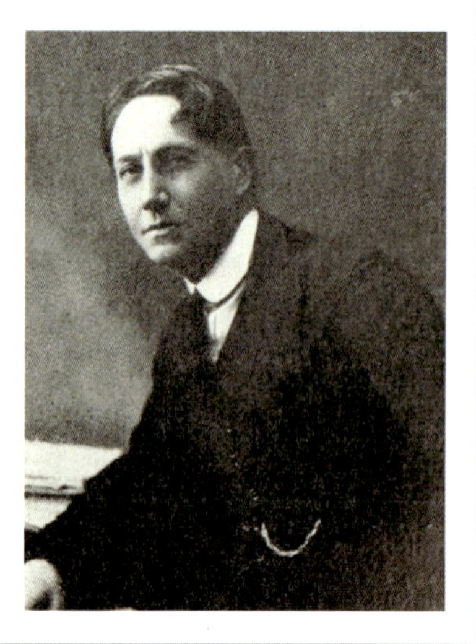

푸치니의 뒤를 이어 《투란도트》를 완성한
프랑코 알파노

오페라 《나비부인》의 무대는 일본 나가사키의 항구입니다. 주인공 나비부인은 일본 여자인데, 미국의 해군 장교에게 버림받고 자살하고 말아요.

이렇게 보면 푸치니의 오페라는 대부분 비극이에요. 그런데 비극을 매우 아름답게 표현하고 있어요. 그래서 그의 오페라에서는 사람 냄새가 나고, 기쁨과 슬픔이 생생하게 느껴진다고 하죠.

이 세 작품에 비해 오페라 《투란도트》는 대작에 속해요. 미완성인 채로 끝났지만 푸치니가 4년 동안 공을 들인 작품으로 나중에 상연되었을 때 대단한 호응을 얻었어요. 《투란도트》는 중국의 전설 시대를 배경으로 하고 있어요. 미완성으로 남은 《투란도트》를 마무리한 사람은 푸치니의 제자인 프랑코 알파노입니다. 당시 그는 유명한 피아니스트였어요.

알파노가 마무리한 뒤 무대에 올린 사람은 '무대 위의 독재자'로 불리는 토스카니니에요. 처음 《투란도트》를 공연할 때는 3막의 중간에 이르러 주인공 류가 칼로 자신의 가슴을 찔러 자살하는 장면이 나왔어요. 이때 지휘를 하던 토스카니니가 갑자기 지휘봉을 내려놓고 오페라를 중단시켰다고 해요. 한창 흥미진진하게 보던 관객들이 술렁거렸겠죠. 토스카니니는 관객들에게 이렇게 말했어요.

"푸치니 선생이 작곡한 것은 여기까지입니다."

지휘자의 말을 듣고 관객들은 기립박수를 치며 더 열광했어요. 이것이 《투란도트》를 더욱 유명하게 만들었다고 해요.

푸치니는 자신의 말대로 "극장을 위하여 작곡할 것을 신에게서 명령받은" 사람이었어요. 그만큼 극적인 작품을 만들었다는 것이지요. 고전 음악에서 현대 음악으로 이어지는 시기에 푸치니는 최고의 오페라 작가로 우뚝 섰습니다.

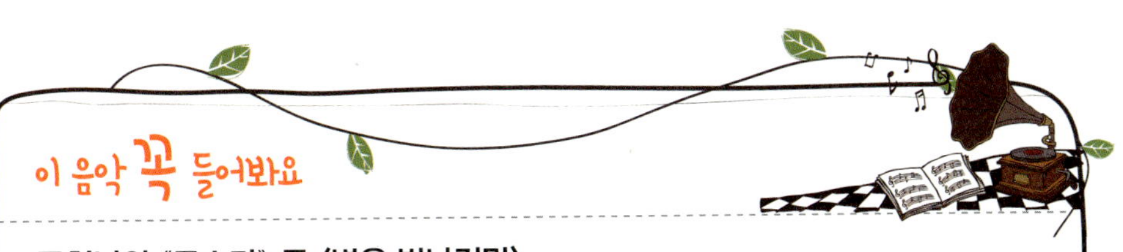

이 음악 꼭 들어봐요

푸치니의 《토스카》 중 〈별은 빛나건만〉

1900년 로마에서 첫선을 보인 오페라 〈토스카〉 중 남자 주인공 카바라도시가 부른 아리아이다. 곧 사형될 운명에 놓인 주인공의 심정이 절절하게 묻어난다. 여주인공 토스카의 아리아 〈노래에 살고, 사랑에 살고〉와 함께 주옥 같은 명곡으로 손꼽힌다.

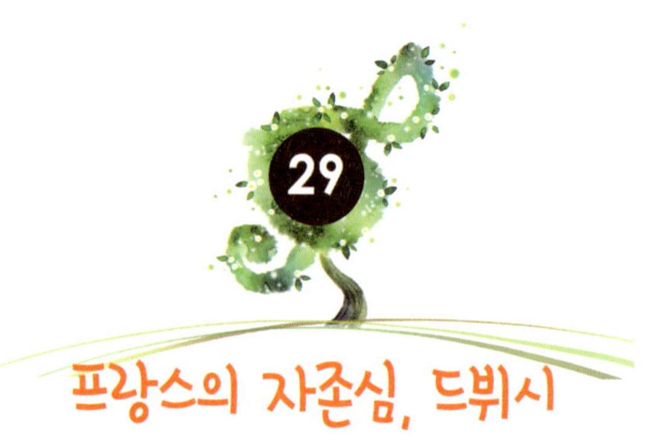

프랑스의 자존심, 드뷔시

19세기 중엽 생상스의 뒤를 이어 프랑스에 또 한 명의 위대한 음악가가 나타났으니 바로 드뷔시입니다. 오죽하면 그를 '프랑스의 자존심'이라고까지 하지요. 왜 자존심이라고 했는지 설명이 약간 필요해요.

당시 유럽에서 예술의 중심은 프랑스 파리였어요. 문학과 미술, 건축 등 다양한 예술이 프랑스에서 크게 발달했지요. 하지만 유독 음악만은 이탈리아나 오스트리아, 독일에 비해 뒤처졌어요. 생상스가 나와 프랑스 음악을 세계적인 수준으로 끌어올렸지만 아직은 부족한 상황이었지요. 드뷔시는 바로 이때 등장하여 프랑스가 예술의 중심이라는 자존심을 지키게 해주었던 거예요.

클로드 드뷔시는 1862년 파리 근교에서 태어났어요. 아버지는 도자기 상점을 운영했는데, 살림이 넉넉하지 않아 자주 이사를 가야 했지요. 다행인 것은 드뷔시가 어려서부터 음악에 탁월한 재능을 보여 모테라는 부인의 후원을 받아 피아노를 배울 수 있었다는 거예요.

드뷔시가 본격적으로 음악을 하게 된 것은 열 살 때인 1872년 파리 음악원에 들어가면서부터입니다. 그곳에서 드뷔시는 11년 동안이나 생활했어요. 차이코프스키를 후원하던 메크 부인의 초청으로 모스크바를 방문하기도 했지요. 그때 러시아 국민악파를 만나 음악을 교류했어요.

스물두 살 때는 칸타타 〈방탕한 아들〉을 작곡하여 주위로부터 음악가로 인정을 받았어요. 그리고 이 곡으로 2년간 이탈리아로 음악 유학을 떠날 수 있는 기회를 잡았어요.

그렇게 이탈리아로 떠난 드뷔시는 얼마 후 파리로 되돌아왔어요. 예술의 중심지가 이탈리아에서 프랑스 파리로 바뀌고 있었기에 굳이 그곳에 더 머물 이유가 없었기 때문이에요. 당시 파리에는 살롱 문화가 크게 유행하며 세계 최고의 예술가들이 몰려들었습니다.

파리로 돌아온 드뷔시는 많은 예술가들과 사귀며 다양한 분야를 접하게 되었어요. 시인, 소설가, 화가 등과 두루 사귀었는데, 특히 《목신의

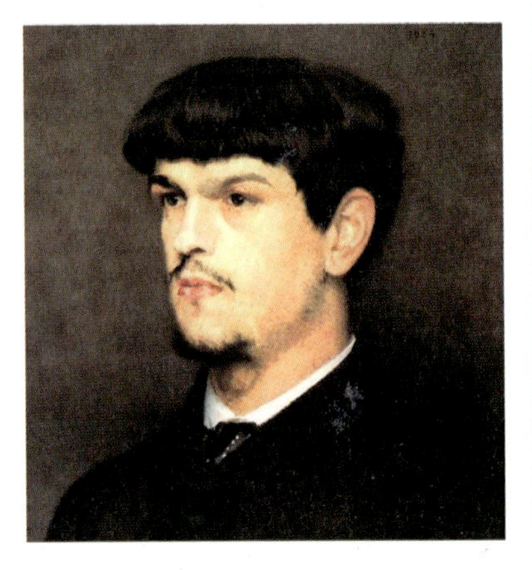

청년 시절의 드뷔시

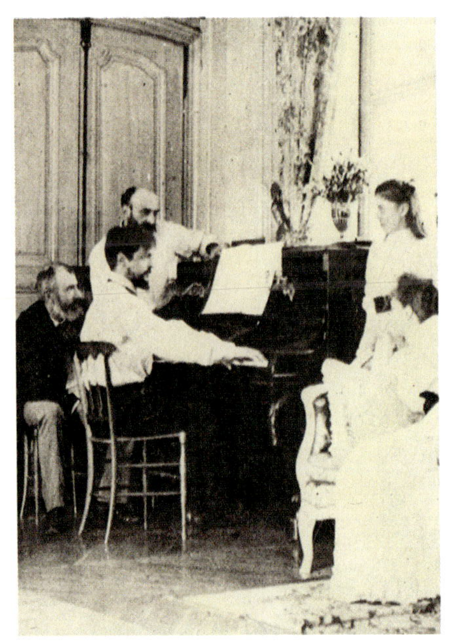

피아노를 치는 드뷔시

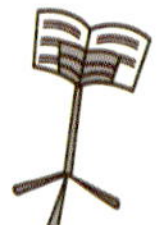

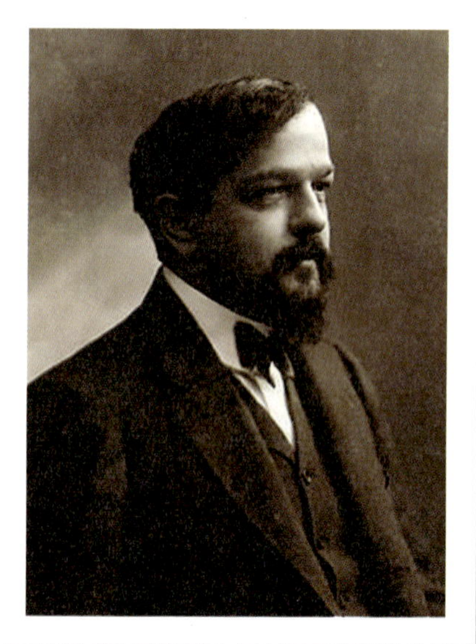

드뷔시

오후》로 유명한 시인 말라르메와 친하게 지냈어요. 드뷔시가 〈목신의 오후 전주곡〉을 작곡한 것은 그런 인연 때문이었어요.

그런데 드뷔시에게 더 큰 영감을 준 것은 그림이었어요. 당시 파리에는 인상파라는 새로운 화풍이 일어났어요. 인상파 화가들은 빛을 중요하게 생각하고, 그림에 색의 변화를 많이 주는 기법을 선보였지요. 〈풀밭 위의 점심〉을 그린 마네, 〈정원의 여인들〉의 모네, 〈물랭 드 라 갈레트〉를 남긴 르누아르, 〈타히티의 여인〉과 〈황색 그리스도〉를 그린 고갱 등이 바로 인상파를 대표하는 화가들이에요. 인상파는 보이는 것을 그대로 그리기보다는, 거기에서 느껴지는 순간적인 인상을 표현했어요. 즉 그림에 개인의 생각을 많이 담아냈지요.

드뷔시는 인상파로부터 받은 느낌을 자신의 음악에 반영했어요. 특히 지성보다는 감성을 강조하려고 했지요. 1905년에 완성한 교향시 〈바다〉는 그것을 잘 보여주는 작품이에요. 잔잔한 바다에 어느새 광풍이 몰아치고, 또다시 잔잔해지는 모습을 음악으로 표현했어요. 바다를 소재로 한 음악 가운데 최고의 작품으로 일컬어지죠.

드뷔시의 음악은 분명 인상파의 영향을 많이 받았지만, 정작 그는 이렇게 말하곤 했어요.

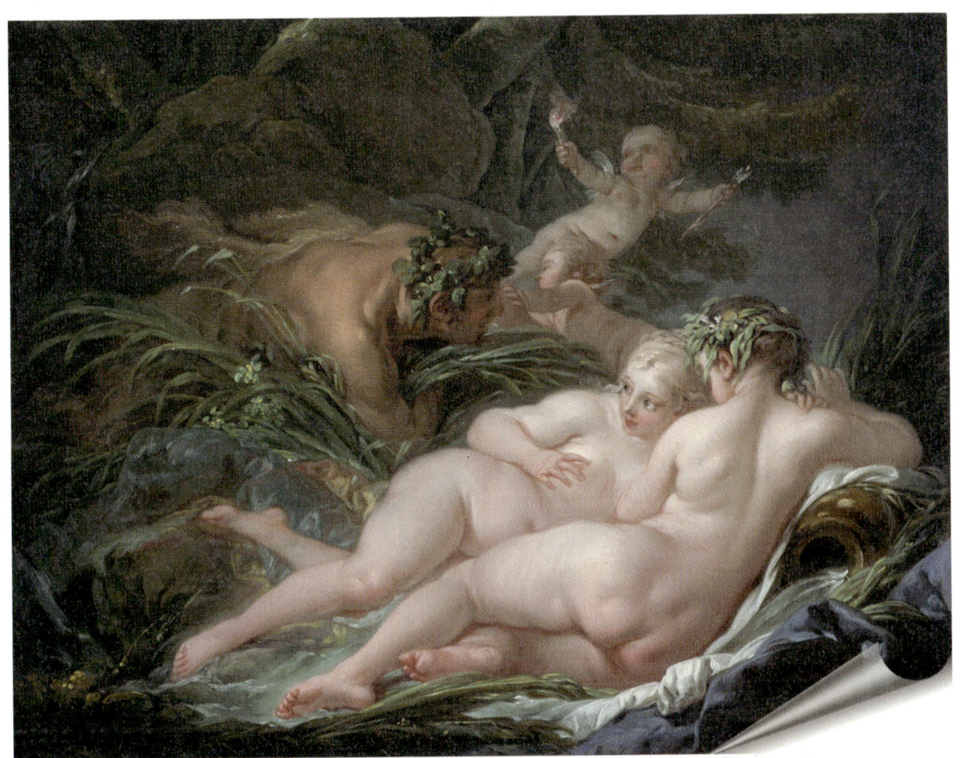

18세기 화가 프랑수아 부셰가 그린 〈요정을 쫓는 목신 판〉

"나에게 영감을 준 것은 상징주의 시입니다."

그의 친구 말라르메가 바로 상징주의 시인이었는데, 그에게서 많은 영향을 받았다는 말이에요. 그의 영향을 받아서 만든 대표곡이 〈목신의 오후 전주곡〉이에요. 그리스 신화에 나오는 목신은 반은 사람, 반은 짐승의 모습을 하고 있어요. 목신은 양떼를 끌고 다니며 피리를 불고 춤을 추지요. 그리스 신화를 읽었다면 아마 기억날 거예요.

드뷔시의 음악에서 중요한 것은 그가 틀에 박힌 형식을 깨려고 노력했다는 점이에요. 형식은 주제를 표현하기 위한 것일 뿐이니, 그 틀에 맞출 필요는 없다는 게 드뷔시의 생각이었어요. 모든 분야가 다 그렇지만, 음악도 고정관념을 깨뜨려야 더 발전할 수 있지요.

드뷔시는 기존과는 다른 인상주의 음악을 창조해 현대 음악에 큰 영향을 끼쳤답니다. 그래서 그를 '프랑스의 자존심'이라고 하지요.

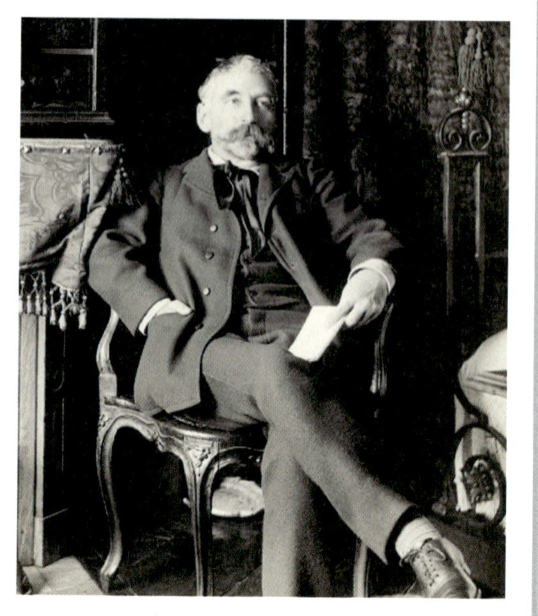

드뷔시의 친구이자 시인, 말라르메

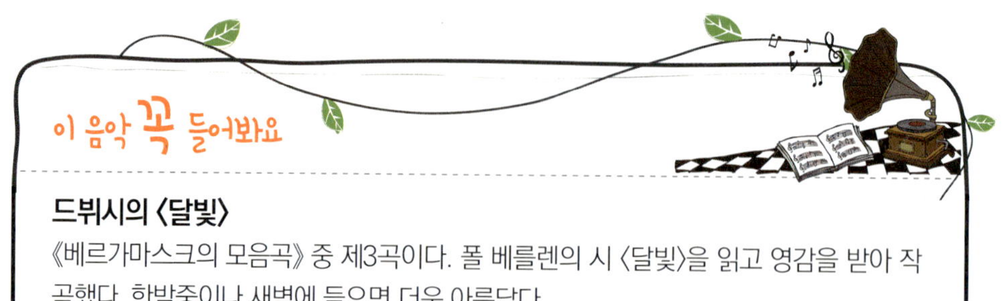

드뷔시의 〈달빛〉

《베르가마스크의 모음곡》 중 제3곡이다. 폴 베를렌의 시 〈달빛〉을 읽고 영감을 받아 작곡했다. 한밤중이나 새벽에 들으면 더욱 아름답다.

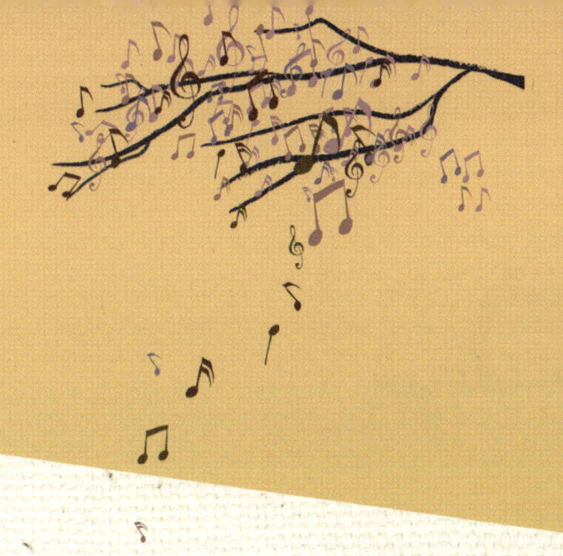

조국을 사랑한
국민악파 음악가들

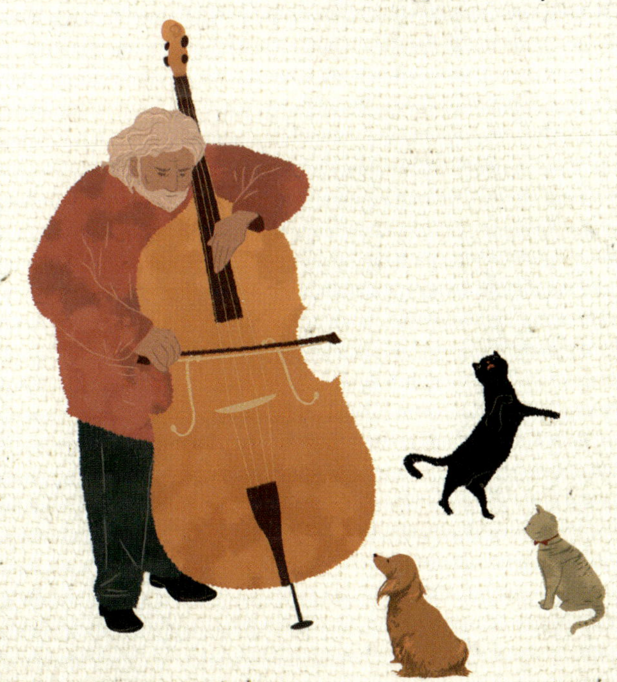

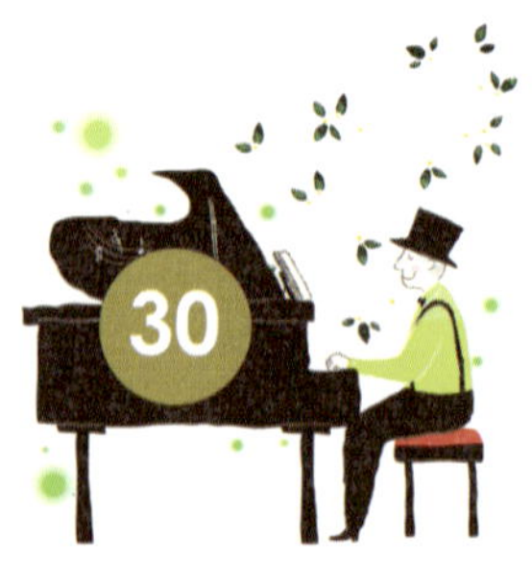

국민악파는 어떤 음악가들일까?

앞에서 우리는 바로크 시대부터 낭만파 시대까지 위대한 음악가들에 대해 알아보았어요. 이들 외에도 많은 음악가가 있지만, 클래식 음악과 친해지려면 이 정도는 알아둬야 할 것 같은 음악가들 위주로 소개했어요. 그런데 이들 대부분은 독일, 오스트리아, 이탈리아, 프랑스 출신이에요. 유럽에는 수십 개의 나라가 있지만, 음악에서만큼은 이 나라들이 강국이었던 거죠.

낭만파 음악이 한창 무르익을 무렵, 이들 음악 강국 주변에서도 서서히 유명한 음악가들이 나타나기 시작했어요. 오스트리아의 지배를 받던 보헤미아에서 스메타나와 드보르자크가 등장했고, 러시아에서는 무소르크스키 등 5인조가 맹활약하며 러시아 음악을 세계에 널리 알렸지요. 헝가리에서는 에르켈이 이탈리아 풍을 벗어난 헝가리만의 오페라를 작곡했으며, 노르웨이의 그리그, 폴란드의 모뉴시코 등 많은 음악가가 모국의 특징을 담은 음악을 만들었습니다.

이들을 가리켜 국민악파라고 해요. 앞에서 소개한 음악가 중 쇼팽과 리스트도 음악 강국에서 태어나지 않았지만 이들을 국민악파라고 하지는 않아요. 애국정

신을 바탕으로 민족 음악을 만든 것이 아니었기 때문이에요.

국민악파가 생겨난 것은 프랑스 혁명의 영향이에요. 프랑스 혁명으로 왕정이 무너지자, 각 나라에서도 독립운동이 활발하게 일어났어요. 그런 운동이 음악에도 일어났는데, 그것이 바로 국민악파예요.

국민악파의 또 다른 특징은 독일과 오스트리아의 기악, 이탈리아의 오페라로부터 벗어나 자기 나라만의 독특한 음악을 살리는 것이었어요.

국민악파의 특징을 하나 더 꼽으라면, 음악에 제목을 붙이는 경우가 많다는 거예요. 이런 음악을 가리켜 표제음악이라고 해요. 음악의 내용을 미리 생각할 수 있어서 이해하는 데 큰 도움이 되죠. 표제음악과 상대되는 개념은 절대음악이에요. 모차르트나 베토벤은 대부분 절대음악을 남겼지요.

국민악파 중 가장 먼저 살펴볼 음

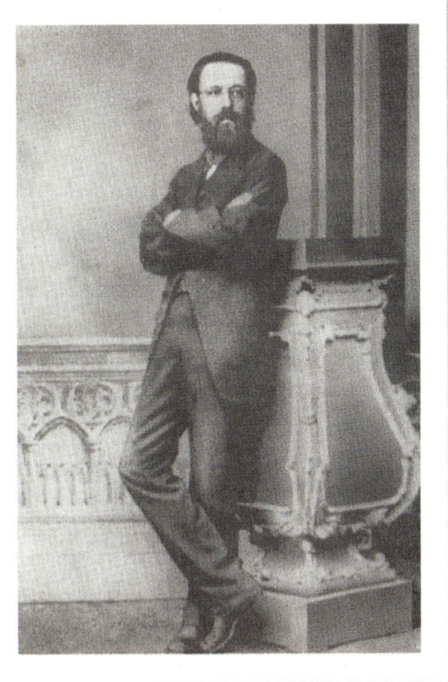

보헤미아의 국민악파, 스메타나

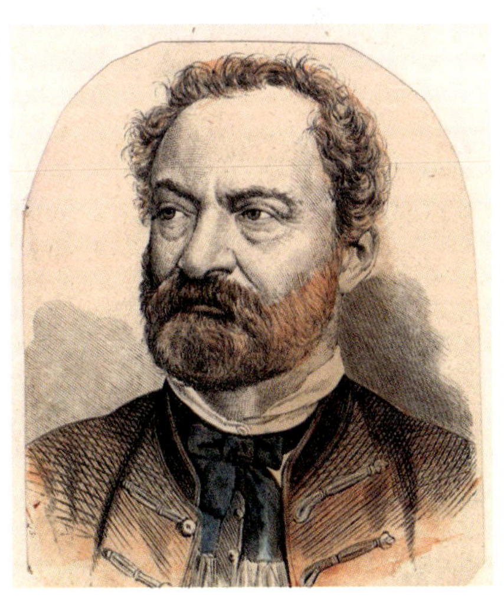

헝가리의 국민악파, 에르켈

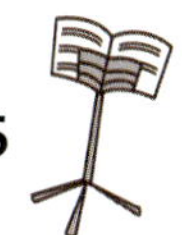

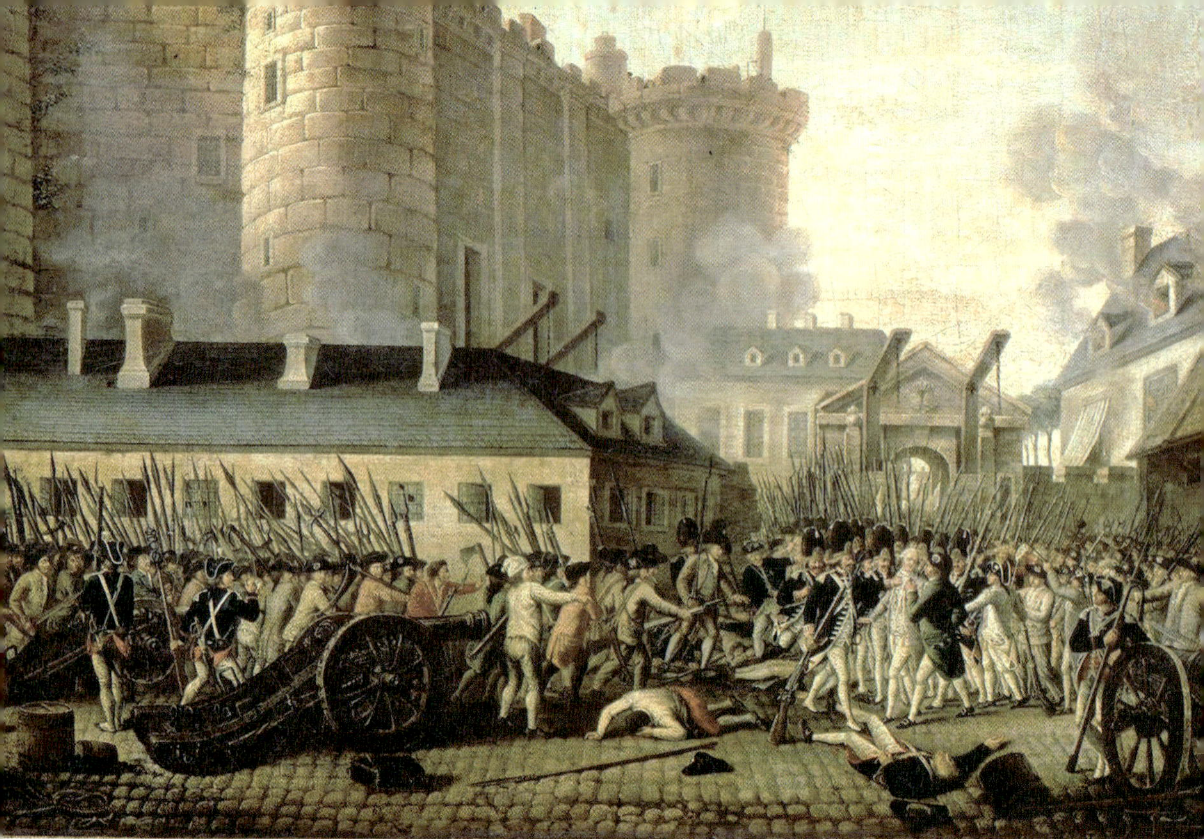

국민악파의 등장에 결정적 영향을 미친 프랑스 혁명

악가는 러시아 출신의 5인조예요. 무소르크스키를 비롯하여 발라키레프와 세자르 큐이, 림스키코르사코프, 보로딘을 러시아 5인조라 말해요.

　러시아 국민악파 5인조는 비슷한 시기에 태어나 서로 도우며 함께 음악을 했어요. 이중 군인 출신인 무소르크스키가 가장 중요한 인물이라고 할 수 있어요. 그는 어릴 때부터 음악을 했지만, 아버지의 바람대로 커서 군인이 되었어요. 하지만 군인이 되고서도 음악에 미련을 버리지 못했어요. 그가 보로딘을 만난 것은 국민악파가 태어나는 계기가 됩니다. 보로딘이 세자르 큐이와 발라키레프를 소개해 줬거든요. 이들과 친분을 맺은 무소르크스키는 스무 살에 군대에서 나와 본격적으로 음악을 시작하려고 마음을 먹었지요.

그러나 집안이 몰락하는 바람에 그 과정이 순탄하지는 않았어요. 먹고 살기 위하여 직장을 다녀야 했거든요. 그가 처음으로 곡을 발표한 것은 스물여덟 살 때인 1867년이에요. 〈민둥산의 하룻밤〉이라는 교향시를 선보였죠. 이후 오페라《보리스 고두노프》를 작곡하며 본격적인 음악가의 길로 접어들었어요.

무소르크스키가 직장에 다닐 때 림스키코르사코프와 함께 어렵게 음악 공부를 한 일화가 유명해요. 무소르크스키는 공무원으로 일했는데 월급이 쥐꼬리만 했고, 림스키코르사코프도 음악원 교수로 있었지만 월급은 많지 않았어요. 그래서 둘이 한 방을 쓰며 음악을 공부했어요. 두 사람의 방 한가운데에 피아노가 놓여 있었는데, 한 명이 피아노를 치면 다른 한 명은 일하러 나가곤 했어요.

같은 방을 쓰고 같은 피아노를 쳤지만, 두 사람의 음악은 많이 달랐어요. 무소르크스키는 독창적이면서도 감각적인 음악을 한 반면, 림스키코르사코프는 이론과 학식을 겸비한 음악을 했어요. 이론과 학식에 밝은 림스키코르사코프가 무소르크스키

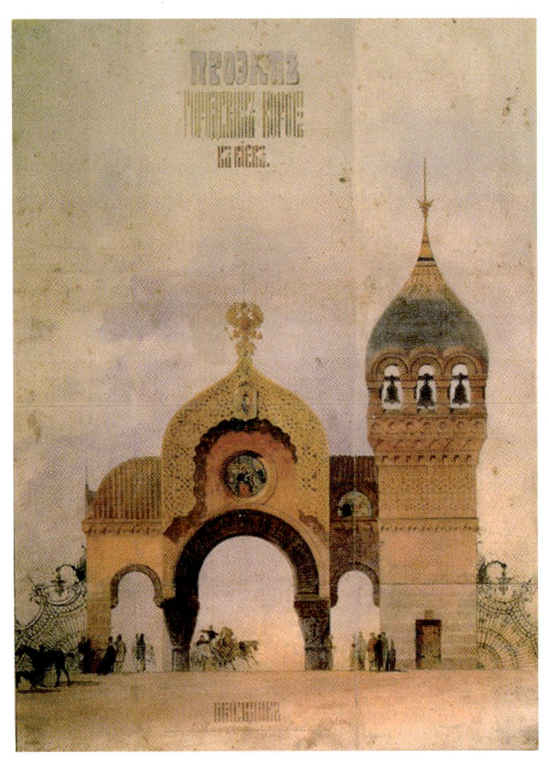

무소르크스키의 〈전람회의 그림〉

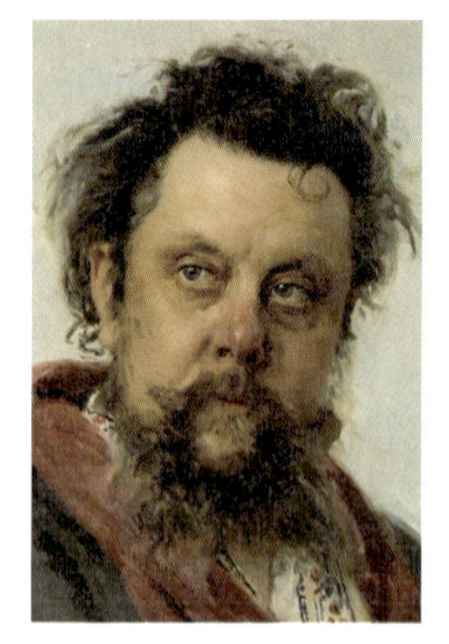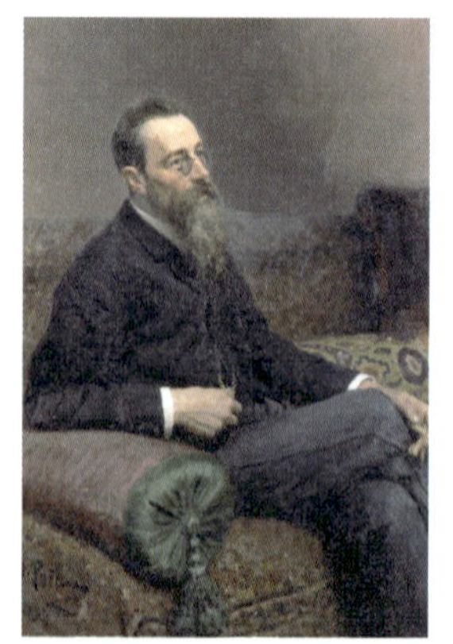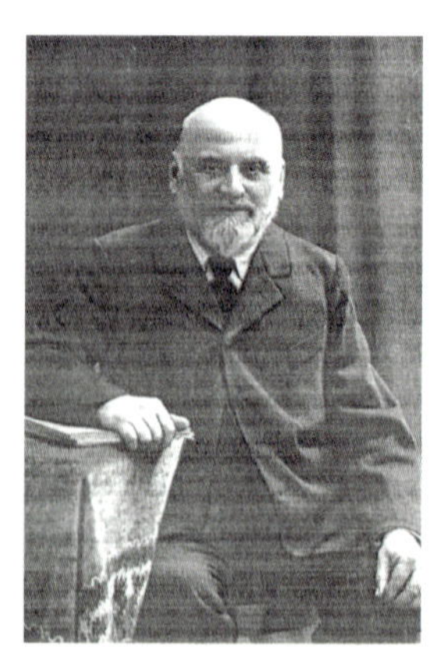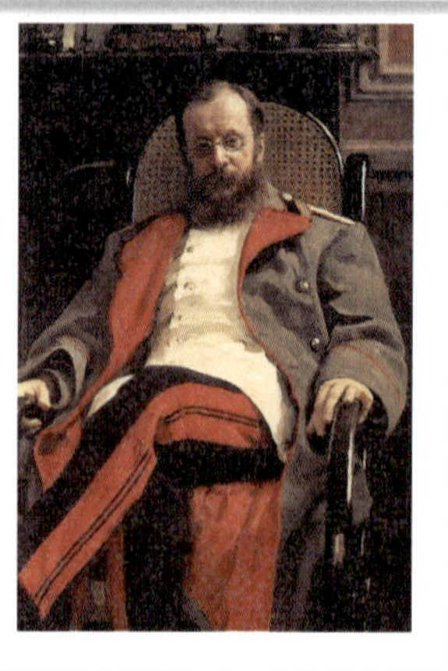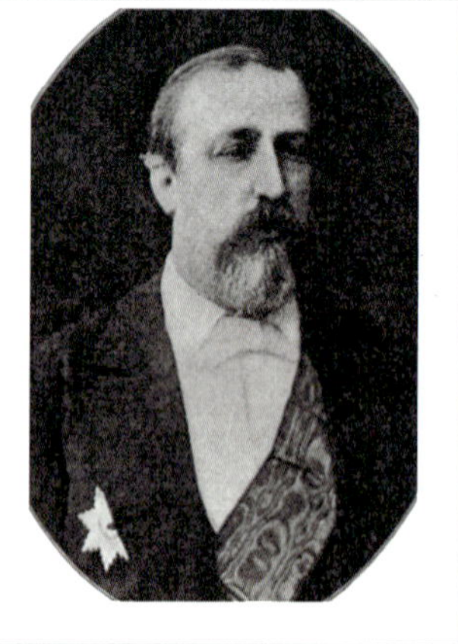

러시아 국민악파 5인조. 왼쪽 위부터 무소르크스키, 림스키코스사코프, 발라키레프, 세자르 큐이, 보로딘

의 악보를 많이 손봐줬다고 해요.

해군학교를 다니던 림스키코르사코프는 1861년 발라키레프를 만나며 본격적으로 음악을 하게 되었어요. 1865년에는 러시아에서 최초로 교향곡을 무대에 올렸지요. 오페라 《백설공주》가 그의 대표작이에요.

발라키레프는 몰락한 가문의 아들로 태어났지만 음악 교육은 제대로 받았어요.

훗날 돈이 없어서 음악을 공부하지 못하는 학생들을 위해 무료 음악학교를 설립하여 러시아 음악의 발달에 크게 기여했어요. 대표곡으로 〈러시아 주제에 의한 서곡〉, 〈이슬라메이〉 등이 있어요. 동양적인 느낌을 물씬 풍기는 음악을 만든 사람으로 유명하지요.

세자르 큐이는 쇼팽을 흉내 내며 음악가의 길로 접어든 사람이에요. 음악비평가로도 활동했고, 프랑스와 벨기에에 러시아 음악을 알리기도 했지요. 특이하게도 《레 미제라블》의 작가 빅토르 위고와 《여자의 일생》을 지은 모파상의 문학 작품에서 영감을 얻어 작곡한 것이 많아요. 대표곡으로는 〈러시아 음악〉, 〈대위의 딸〉 등이 있습니다.

보로딘은 군의관 출신으로 군대에 있을 때 무소르크스키와 발라키레프 등을 만나며 본격적인 음악가의 길로 들어섰어요. 어릴 때부터 음악을 했지만, 특히 발라키레프로부터 작곡법 등을 익힌 뒤 실력이 부쩍 향상되었지요. 러시아인으로서는 최초로 세계에 이름을 널리 알린 음악가예요. 대표작으로는 〈중앙아시아의 초원에서〉 등이 있습니다.

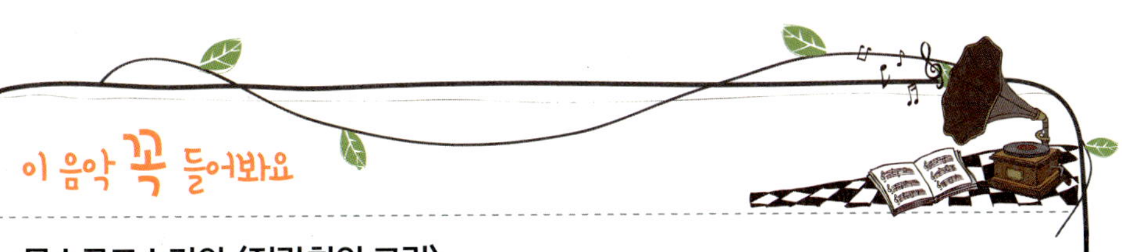

무소르크스키의 〈전람회의 그림〉

1874년 친구 하르트만의 유작 전시회를 보고 작곡한 곡이다. 무소르크스키는 하르트만의 그림뿐만 아니라 건축 설계, 보석, 생활용품, 무대 배경, 의상 등 다양한 전시물에 깊은 인상을 받아 이 곡을 썼다.

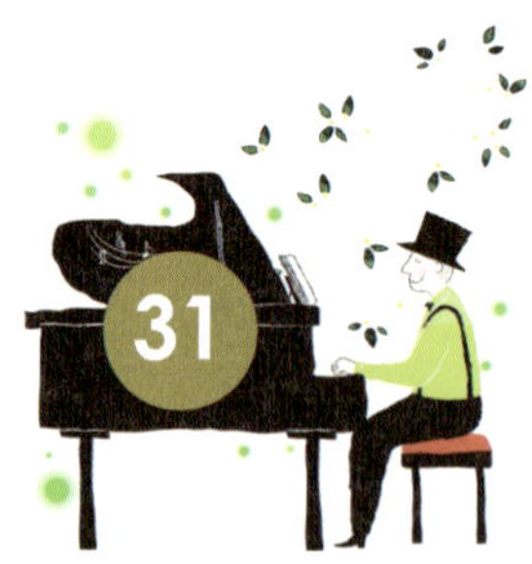

러시아 음악의 대표 주자, 림스키코르사코프

앞에서 소개한 러시아 국민악파 5인조 중 림스키코르사코프에 대해서 좀더 알아보기로 해요. 왜냐하면 그는 5인조 가운데서도 독특한 음악 세계를 보여주었기 때문이에요. 특히 5인조 중 가장 높은 수준을 보여준 음악가로 통한답니다.

1840년 러시아 북서부 티흐빈에서 태어난 니콜라이 림스키코르사코프는 귀족 가문 출신이에요. 귀족은 사실 다른 계층보다 음악을 접하기가 훨씬 쉬웠어요. 그런 까닭에 림스키코르사코프도 일찍부터 음악을 배울 수가 있었어요.

그러나 그의 꿈은 음악가가 아니라 군인이 되는 것이었어요. 그래서 열두 살 때 해군학교에 들어갔답니다. 군대에서 발라키레프를 만나고, 무소르크스키와 보로딘, 세자르 큐이와 어울리며 음악의 길로 들어서게 되었지요. 림스키코르사코프는 이후 그들과 함께 러시아 국민악파 5인조로서 러시아 음악을 이끌었어요.

해군학교를 졸업하고 3년 동안 먼 바다를 항해하면서 그는 틈틈이 음악을 공부했어요. 그 당시 작곡한 교향곡을 1865년에 발표해 호평을 받은 후로는 본격적으로 음악가가 되었어요. 하지만 1871년부터 페테르부르크 음악원 교수로 일하면서 작곡을 중단했어요. 작곡보다 학생들을 가르치는 데에 집중했던 거예요.

두 번이나 음악을 접었던 그가 다시 지휘봉을 든 것은 서른네 살 때인 1887년이에요. 여러분도 다 알고 있는 《아라비안나이트》를 소재로 한 교향곡 《세헤라자데》를 발표하며 화려하게 컴백했어요.

《아라비안나이트》는 아는데 세헤라자데가 누군지 궁금하다고요? 세헤라자데는 바로 《아라비안나이트》의 주

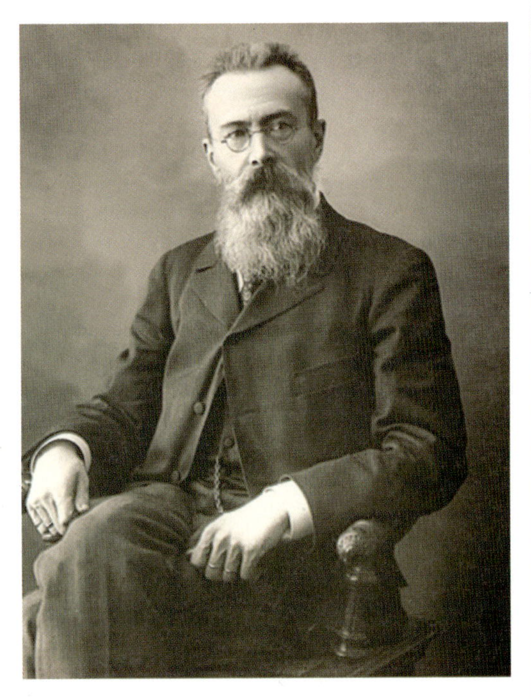

림스키코르사코프

인공이에요. 세헤라자데가 왕에게 천일 동안 이야기를 들려주지요.

림스키코르사코프가 《아라비안나이트》를 소재로 음악을 만든 것은 젊은 시절 3년 동안이나 배를 타고 세계를 누볐던 경험 때문이에요. 모험과 신비로 가득한 세상을 접하고 《아라비안나이트》 이야기를 음악으로 만들었지요.

《세헤라자데》는 4악장으로 이루어졌어요. 1악장 '바다와 신드바드의 배', 2악장 '칼란다르 왕자의 이야기', 3악장 '젊은 왕자와 왕녀', 4악장 '바그다드의 축제-바다-난파-종결'로 구성되지요. 《세헤라자데》는 이미 알고 있는 이야기를 음악으로 구성해서 음악을 이해하기가 쉬운 편이에요. 그것이 바로 림스키코르사

코프 음악의 특징이기도 해
요. 쉬우면서도 많은 사람들
에게 감동을 주는 음악을 추
구한 거죠.

림스키코르사코프는 늘 이
렇게 이야기했어요.

"예술의 사명은 숭고하다."

그것은 러시아 국민악파
5인조가 내건 구호이기도
했어요. 그들은 인간의 감정
과 생각, 사상, 특히 러시아
민족의 특징을 음악으로 표
현하려고 했지요.

림스키코르사코프가 훌륭

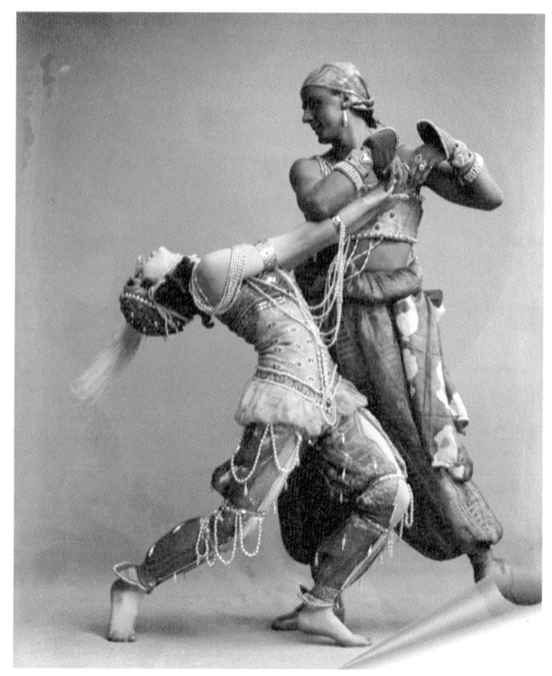

《세헤라자데》의 한 장면

한 음악가로 평가받는 것은 그가 이론도 두루 갖췄기 때문이에요. 무소르크스키
등 동료들의 음악을 제대로 다듬어준 사람이 바로 림스키코르사코프였어요. 또
러시아어로 된 가곡을 많이 작곡하여 러시아 음악을 알리는 데 최선을 다했어요.
러시아 민요 140곡을 모아서 책으로 내기도 했고, 1889년 파리에서 열린 만국박
람회에 러시아 대표로 참가해 러시아 음악을 세계에 널리 알렸어요.

그러면 여기서 국민악파의 특징을 한번 알아볼까요?

첫째, 민족 고유의 음악이나 소재를 작품으로 구상했어요.

둘째, 독일이나 오스트리아, 이탈리아 등 서양 음악의 지배로부터 벗어나 민족
의 특색을 음악 속에 살렸어요.

셋째, 역사 인물이나 영웅 등을 주제로 하는 음악을 많이 만들었어요.

국민악파는 음악 시대를 구분하는 용어가 아니라 낭만파 음악의 한 갈래예요. 앞에서 소개한 러시아의 국민악파 5인조 외에도 차이코프스키, 보헤미아의 스메타나, 체코슬로바키아의 드보르자크, 핀란드의 시벨리우스, 영국의 엘가 등이 국민악파에 속한답니다.

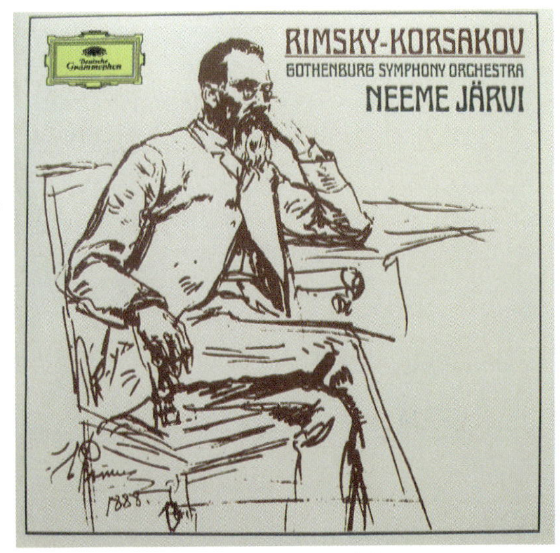

림스키코르사코프의 음반 표지

한 가지 주의할 점은, 국민악파의 음악과 민속음악은 다르다는 것이에요. 민속음악은 서민들 사이에서 자연스럽게 발생한 것으로 흔히 민요를 들 수 있어요. 반면에 국민악파 음악이나 국민주의 음악은 그러한 소재를 클래식 음악으로 만든 것을 말하지요.

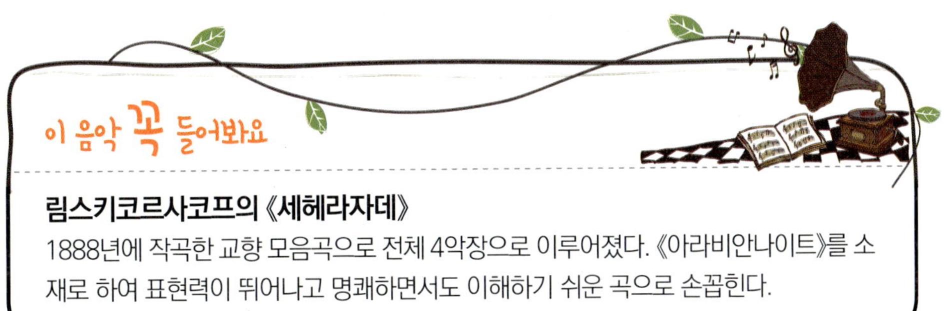

이 음악 꼭 들어봐요

림스키코르사코프의 《세헤라자데》

1888년에 작곡한 교향 모음곡으로 전체 4악장으로 이루어졌다. 《아라비안나이트》를 소재로 하여 표현력이 뛰어나고 명쾌하면서도 이해하기 쉬운 곡으로 손꼽힌다.

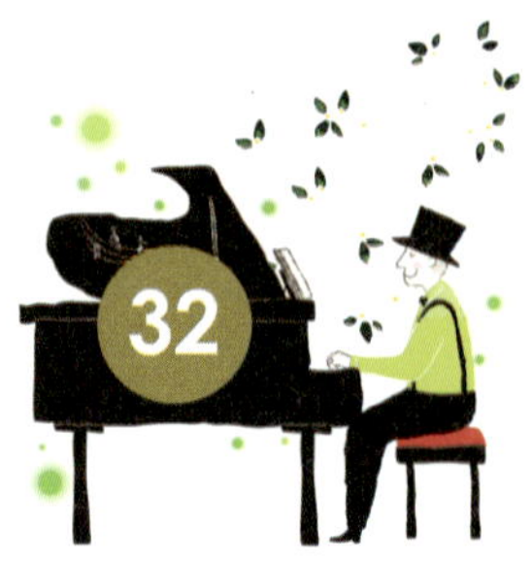

발레 음악의 대가, 차이코프스키

차이코프스키는 러시아 음악을 세계적인 수준으로 끌어올리며 위대한 걸작들을 남긴 작곡가입니다.

표트르 일리치 차이코프스키는 1840년 러시아 보트킨스크에서 태어났어요. 어릴 적부터 음악에 재능을 보였지만, 부모님은 차이코프스키가 법관이 되기를 바랐어요. 그래서 법률을 공부해 법무성에 들어갔지요.

그러나 차이코프스키는 음악에 대한 미련을 버릴 수가 없었어요. 마침 러시아에 페테르부르크 음악원이 세워졌는데, 피아노의 거장 안톤 루빈스타인이 세운 학교였어요. 차이코프스키는 그 음악원을 찾아갔어요. 그리고 그곳에서 음악을 배운 후 정식으로 음악가가 되었어요.

루빈스타인은 그 시대 최고의 피아니스트로 헝가리의 리스트와 비교되곤 했던 사람이에요. 그러나 국민악파와는 다른 음악을 했지요. 음악 선진국인 독일의 음악을 했거든요. 그래서 국민악파로부터 비난을 받기도 했어요. 그러나 차이코프스키를 세계적인 음악가로 만드는 데 큰 역할을 했답니다. 차이코프스키가 그의 첫 번째 제자였거든요.

만약 차이코프스키가 루빈스타인한
테서만 배웠다면 함께 비난을 받았을
거예요. 그는 훗날 러시아 국민악파의
한 사람인 발라키레프의 영향을 받으
며 자신의 음악을 더욱 세련되게 다듬
었어요. 그리고 마침내 《로미오와 줄
리엣》, 《템페스트》, 《백조의 호수》를
발표하면서 세계적인 음악가의 반열
에 올라섰지요.

하지만 차이코프스키의 결혼생활은
불행했어요. 1877년에 제자였던 밀류
코바와 결혼했지만 그녀는 차이코프
스키의 음악을 이해하지 못했다고 해

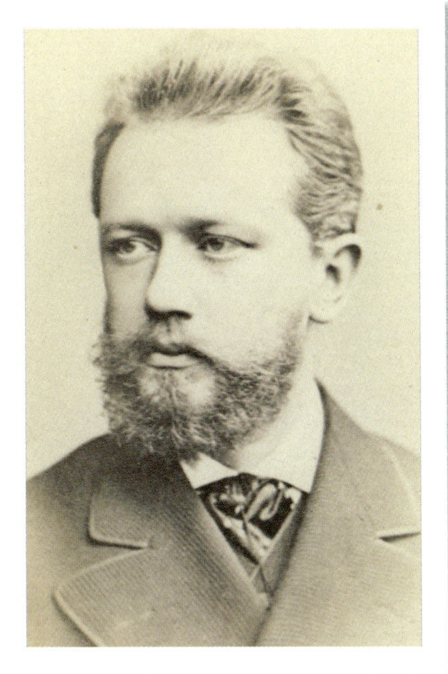

차이코프스키

요. 참 이상한 일이지요. 음악가와 결혼했다면 그의 음악이 좋아서였을 텐데 말이
에요. 차이코프스키는 결혼생활이 힘들어 신경쇠약까지 걸렸고, 심지어 자살을
시도한 적도 있었다고 해요.

불행인지 다행인지, 그의 아내는 정신병을 앓다가 세상을 떠났어요. 이후 차이
코프스키는 스위스로 요양을 떠났어요. 이때 폰 메크 부인이라는 사람으로부터
한 통의 편지를 받았는데, 매년 600루불씩 지원해 준다는 내용이었어요. 삶에 지
쳐 있던 순간에 받은 편지가 큰 힘이 되어 차이코프스키는 다시 러시아로 돌아와
음악에 전념할 수 있었어요. 발레 음악 《잠자는 숲속의 미녀》, 《호두까기 인형》그
리고 오페라 《스페이드의 여왕》 등 명곡이 이때 나왔지요.

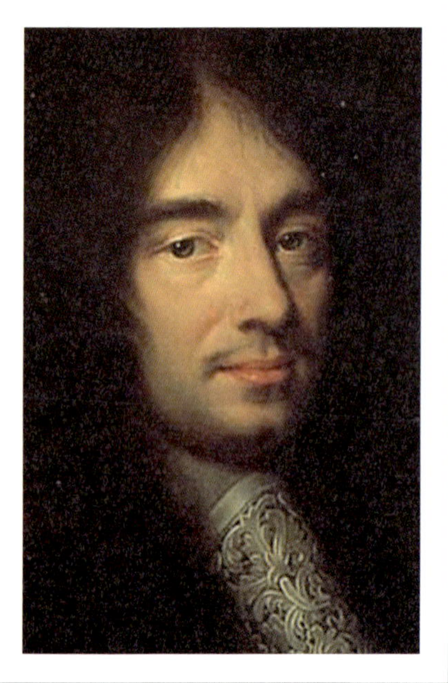

동화 《잠자는 숲속의 공주》를 쓴 샤를 페로

차이코프스키의 대표작 《백조의 호수》는 중세 독일의 전설에 바탕을 둔 음악이에요. 《호두까기 인형》은 어린이들의 심리를 잘 나타내었고, 《잠자는 숲속의 미녀》는 프랑스의 동화 작가 샤를 페로의 《잠자는 숲속의 공주》를 음악으로 만든 것이랍니다. 모두 오늘날에도 수없이 공연되는 명곡들이지요.

이 밖에도 나폴레옹의 승리를 담은 〈1812년 서곡〉과 〈슬라브 행진곡〉, 현악 4중주곡 〈안단테 칸타빌레〉 등이 유명합니다. 여기서 '안단테 칸타빌레'는 '조금 느리게 노래하듯이'라는 뜻이에요.

아름다운 발레곡을 많이 남긴 차이코프스키는 안타깝게도 쉰세 살에 콜레라로 세상을 떠나고 말아요. 또 다른 소문으로는 동성연애를 하다 상대방에게 독살되었다는 얘기도 전해지고요.

차이코프스키의 대표작 《호두까기 인형》은 어린이들에게도 친숙한 발레 음악입니다. 이 작품은 독일의 환상소설가이자 만화가, 작곡가인 호프만의 소설 《호두까기 인형과 쥐의 왕》을 음악으로 만든 것이에요. 워낙 유명해서 애니메이션으로도 나오고, 영화도 많이 만들어졌지요. 특히 크리스마스 시즌이면 어김없이 발레로 소개되곤 하죠.

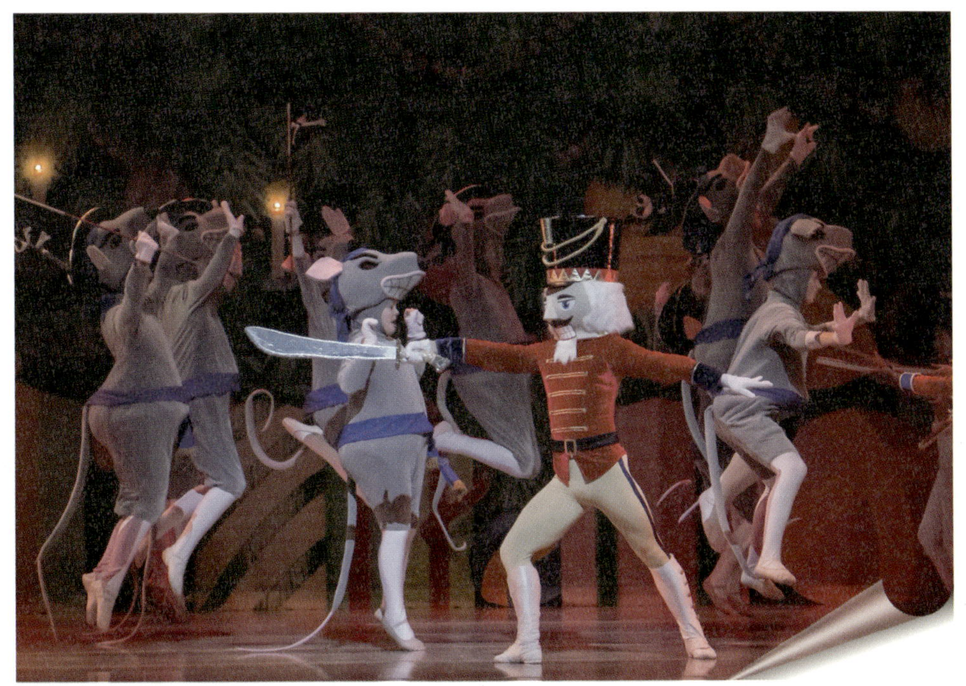

발레 《호두까기 인형》의 한 장면

《호두까기 인형》의 줄거리는 간단해요. 주인공 클라라는 크리스마스 선물로 호두까기 인형을 선물로 받아요. 한밤중에 사악한 쥐들이 나타나 호두까기 인형의 군대와 싸우게 됩니다. 호두까기 인형은 장난감 병정들과 함께 쥐들을 물리친 뒤 멋진 왕자님으로 변신해요. 그러고는 클라라를 눈 내리는 숲을 지나 과자 왕국으로 데려갑니다.

차이코프스키는 1890년에 우세볼로즈스키라는 사람에게서 이 곡을 의뢰받았어요. 우세볼로즈스키는 러시아 발레에 큰 공을 세운 인물이에요. 차이코프스키는 처음에 내용이 좀 유치하다며 망설였대요. 동화를 어떻게 음악으로 표현해야 할지 고민스럽기도 했지요. 그때는 폰 메크 부인으로부터 지원도 끊긴 데다, 동성

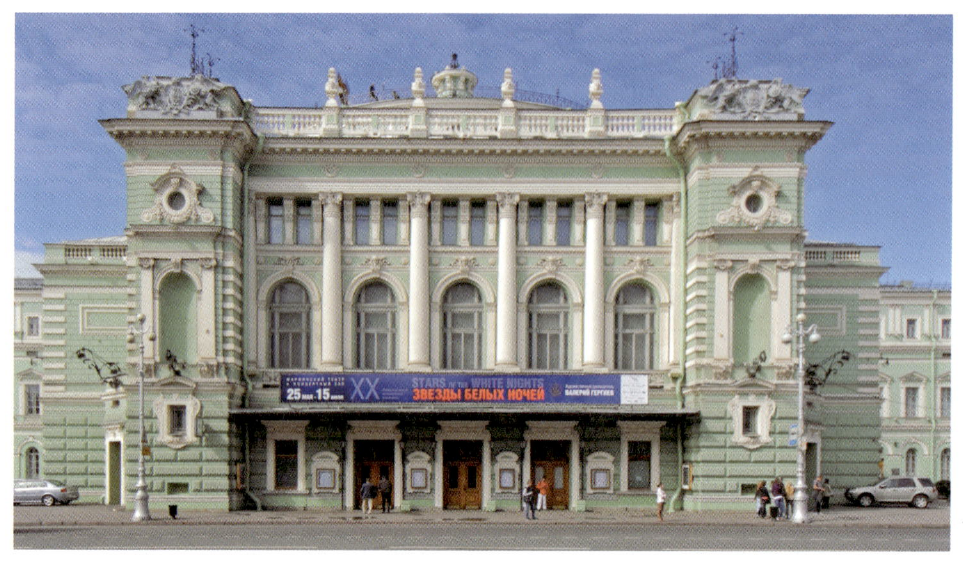

러시아 상트페테르부르크의 마린스키 극장

애를 한다는 소문에 시달려 힘든 상황이었지요. 하지만 차이코프스키는 1891년에 이 곡을 완성했어요. 흥미로운 이야기를 아름다운 선율에 담은 《호두까기 인형》은 발레의 명곡으로 역사에 기록되었지요.

《백조의 호수》는 더욱 더 많이 상연되는 작품이에요. 하지만 1877년 처음 상연되었을 때에는 관심을 받지 못했대요. 발레 음악이지만 춤을 위한 곡이라기보다는 절대음악, 즉 연주되는 음악처럼 느껴졌기 때문이라고 해요. 그만큼 어려웠던 것이지요. 《백조의 호수》가 실패하자 차이코프스키는 '다시는 발레곡을 쓰지 않겠다'고 마음먹기도 했어요.

그것은 시대를 앞서간 사람들이 흔히 겪는 일이랍니다. 새로운 음악을 선보이다 보니 대중에게 낯설었던 것이지요. 《백조의 호수》는 발레 음악을 다른 분야와 당당히 견줄 만한 위치에 올려놓았다는 평가를 받고 있어요. 무용을 위해 태어난 음악이 아니라, 그 자체로도 충분히 아름답고 예술적이라는 거죠.

《백조의 호수》는 러시아에 전해 내려오는 전설을 소재로 했어요. 백조가 여인으로 변해 호수에서 목욕을 하는데, 사냥꾼이 옷을 몰래 감추고 그 여인과 결혼을 합니다. 몇 년 후 백조는 자신의 옷을 찾아서 날아간다는 이야기예요. 어디선가 들어본 것 같지요? 맞아요. 우리나라에 전래되는 《나무꾼과 선녀》의 이야기와 똑같아요.

《백조의 호수》는 세계적인 발레단인 러시아 볼쇼이발레단의 단골 레퍼토리랍니다. 죽기 전에 반드시 봐야 할 발레로 손꼽히지요.

차이코프스키의 3대 발레 음악 중 하나인 《잠자는 숲속의 미녀》도 영화와 애니메이션으로 널리 알려진 내용이에요. 1890년 러시아 상트페테르부르크의 마린스키 극장에서 처음 선을 보인 작품이에요. 요정의 저주를 받고 잠든 오로라 공주를 데지레 왕자가 구한 뒤 결혼한다는, 아주 재미있는 동화를 발레 음악으로 만들었지요.

차이코프스키를 대표하는 발레 음악 《호두까기 인형》, 《백조의 호수》, 《잠자는 숲속의 미녀》는 꼭 한번 들어보는 것이 좋겠죠?

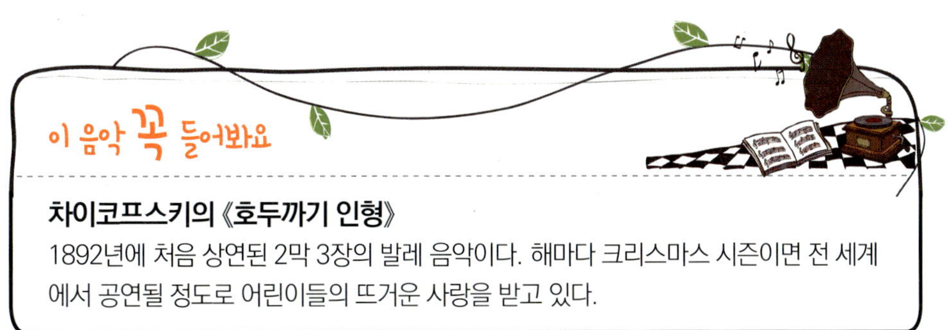

차이코프스키의 《호두까기 인형》
1892년에 처음 상연된 2막 3장의 발레 음악이다. 해마다 크리스마스 시즌이면 전 세계에서 공연될 정도로 어린이들의 뜨거운 사랑을 받고 있다.

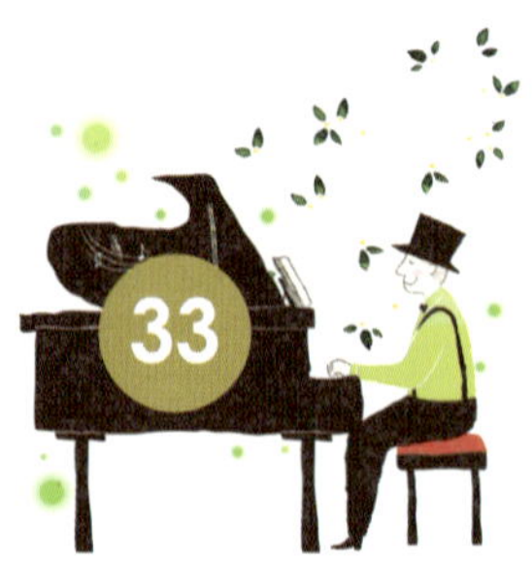

보헤미아 음악을 세계에 알린 드보르자크

이번에는 다른 나라의 국민악파에 대해 알아보기로 해요. 《신세계 교향곡》으로 유명한 보헤미아의 드보르자크가 있어요. 보헤미아는 오늘날 체코를 말해요. 흔히 집시들을 '보헤미안'이라고 부르기도 해요. 보헤미안은 자유분방한 성격을 지닌 예술가들을 일컫기도 하지요.

안토닌 드보르자크는 1841년 보헤미아의 프라하 근교에서 태어났어요. 자연스럽게 어려서부터 보헤미아 특유의 음악을 접하게 되죠. 아버지는 정육점 겸 여인숙을 운영했는데, 당시에 외국인도 많이 드나들었어요. 그의 아버지는 아들이 가업을 이어가기를 바라며 외국어, 특히 독일어를 가르쳤어요. 이때 리만이라는 사람이 가정교사로 들어왔는데, 그가 독일어와 함께 음악도 가르쳤답니다. 리만은 음악가였거든요. 이것이 드보르자크가 음악가의 길을 걷게 된 계기입니다.

당시 보헤미아에서는 스메타나가 음악계를 이끌고 있었어요. 그는 국민극장을 설립하여 음악회를 열고 제자들을 가르쳤어요. 드보르자크도 본격적으로 음악을 하기 위해 국민극장에 들어갔어요. 그곳에서 오페라 단원이 되어 비올라를 연주

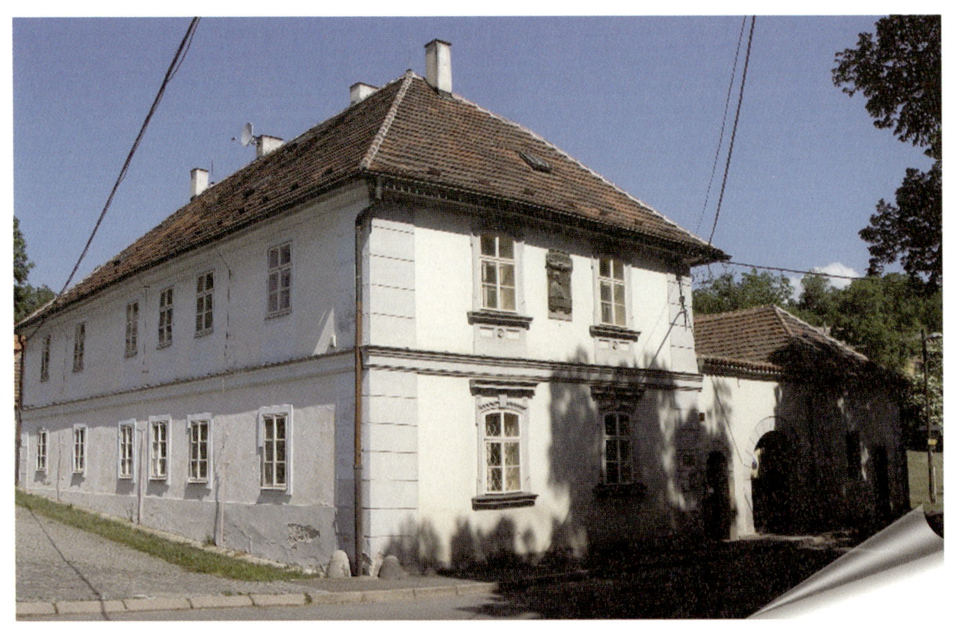

드보르자크 기념관

했지요.

그러나 드보르자크는 아주 늦은 나이에야 빛을 볼 수 있었어요. 서른네 살 때인 1875년에 이르러서야 음악성을 인정받아 오스트리아로 유학을 갔거든요. 그곳에서 드보르자크는 이름을 알리고 여러 나라로부터 연주회를 열어달라는 초청장을 받았어요. 특히 영국과 미국이 적극적이었는데, 영국에서는 무려 열 번이나 초청장을 보냈다고 해요.

1884년에는 영국으로 건너가 교향곡 6번을 가지고 런던 필하모닉을 직접 지휘하여 호평을 받았어요. 연주회 후 바로 교향곡을 의뢰받았는데, 그때 작곡한 것이 교향곡 7번이에요. 이 곡은 앞선 교향곡보다 더 큰 인기를 끌었어요. 진지하고 우수에 가득 찬 분위기로, 드보르자크에게 '보헤미아의 브람스'라는 별명을 안겨주

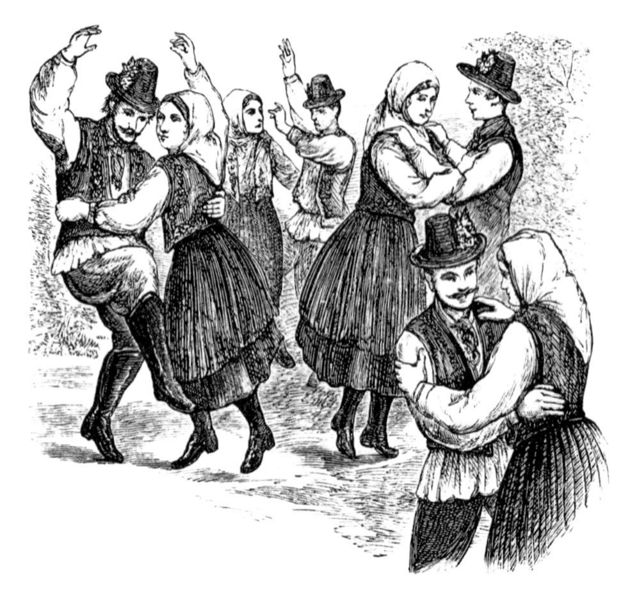

보헤미아 사람들의 민속춤

있지요. 하지만 이 교향곡의 3악장만큼은 보헤미아 민속춤의 리듬과 드보르자크 특유의 경쾌함이 살아 있습니다.

나중에 영국의 음악학자 토비는 드보르자크의 교향곡 7번을 이렇게 평가했어요. "베토벤 이후 교향곡이라는 예술 형식을 가장 위대하고 순수하게 구현해냈다."

드보르자크는 뉴욕의 국립음악원 원장을 맡아달라는 제의를 받고 1892년에 미국으로 건너갔어요. 미국에서는 그에게 파격적인 대우를 약속했어요. 월급이 그 당시 받을 만한 금액의 서너 배나 되었고, 휴가도 1년에 4개월이나 보장받았어요.

미국에서 드보르자크는 새로운 음악에 눈을 뜨게 되었어요. 긴 휴가를 이용해 미국 곳곳을 여행했고, 여행길에서 느낀 것들을 음악에 담았답니다. 그의 대표작 《신세계 교향곡》은 바로 그 시절에 받은 느낌을 바탕으로 작곡한 것이에요. 현악

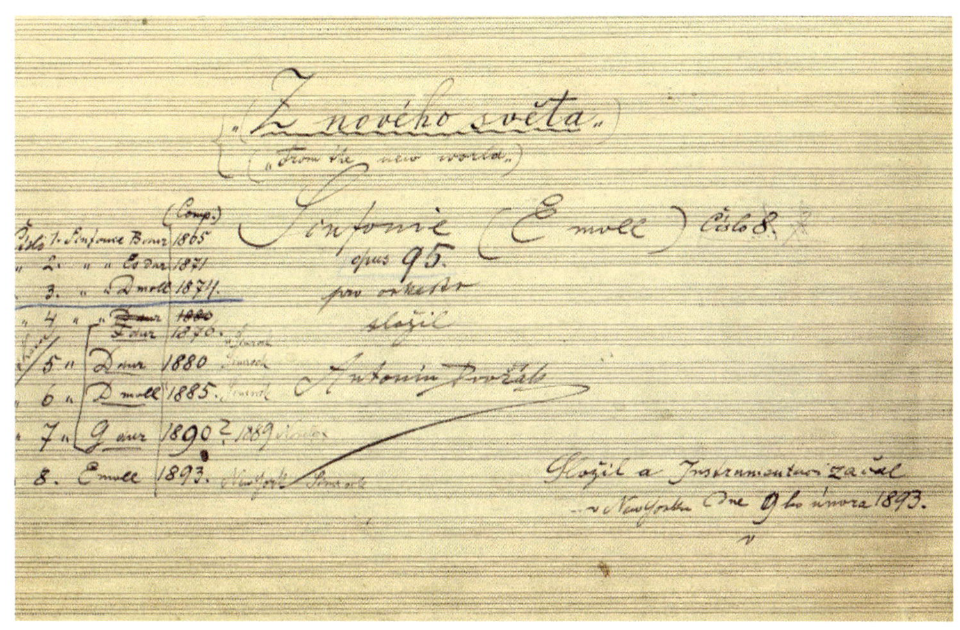

드보르자크의 《신세계 교향곡》 악보

4중주곡인 〈아메리카〉에도 미국의 대자연과 흑인들의 영가, 그리고 인디언 음악으로부터 받은 감동이 고스란히 담겨 있답니다.

그중에서도 흑인 영가는 드보르자크에게 무한한 감동을 안겨주었어요. 그래서 그는 "흑인 영가야말로 미국 음악의 뼈대가 될 것이고, 모든 음악의 기본이 되어야 한다"고 말하기도 했어요. 사실 미국의 백인들은 흑인 영가를 별로 달가워하지 않아서 백인들로부터도 야유를 받았어요.

당시만 해도 미국은 미지의 신세계였어요. 유럽인들에게는 그곳으로 여행을 가는 것이 꿈이었지요. 드보르자크는 좋은 조건으로 초대를 받아 여행까지 했으니 행운아라고 할 수 있지요. 게다가 드보르자크는 미국에서 스타가 되었어요. 심지어 그가 갖고 다닌 보헤미안 풍의 지팡이와 모자조차도 큰 인기를 끌어 미국에서

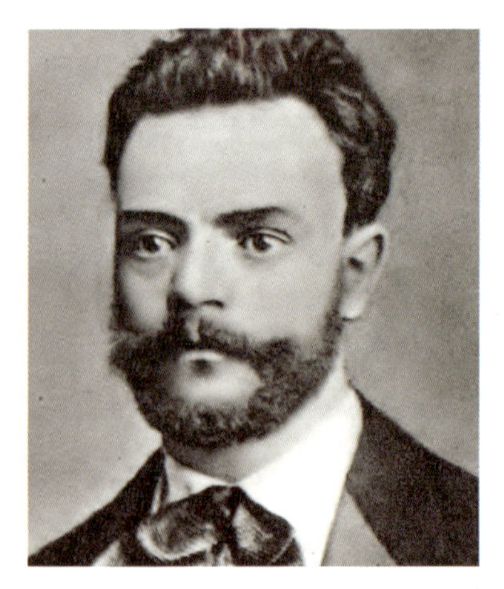

드보르자크

많이 팔렸다고 해요.

드보르자크는 2년 만에 고국으로 돌아왔어요. 뉴욕 음악원에서 더 있어달라고 했지만 고향이 그리웠기 때문이에요. 고국에서 그는 보헤미아의 음악에 푹 빠졌어요. 그래서 민요와 민속춤을 수집하고, 이를 토대로 새로운 음악을 만들었어요. 이를 '슬라브 무곡'이라고 불러요. 그의 《슬라브 무곡집》에는 낙천적인 보헤미안의 기질이 듬뿍 담겨 있어요.

드보르자크는 1904년 5월 1일, 신장병으로 숨을 거두었어요. 체코의 민족 음악을 세계적인 수준으로 올려놓은 그는 체코 국민악파의 대가로 추앙받고 있습니다.

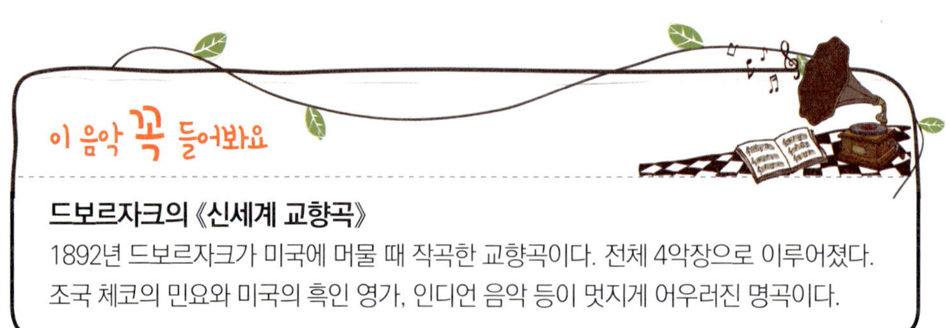

드보르자크의 《신세계 교향곡》
1892년 드보르자크가 미국에 머물 때 작곡한 교향곡이다. 전체 4악장으로 이루어졌다. 조국 체코의 민요와 미국의 흑인 영가, 인디언 음악 등이 멋지게 어우러진 명곡이다.

북유럽의 쇼팽, 그리그

음악가 중에는 부모님의 역할이 컸던 사람이 많아요. 모차르트와 베토벤이 대표적이지요. 노르웨이 출신의 그리그도 어머니에게 음악을 배워 유명한 음악가가 되었어요. 앞에서도 살펴보았지만, 음악의 변방인 노르웨이의 음악을 세계적인 수준으로 올려놓았지요.

에드바르트 그리그는 1843년 북유럽의 노르웨이 베르겐에서 태어났어요. 그는 어려서부터 피아노를 잘 쳤어요. 피아노 하면 쇼팽과 리스트가 떠오르는데, 그리그는 '북유럽의 쇼팽'이라는 별명을 얻었을 정도로 이름난 피아니스트였답니다.

피아니스트였던 어머니로부터 피아노의 기초를 배운 그리그는 열다섯 살 때 독일 라이프치히 음악원에 들어가 본격적으로 공부했어요. 오로지 음악에만 몰두한 끝에 스물세 살 때 크리스티아니아 필하모니 협회의 지휘자가 되었지요. 또 음악 교사로도 활동하면서 제자들을 길러냈어요.

그리그가 활동하던 당시에는 북유럽이 혼란스러운 상황이었어요. 스웨덴과 핀

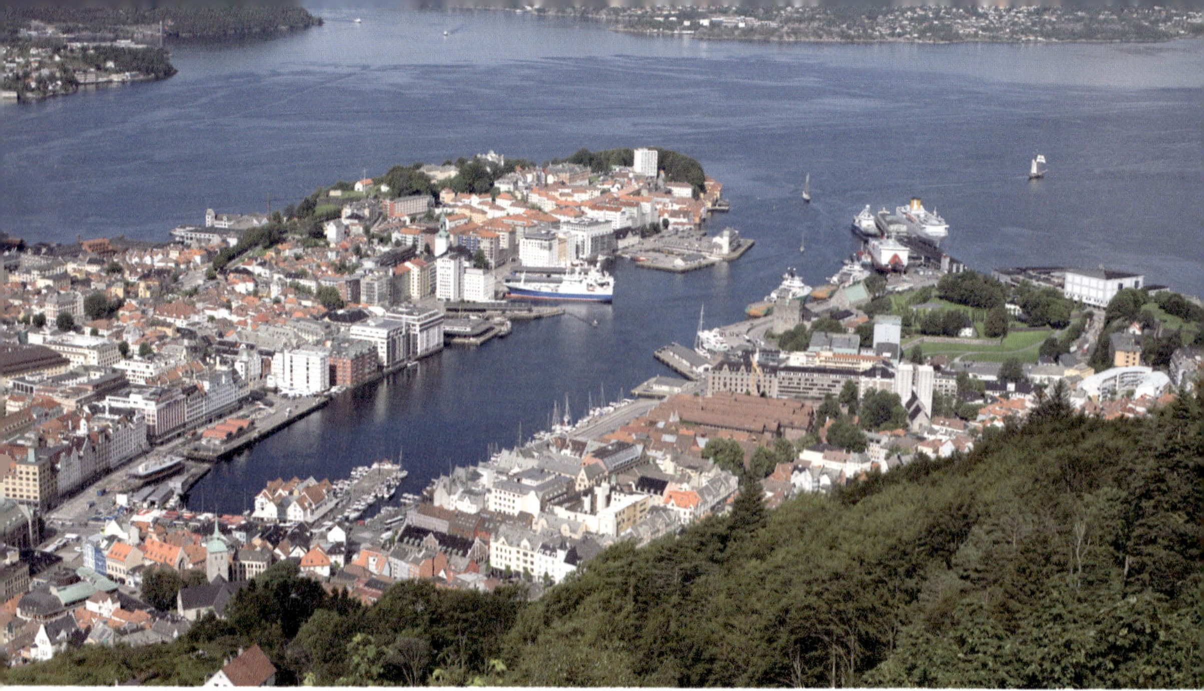

그리그의 고향 베르겐

란드, 덴마크 그리고 그리그의 고국인 노르웨이가 치열하게 영토 다툼을 하고 있었기 때문이에요. 그중 노르웨이는 다른 나라에 비해 국력이 약해서 스웨덴의 지배를 받고 있었어요. 그러한 상황에서 그리그는 노르웨이 민족의 정서를 음악에 담으려고 노력했어요. 이런 점에서 그리그도 국민악파에 속하는 음악가이지요.

그리그는 노르웨이 작가들의 문학 작품을 음악으로 표현하곤 했어요. 대표적인 작품이 시인이자 극작가인 입센의 《페르귄트》와 《인형의 집》입니다. 《페르귄트》는 노르웨이에 전해지는 설화를 바탕으로 했는데, 희곡이 대중의 인기를 끌자 자연스럽게 그리그가 작곡한 같은 이름의 음악도 유명해졌어요. 《인형의 집》은 더 유명한 작품이에요. 여성도 남성과 동등한 대접을 받아야 한다는 내용으로 여성의 자유를 다루고 있거든요. 이 작품도 그리그가 음악으로 만들어 대성공을 거두었답니다.

186

　그리그가 작곡한 《페르귄트 모음곡》에는 행진곡과 무곡, 독창곡, 합창곡 등 모두 23곡이 담겨 있어요. 이중 가장 유명한 것은 〈솔베이지의 노래〉입니다. 주인공 페르귄트는 방랑을 떠나고, 그의 애인 솔베이지는 그가 돌아오기를 기다리며 노래를 부릅니다. 겨울 가고 봄이 오고 여름이 가고, 그렇게 세월이 흐르면 당신은 내게로 돌아올 테니 그때까지 기다리겠다고 말입니다.

　세월이 흘러 페르귄트는 늙고 병든 모습으로 고향에 돌아옵니다. 그리고 결국 솔베이지의 품에 안겨 숨을 거두지요. 인간의 욕망이 얼마나 허망한 것인가를 보여주는 작품이에요. 따듯한 인간애가 부와 권력 그리고 명예보다 소중하다는 교훈을 담고 있어요.

　그리그는 아내의 도움을 많이 받았어요. 그의 아내 니나 하게루프는 유명한 성악가로서 그리그가 작곡한 노래를 많이 불렀거든요. 안데르센의 시에 곡을 붙인 〈나 그대를 사랑해〉는 두 사람의 사랑을 잘 표현한 곡이랍니다.

　또 〈피아노 협주곡 a단조〉는 피아노 협주곡 가운데 많이 연주되고 있는 명곡이에요. 이 곡은 북유럽의 독특한 색채를 띠고 있으며, 화려하면서도 극적인 표현이 특징입니다. 기교를 충분히 발휘할 수 있기 때문에 연주자들이 매우 좋아하지요. 피아노와 오케스트라의 아름다운 조화를 느낄 수 있고, 무

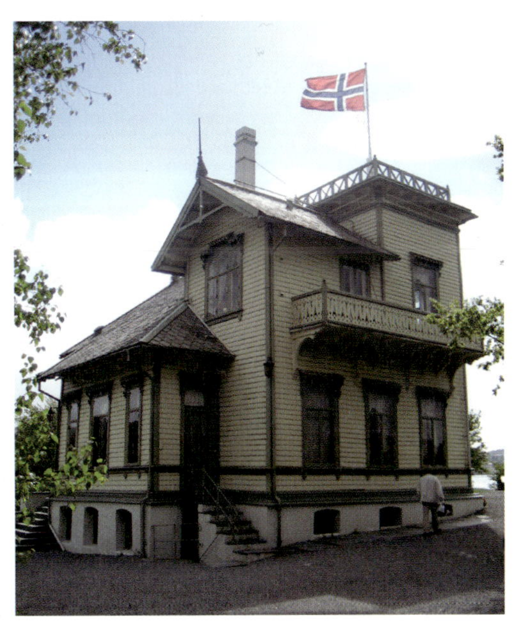

그리그의 생가, 트롤하우젠

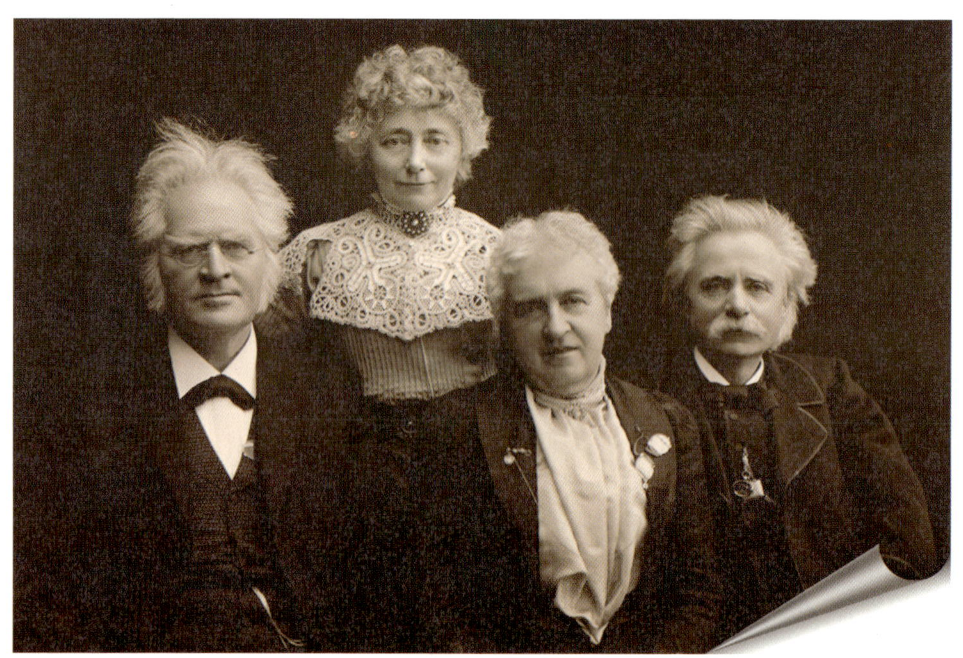

그리그의 가족. 맨 오른쪽이 그리그

엇보다 노르웨이 민족의 정서가 잘 담겨 있습니다. 이 곡으로 그리그는 노르웨이 정부로부터 종신 연금을 받았어요.

이 밖에도 《홀베르그 모음곡》과 〈바이올린 소나타 제3번〉, 〈현악 4중주 g단조〉 등이 유명합니다.

그리그는 말년에 이르러 독일 각지를 비롯해 런던과 파리 등으로 연주 여행을 떠나 더 큰 명성을 얻었어요. 특히 영국에서는 옥스퍼드와 케임브리지대학교에서 명예 학위도 받았지요. 또 64세 때에는 미국을 방문해 3개월 동안 무려 30회나 연주회를 가져 관객들로부터 뜨거운 박수를 받았어요. 그러나 갑자기 병을 얻어서 1907년에 자신이 태어난 베르겐에서 숨을 거두었지요. 그의 조국 노르웨이

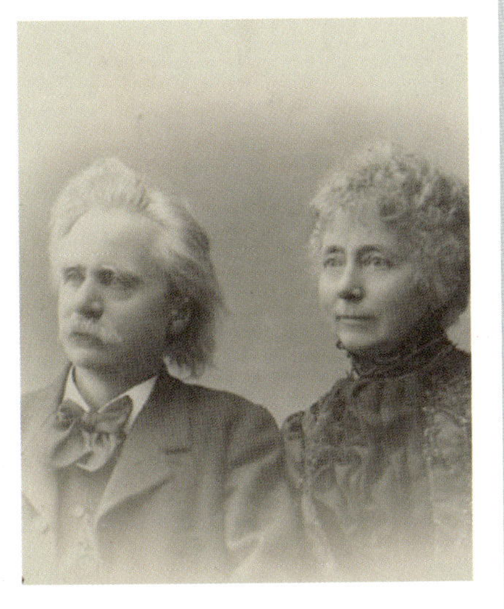

그리그와 그의 아내 니나

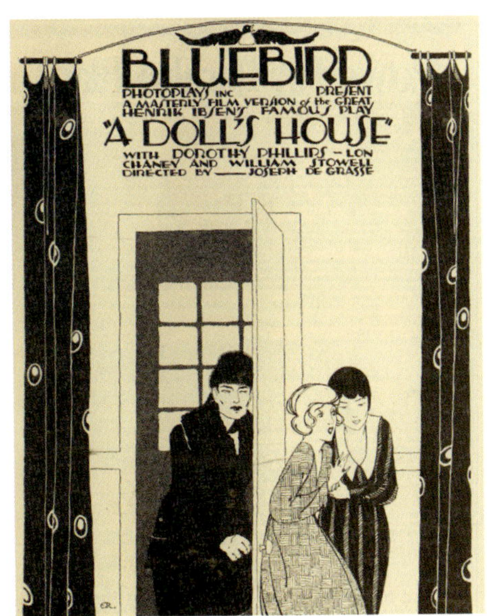

《인형의 집》 포스터

　는 국가 차원에서 장례를 치르며 그의 죽음을 슬퍼했습니다.

　그리그는 노르웨이 음악을 한 단계 끌어올린 음악가로서 희곡 작가인 입센과 함께 오늘날까지도 노르웨이를 대표하는 예술가로 추앙을 받고 있습니다.

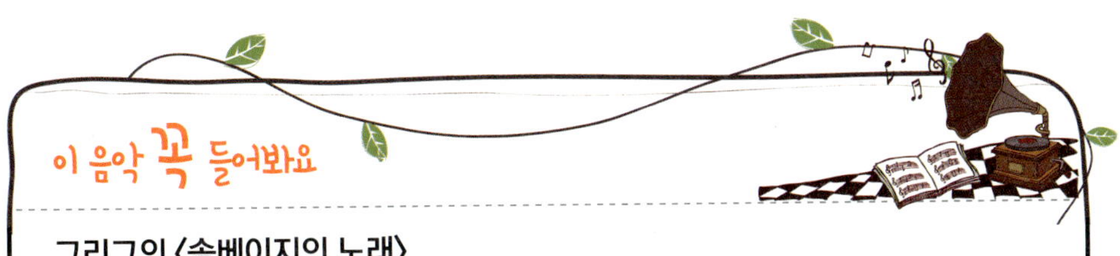

이 음악 꼭 들어봐요

그리그의 〈솔베이지의 노래〉

희곡 《페르귄트》에 곡을 붙여달라는 입센의 의뢰를 받아 작곡한 곡이다. 〈솔베이지의 노래〉는 《페르귄트 모음곡》에 실린 노래로 어두우면서도 서정적인 멜로디가 특징이다. 부와 권력의 덧없음, 그리고 순수한 사랑을 노래한다.

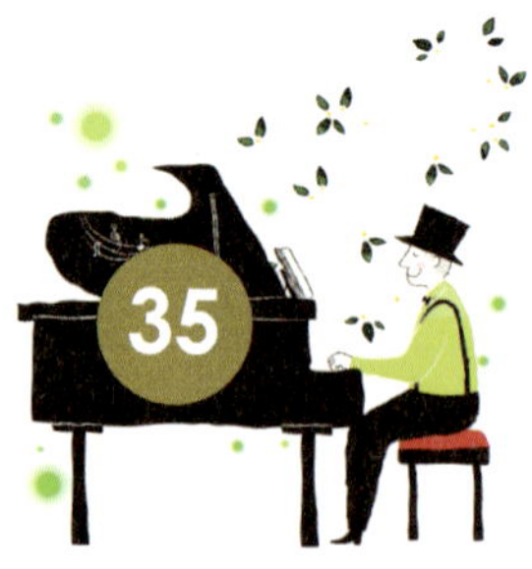

핀란드의 영웅, 시벨리우스

　　노르웨이의 그리그와 함께 북유럽 국민악파 음악가로 유명한 사람이 핀란드의 시벨리우스입니다.

　　그리그 편에서도 알아보았지만, 19세기 북유럽은 영토 분쟁으로 전쟁이 끊이질 않았죠. 특히 시벨리우스의 조국 핀란드는 북유럽의 여러 나라 가운데 국력이 가장 약해서 늘 주변국으로부터 시달리고 있었어요. 13세기부터 19세기 초반까지는 스웨덴의 지배를 받았고, 1808년부터 1917년까지는 러시아의 지배를 받았어요. 이런 배경은 시벨리우스에게 큰 영향을 끼쳤어요. 나라 사랑하는 마음을 음악에 담게 되었으니까요.

　　얀 시벨리우스는 1865년 핀란드 헤민린나에서 태어났어요. 다섯 살 때 피아노를 배우고 열 살 때 작곡을 배웠을 정도로 음악 신동이었어요. 하지만 아버지는 시벨리우스가 음악을 하는 것을 반대했어요. 그는 아들이 법관이 되길 바랐지요. 그래서 시벨리우스는 아버지의 뜻에 따라 법대에 들어갔어요. 하지만 마음은 늘 음악에 가 있었어요. 결국 법대를 중퇴하고 음악원에 들어갔습니다.

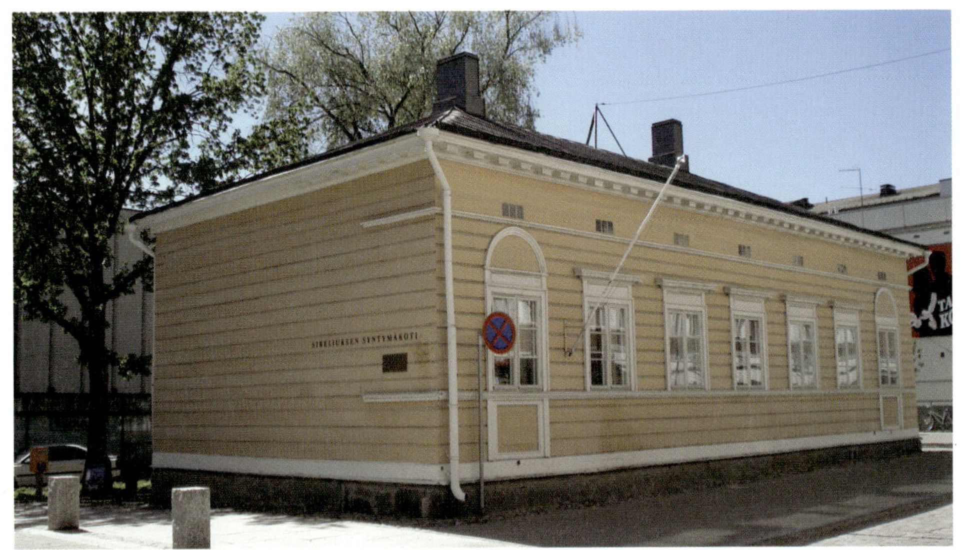

시벨리우스가 태어난 집

　음악을 늦게 시작했지만 재능이 워낙 뛰어나 장학금을 받으며 다닐 수 있었어요. 또 베를린과 빈 같은 음악 도시로 유학도 갔습니다. 그 결과 1892년에는 음악원 교수가 되어 학생들에게 작곡과 바이올린을 가르치게 되었어요.

　시벨리우스는 자신의 음악에 핀란드의 역사와 당시 상황을 담고자 했어요. 러시아의 지배를 받고 있으나 그것을 이겨내자는 민족 정신을 담으려고 했지요. 특히 교향시 〈핀란디아〉는 핀란드의 정신을 담은 곡이에요. 이 곡은 러시아로부터 금지곡으로 지정되었지요. 그렇지만 금세 핀란드 국민들 사이에 널리 유행하게 되었어요.

　〈핀란디아〉 한 곡으로 시벨리우스는 핀란드의 영웅으로 떠올랐어요. 1917년 핀란드가 마침내 러시아로부터 독립하자 시벨리우스는 기뻐서 교향곡 6번과 교향곡 7번 등 걸작을 연속으로 발표했어요. 핀란드 정부는 그러한 시벨리우스에게

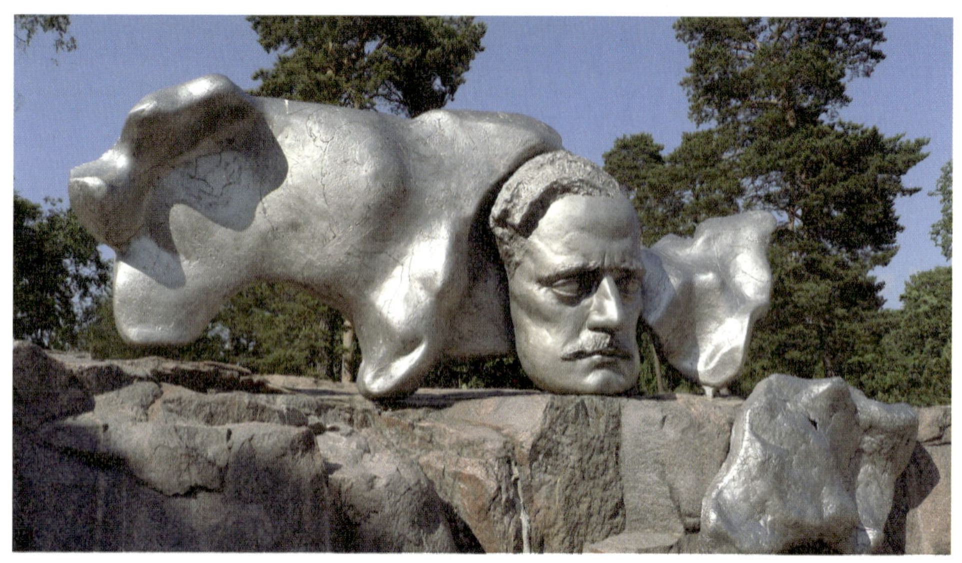

시벨리우스를 기념하는 조각상

연금을 지급하기로 했어요. 마치 우리나라에서 독립투사를 우대하듯 말이에요.

시벨리우스는 이후에도 핀란드의 역사와 신화, 자연, 민족 혼을 자신의 음악에 담으려고 노력했어요. 그의 음악은 어떤 웅변이나 구호, 사상보다도 위대했어요. 핀란드 정부는 시벨리우스에게 더 많은 연금을 지급했는데, 음악의 힘이 얼마나 대단한지 알 수 있는 이야기입니다.

시벨리우스를 국민악파로 분류하지만, 그는 여느 국민악파 음악가와는 좀 달랐어요. 국민악파는 대개 향토적인 민요나 민속 춤곡을 그대로 가져와 곡에 반영했지만, 시벨리우스는 핀란드의 신화와 역사, 자연, 민족의 숨결에서 받은 영감을 음악으로 재구성했어요. 시벨리우스가 위대한 것은 이렇게 새로움을 창조했기 때문이에요. 모두 조국을 사랑하는 마음에서 비롯된 것이지요.

한 가지 흥미로운 점은, 시벨리우스가 본래 바이올린 연주자를 꿈꾸었다는 거

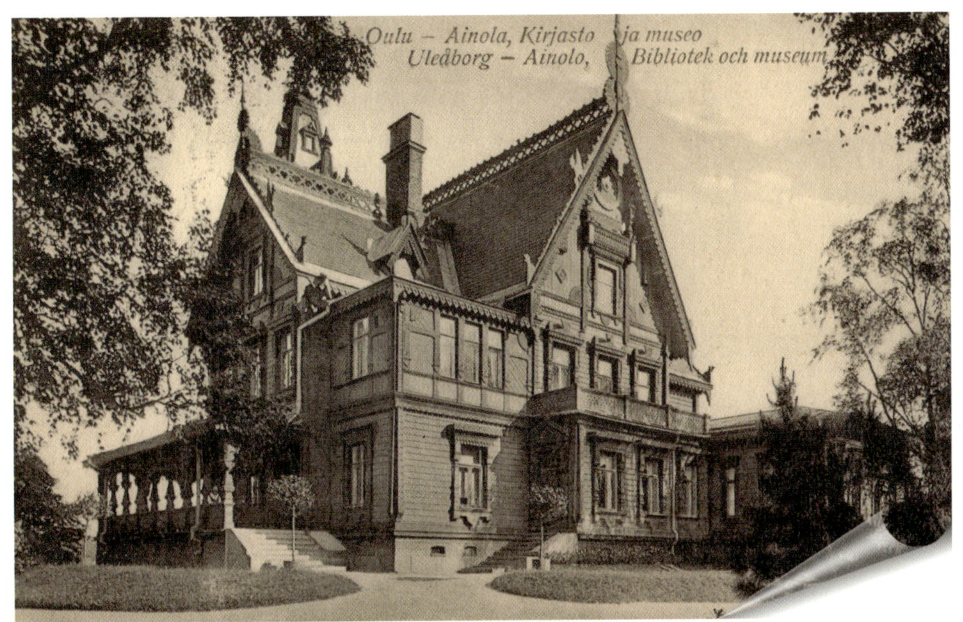

시벨리우스가 노년을 보낸 에르벤페에 호수 근처의 집

예요. 하지만 무대에 서면 긴장해서 떠는 바람에 연주자가 되는 것은 포기했다고 전해져요. 무대 울렁증이 꽤 심했나 봐요.

시벨리우스는 정부에서 지급하는 연금 덕분에 말년을 아주 편안하게 지냈어요. 1904년부터 헬싱키에서 30킬로미터쯤 떨어진 에르벤페에라는 호수 주변에 집을 짓고 조용히 작곡에 전념했어요. 편안한 생활이었지만 핀란드의 민족성을 음악에 담으려는 노력을 멈추지 않았지요.

1957년 9월 20일, 시벨리우스는 92세의 나이로 세상을 떠났습니다. 조국 핀란드는 예를 갖춰 이 위대한 음악가를 보내주었지요.

시벨리우스는 표제음악과 교향곡 등 모든 분야에 걸쳐 작품을 남겼어요. 그중 바이올린 협주곡, 피아노곡, 가곡 등이 유명한데, 특히 교향곡 7번과 교향시 〈핀란디아〉, 바이올린 협주곡 등은 음악 역사에서 중요한 위치를 차지하고 있어요. 초기에 나타났던 독일 낭만파 스타일이 점차 고전파 스타일로 변하면서 그의 음악적 위치를 확고하게 해주었지요. 특히 〈핀란디아〉는 제2의 국가로 핀란드인들의 사랑을 듬뿍 받고 있어요.

시벨리우스는 이렇게 그만의 독특한 작곡법으로 20세기 초반 최고의 음악가로 많은 사람들로부터 추앙을 받고 있습니다.

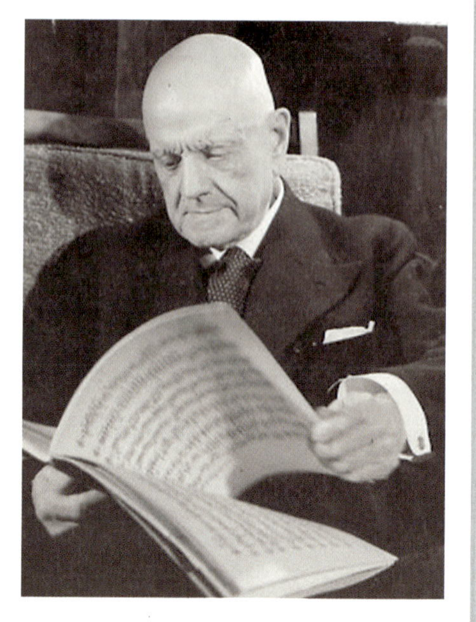

악보를 보는 시벨리우스

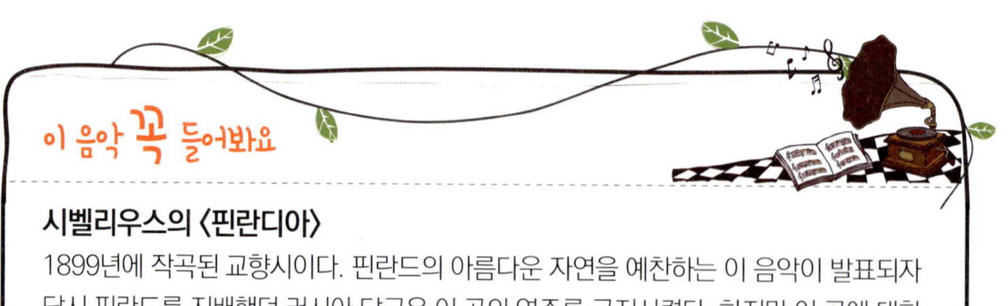

시벨리우스의 〈핀란디아〉

1899년에 작곡된 교향시이다. 핀란드의 아름다운 자연을 예찬하는 이 음악이 발표되자 당시 핀란드를 지배했던 러시아 당국은 이 곡의 연주를 금지시켰다. 하지만 이 곡에 대한 핀란드인들의 뜨거운 사랑을 막을 수는 없었다.

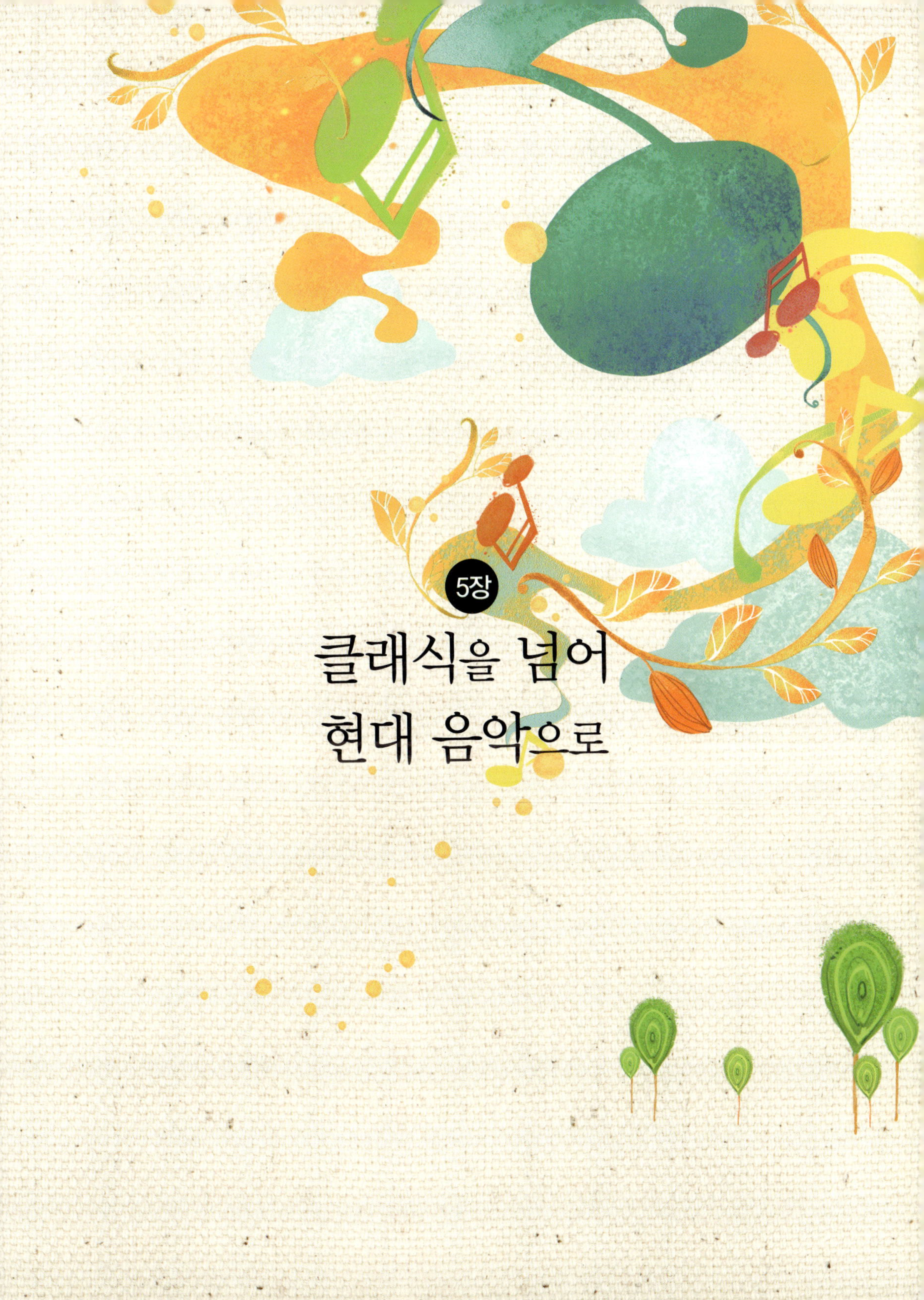
5장
클래식을 넘어
현대 음악으로

표현주의 음악과 쇤베르크

우리는 앞에서 여러 클래식 음악가들을 만나 보았어요. 클래식 음악은 1600년경부터 1900년경까지 약 300년 동안 만들어진 음악이라고 한 것 기억나죠? 1900년 이후에도 많은 곡이 만들어졌어요. 물론 뛰어난 명곡도 많아요. 그렇지만 이것들을 클래식 음악이라고는 하지 않아요. 1900년 이후로는 클래식 음악이 갑자기 다 사라진 걸까요? 그렇다면 1900년 이후의 음악과는 친해질 필요가 없는 걸까요?

그럴 리가요. 클래식 음악은 표현 방법이나 대중성 면에서 훨씬 더 발전했다고 할 수 있어요. 또 훌륭한 음악가도 많이 나왔고요. 그럼에도 클래식 음악이라고 하지 않는 것은 기존의 클래식 음악과는 확연하게 다른 음악들이 쏟아져 나왔기 때문이에요. 즉, 음악이 아주 다양하게 나뉘었다고 할 수 있지요.

클래식 음악만 알아도 좋지만, 현대 음악의 흐름을 알아두는 것도 클래식 음악과 더욱 친해지는 방법이라고 생각해요. 이번에는 현대 음악에 대해 살펴보기로 해요.

먼저 소개할 것은 표현주의 음악입니다. 앞에서 드뷔시에 대해 알아볼 때, 드뷔시가 인상파 화가들의 영향을 받았다고 했지요. 그것처럼 표현주의 음악가들도

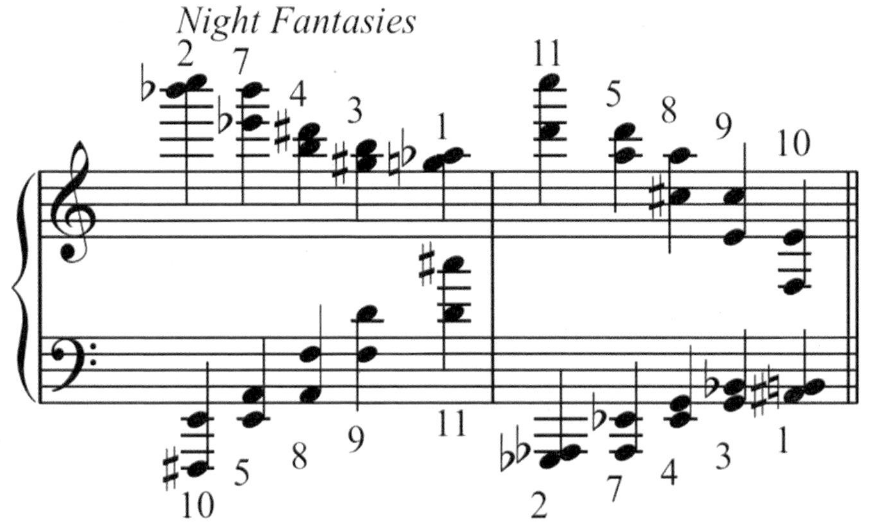

12음 기법을 사용한 악보

표현주의 화가들의 영향을 받았어요. 특히 칸딘스키와 코코슈카 등 표현주의 화가들과 친하게 지낸 쇤베르크는 표현주의의 중심에 있는 음악가예요. 그리고 그의 제자인 베르크와 베베른 등이 표현주의 음악의 전통을 이어받았어요.

　표현주의 음악은 1900년대 초 독일과 오스트리아에서 시작된 새로운 음악으로, 1945년 제2차 세계대전이 끝날 때까지 이어졌어요. 미술에서 표현주의는 표현하고자 하는 대상을 주관적으로 드러내는 것을 가리켜요. 색채와 구도, 형태와 대상의 조화를 과장하거나 생략하는 것이 큰 특징이에요. 이것은 빛과 색채에 집중한 인상주의와는 상대되는 개념입니다.

　표현주의 음악도 그러한 경향을 띤답니다. 특히 조성의 파괴와 음렬 기법, 12음 기법을 사용하는 것이 특징이에요. 용어가 좀 어렵지요? 여기에 대해 간단히 알아볼게요.

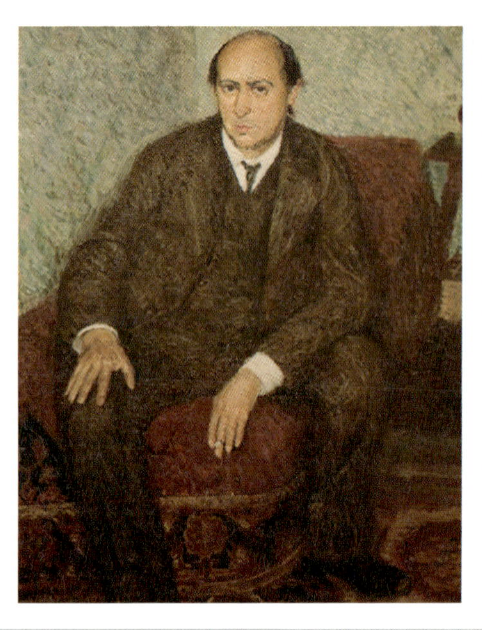

쇤베르크

먼저 조성의 파괴에서 조성이란 무엇일까요? 음악에서 하나의 음이 선율이나 화성의 중심이 되고, 다른 음이 그 음에 딸릴 경우 그 음악은 조성을 지닌다고 해요. 중심 되는 음을 으뜸음, 그리고 따라다니는 음을 딸림음이라고 하죠.

조성은 흔히 장조와 단조로 나뉘어요. 장조는 장음계를 바탕으로 만들어진 곡을 말하지요. 으뜸화음인 '도미솔' 중 어느 한 음으로 시작해서 보통 '도'로 끝납니다. 장조는 신나고 즐거운 느낌을 주기 때문에 여러분이 많이 접하곤 해요. 음악책을 보면 대부분 장조 음악이거든요. 이에 비해 단조는 단음계를 바탕으로 만들어졌어요. '라도미' 중 한 음으로 시작해서 보통 '라'로 끝납니다. 단조는 어둡고 쓸쓸하며 우울한 느낌이 나지요.

조성의 파괴란 바로 이러한 규칙에서 벗어나는 것을 말해요. 반음만으로 이루어진 음계를 진행하거나, 피아노를 연주할 때 한 손은 장조를, 다른 손은 단조를 담당하는 식이에요. 또는 악기를 여러 개로 연주할 때 조성을 각각 다르게 하여 연주하는 것이지요.

12음 기법은 바로 조성을 완전히 파괴한 음악 기법을 말해요. 보통 1옥타브는

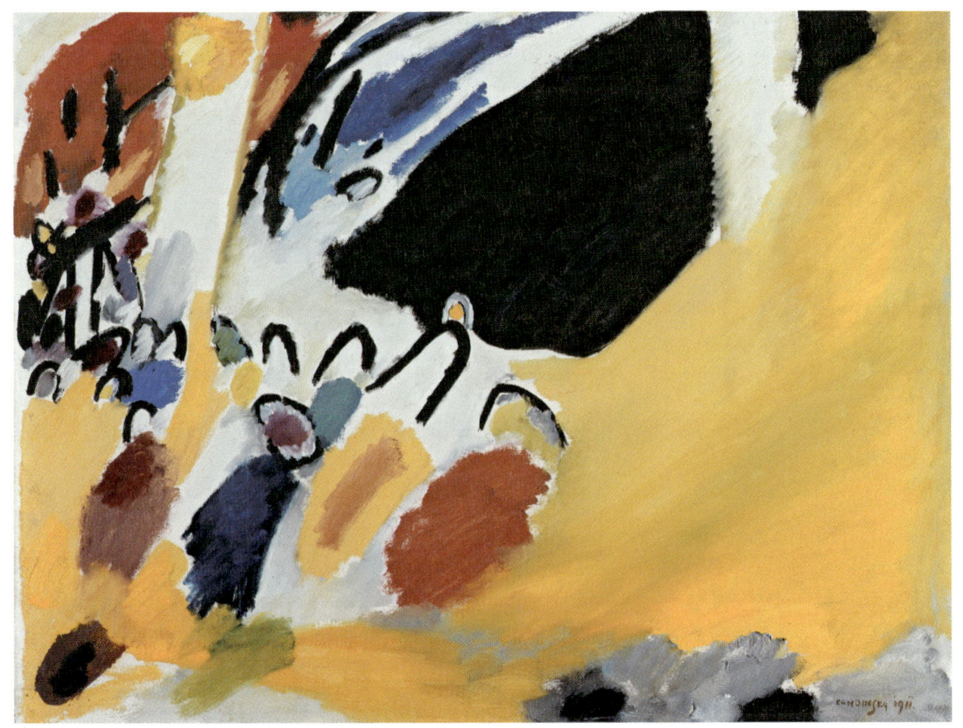

표현주의 화가 칸딘스키의 그림

'도레미파솔라시' 7계음으로 이루어지는데, 12음 기법은 7계음 사이에 있는 반음까지 더해서 12계음으로 이루어져요. 작곡을 할 때 이 12음을 이용하고, 한 번 나온 음은 다른 음이 나오기 전까지 다시 나오지 않아요. 즉 '도'를 넣었다면 다시 '도'를 사용하기 위해서는 반드시 나머지 11개 음을 채운 후에 사용한다는 거예요. 으뜸음과 딸림음의 구별이 없어지게 되는 거죠. 음렬 기법이란 말도 12음 기법에 포함되는 말이에요. 음을 배열할 때 12개의 음으로 음렬을 만든다는 뜻이에요.

좀 어렵지요? 음악을 이론적으로 따지면 너무 어려워져요. 하지만 이론을 알아두면 음악에 좀더 가까이 다가갈 수 있으니 알아두면 도움이 되겠죠?

아무튼 표현주의란 12음 기법과 같은 방법을 통해 날카로운 음정을 사용한다거나, 극도로 높거나 낮은 음역을 사용한다거나, 박자와 리듬을 자유롭게 변형하는 등 음악가가 자신이 표현하고 싶은 주제를 드러내는 음악을 말합니다.

표현주의 음악의 선구자인 쇤베르크는 1874년 9월 13일 오스트리아 빈에서 태어났어요. 어려서부터 첼로와 바이올린을 배웠고, 브람스와 바그너 등의 영향을 많이 받았지요. 초기에는 그가 선보인 12음 기법 등이 사람들로부터 비난을 받았지만, 점차 인정을 받아 1925년에는 베를린의 예술아카데미 교수가 되기도 했어요.

그러나 2차 세계대전이 일어나자 쇤베르크는 미국으로 이주했어요. 오스트리아 사람이었지만 유대인이었기 때문에 나치의 손아귀로부터 벗어나야 했던 거예요. 이후 그는 로스앤젤레스에서 작곡에 전념하다 1951년에 세상을 떠났어요.

쇤베르크의 가장 큰 공로는 12음 기법을 고안해 20세기 음악에 큰 영향을 끼친 거예요. 틀에 박힌 음악에서 벗어나 새로운 음악을 만들어낸 거죠.

그는 훌륭한 제자도 키워냈어요. 베르크와 베베른 등 뛰어난 작곡가들이 그들인데, 흔히 이들과 함께 2차 빈 악파로 불리기도 해요. 빈 악파란 오스트리아 빈을 무대로 활동한 음악가들을 말하죠. 우리가 앞에서

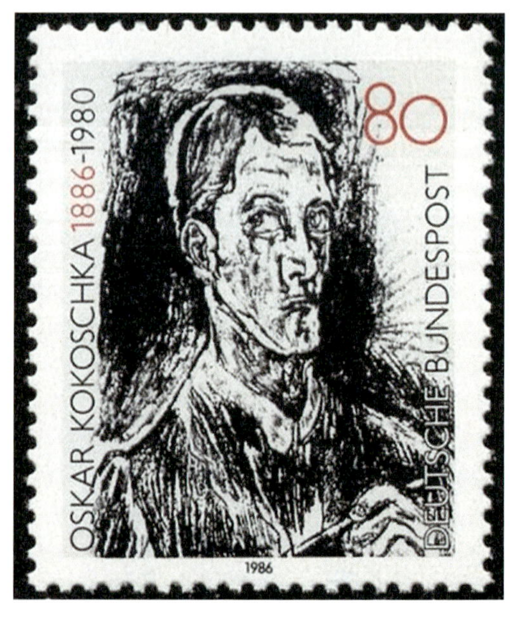

표현주의 화가 코코슈카를 기념하는 우표

살펴본 하이든과 모차르트, 베토벤, 슈베르트 등이 1차 빈 악파에 속한답니다.

쇤베르크의 대표작으로는 〈정화된 밤〉, 〈피아노를 위한 모음곡〉, 〈5개의 관현악 소품〉, 〈달에 홀린 피에로〉 등을 꼽을 수 있어요. 또 그가 펴낸 《화성학》이라는 책은 훌륭한 음악 교재가 되었어요.

이중 〈달에 홀린 피에로〉는 벨기에의 시인 알베르 지로의 시를 음악으로 만든 것이에요. 21개의 짧은 악장들로 구성되어 있어요. 이 곡을 들어보면 노래를 하는 것인지 외치는 것인지 알 수 없을 정도예요. 하지만 바로 그런 점에서 20세기 초 현대인들의 심리를 잘 표현하고 있다는 평가를 받아요.

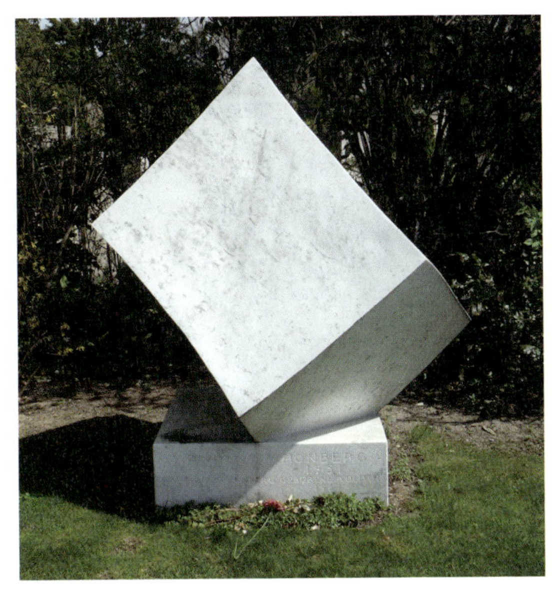

쇤베르크의 묘지

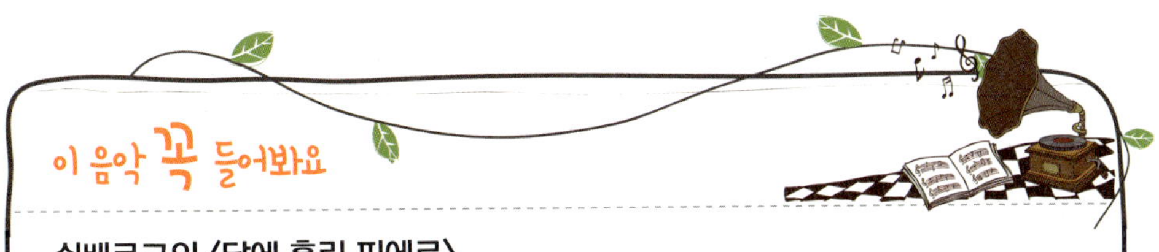

이 음악 꼭 들어봐요

쇤베르크의 〈달에 홀린 피에로〉
1912년 작품으로 21개의 짧은 곡을 모은 것이다. 쇤베르크는 이 곡을 쓰며 말과 음악의 중간을 표현하고자 했다. 낭송조의 언어 멜로디라는 평가를 받는다. 조성이 파괴되었다고는 하지만 독특한 매력을 지닌 곡으로 유명하다.

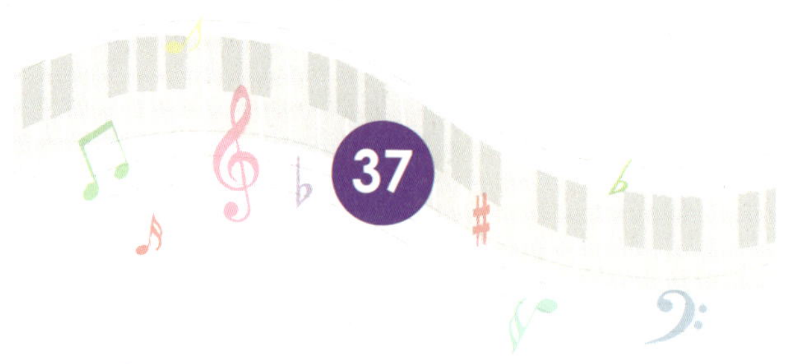

신고전주의와 스트라빈스키

표현주의와 비슷한 시기에 고전파 음악을 계승하려는 음악가들이 나타났어요. 곡의 형식을 명확하게 하고 화성을 제대로 살리려고 노력했는데, 스트라빈스키와 프랑스 6인조가 유명해요. 이들은 제1차 세계대전 이후 표현주의와 인상주의 음악이 너무 주관적이고 애매한 형식을 띠는 게 불만이었어요. 프랑스에서는 아예 '바흐로 돌아가야 한다'며 객관적인 음악을 주장하기도 했지요. 이렇게 클래식 음악의 전통을 계승하려는 음악가들을 신고전주의라고 해요.

이 운동의 구체적인 명칭은 1918년 프랑스 작곡가 여섯 명이 '새로운 젊은이'라는 이름으로 작품 발표회를 연 데에서 비롯되었어요. 음악 평론가인 앙리 콜레트가 이들을 러시아 5인조와 비교하며 프랑스 6인조라고 불렀지요. 프랑스 6인조는 에릭 사티를 정신적 지주로 삼고 그를 따르는 루이 뒤레, 조르주 오리크, 아르튀르 오네게르, 제르맹 타유페르, 프랑시스 풀랑크, 다뤼스 미요 등 진보적인 음악가들을 말해요.

프랑스 6인조는 시인이자 극작가인 장 콕토를 대변인으로 내세우고 본격적으

로 활동했어요. 6인 음악회
를 열고 《6인의 앨범》을 제
작하면서 표현주의 음악과
인상주의 음악을 반대하고,
정통 클래식으로 돌아가자
고 주장했죠. 여섯 명이 모
였으니 세세한 면에서는 다
른 점이 많았지만, 음악이
대중적인 면을 갖춰야 한다
는 점에서는 의견을 같이했
어요. 즉 지나친 감정을 자
제하고, 누구나 이해할 수
있는 음악을 추구했지요.

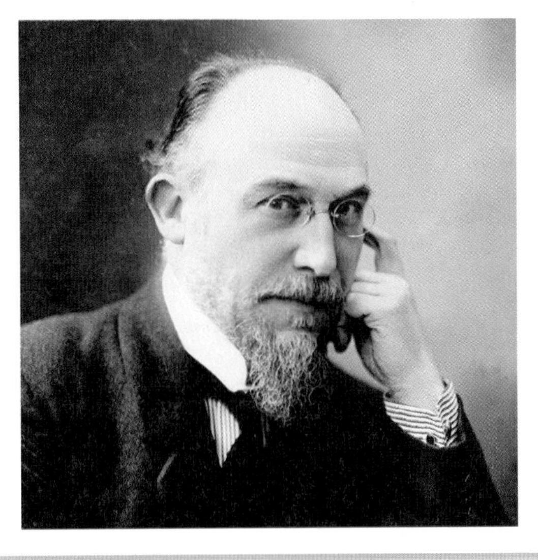

신고전주의의 선구자, 에릭 사티

그래서 이들의 음악은 표현주의 음악처럼 복잡하지 않았어요. 악기를 소규모
로 편성하거나 화성을 단순하게 했고, 긴 형식도 짧게 작곡했어요. "음악은 경청
하기 위한 것이 아니라 가구처럼 있는지 없는지 모르는 것"이라는 에릭 사티의
'가구의 음악'에서 영향을 받았지요.

신고전주의의 선구자인 에릭 사티는 1866년 프랑스 북부의 작은 항구 도시인
옹플뢰르에서 태어났어요. 파리 음악원을 다녔지만 낙제했고, 생계를 위해 클럽
에서 피아노를 연주했어요. 사람들이 술을 마시는 클럽에서는 대화에 방해가 되
지 않을 정도로 음악을 들려주지요. 적당히 분위기만 잡아주는 겁니다. 그의 곡에
는 '집무실의 음악' 또는 '음이라는 타일을 깐 보도' 같은 제목이 붙어 있어요. 이

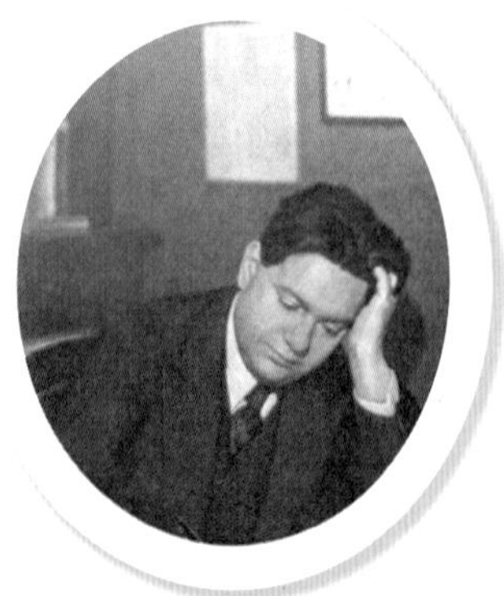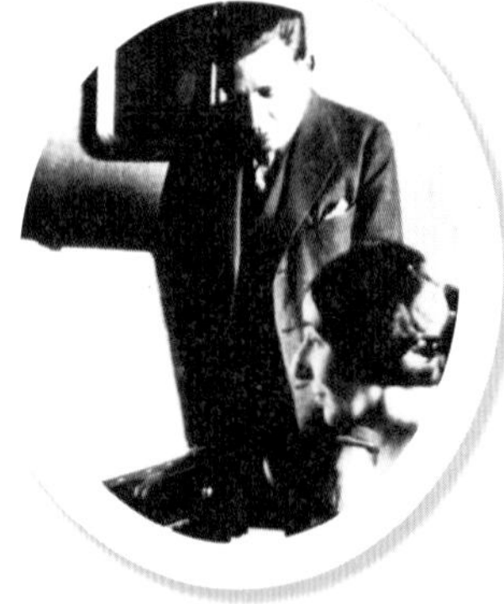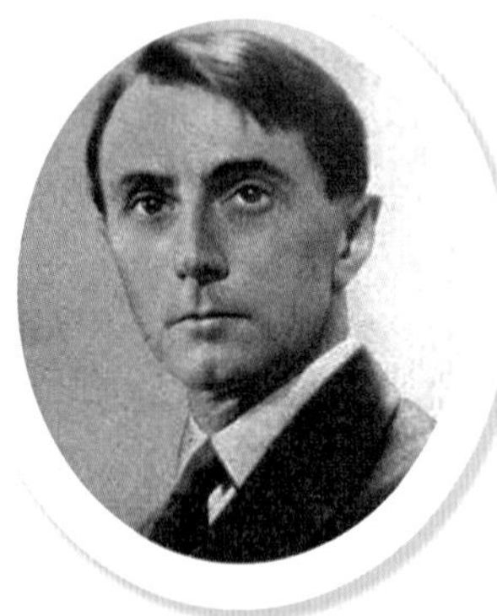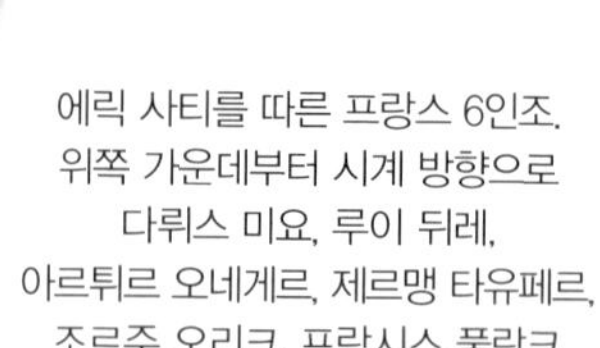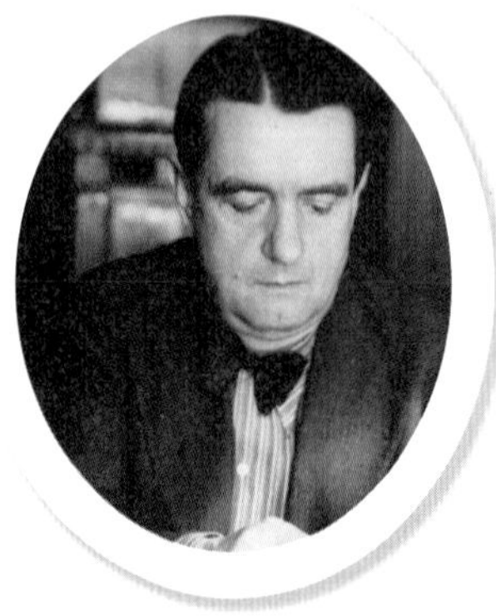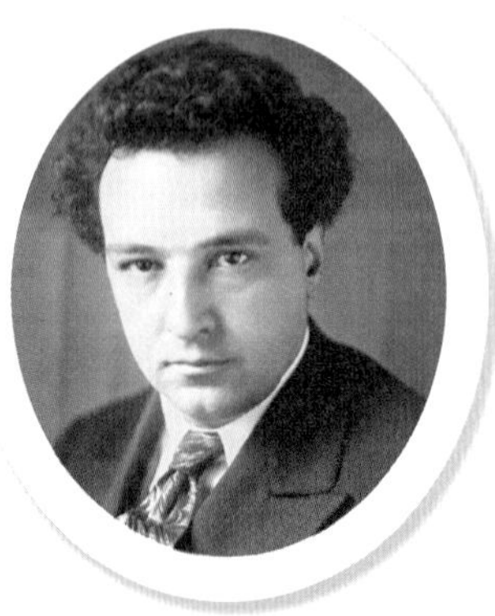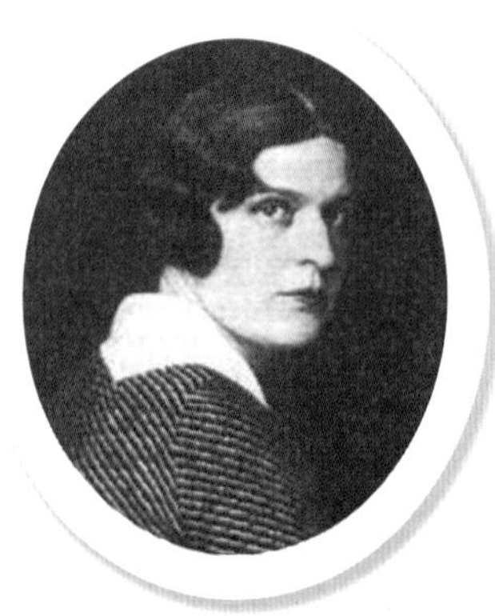

에릭 사티를 따른 프랑스 6인조.
위쪽 가운데부터 시계 방향으로
다뤼스 미요, 루이 뒤레,
아르튀르 오네게르, 제르맹 타유페르,
조르주 오리크, 프랑시스 풀랑크

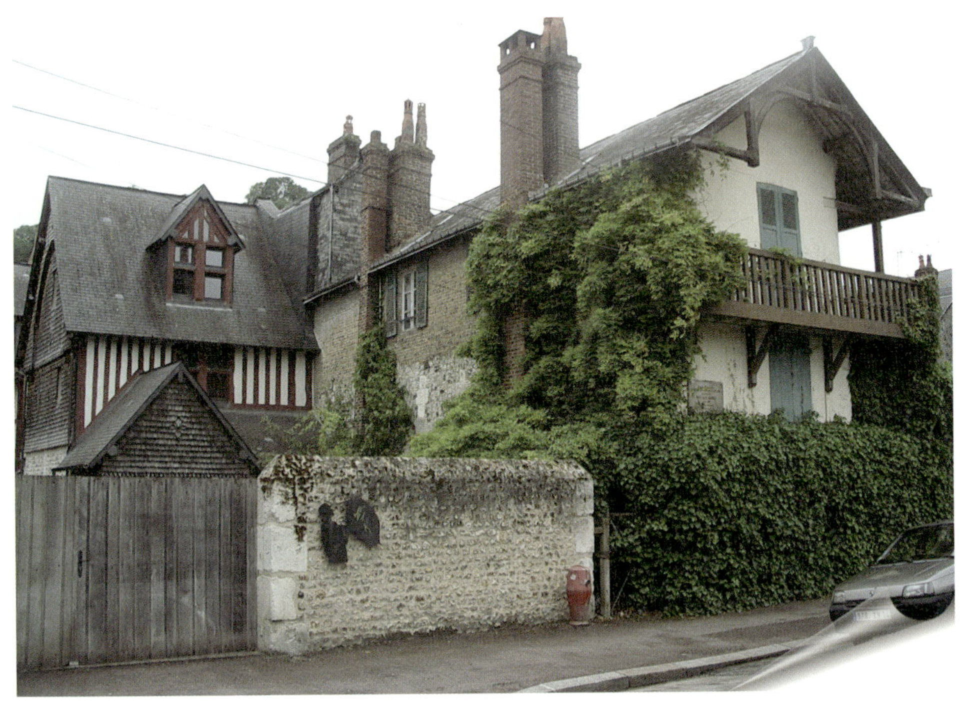

에릭 사티의 집

는 공연장에서 연주하는 것이 목적이 아니라 마치 배경음악 같은 거예요. 그래서 '가구의 음악'을 발표할 때 관객들이 조용히 감상하면 화를 내면서 말했대요.

"계속 말을 하세요! 움직이세요. 음악은 듣는 게 아닙니다."

에릭 사티는 〈짐노페디〉와 〈파라드〉, 〈가난한 사람들을 위한 미사〉 등의 명곡을 남겼어요. 이중 〈짐노페디〉는 영화나 광고의 배경음악으로 많이 알려진 곡이에요. 귀에 익은 멜로디라 여러분도 직접 들어보면 '아하, 이 곡!' 하며 무릎을 칠 거예요.

프랑스 6인조 가운데 루이 뒤레는 〈바닷가의 봄〉으로 널리 알려졌고, 조르주

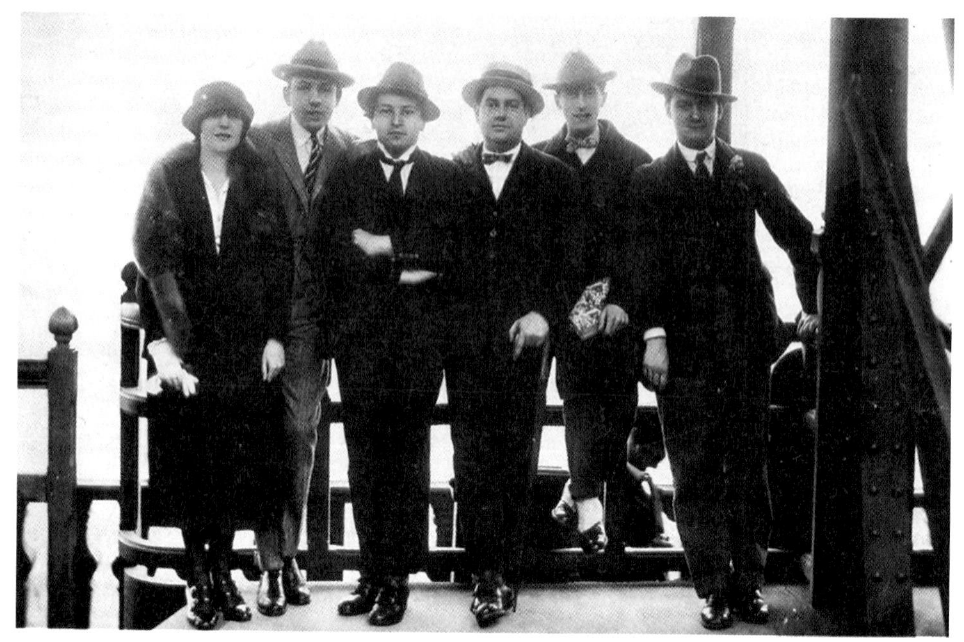

프랑스 6인조

오리크는 〈물랭 루즈의 노래〉, 〈슬픔이여 안녕〉을 작곡했어요. 아르튀르 오네게르는 〈다윗왕〉, 〈퍼시픽 231〉 등 다양한 곡을 많이 남겼어요. 프랑스 6인조 가운데 유일한 여성 작곡가인 제르맹 타유페르는 〈빈말 협주곡〉, 〈나르시스 칸타타〉 등이 유명합니다. 프랑시스 풀랑크가 작곡한 《카르멜 수녀들의 대화》는 20세기 프랑스 최고의 오페라로 불립니다. 그리고 다뤼스 미요는 〈크리스토프 콜롱〉과 〈옥상의 황소〉, 〈프로방스 모음곡〉 등을 남겼어요.

스트라빈스키는 신고전주의의 정상에 올라선 음악가입니다. 1882년 러시아 상트페테르부르크에서 태어난 이고르 스트라빈스키는 어려서 음악에 재능을 보였지만 아버지의 뜻에 따라 대학에서 법률을 공부했어요. 하지만 음악에 미련을 버리지 못하다가 림스키코르사코프를 만나며 드디어 음악가의 길에 들어섰어요.

스트라빈스키는 러시아에서 《불꽃놀이》와 발레곡 《불새》, 《페트루슈카》를 내놓으며 큰 성공을 거둡니다. 특히 《봄의 제전》을 파리에서 공연해 세계적인 주목을 받았어요. 《봄의 제전》은 혁신적인 리듬과 원시적인 색채, 그리고 파괴력을 지닌 곡이라는 평가를 받았어요. 이후 그는 원시주의 또는 전위파의 기수로 불렸어요. 전위파란 기존의 예술 관념이나 형식을 부정하고 혁신적인 예술을 주장하는 사람들을 말합니다.

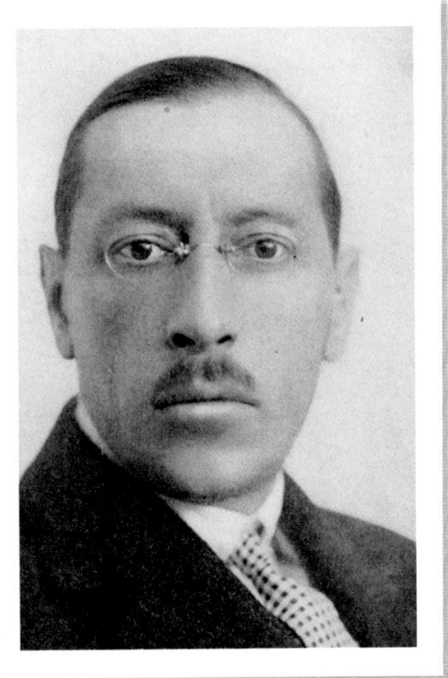

신고전주의 음악가 스트라빈스키

하지만 러시아 혁명이 일어나며 스트라빈스키의 음악은 확 바뀌게 됩니다. 제1차 세계대전 후 미국으로 건너가 발레곡 《풀치넬라》와 《병사 이야기》, 《결혼》 등을 내놓았는데, 이는 신고전주의 경향을 띤 곡들이에요. 특히 오페라 《오이디푸스 왕》과 《시편 교향곡》으로 신고전주의를 완성했다는 평을 들었지요.

제2차 세계대전이 일어나자 스트라빈스키는 미국으로 완전히 망명했어요. 그리고 《3악장의 교향곡》, 《미사》 등을 작곡하며 제2의 전성기를 열었어요. 훗날 종교음악에 큰 관심을 갖고 대학에서 학생들을 가르치기도 했어요. 죽기 1년 전까지 음악 활동을 멈추지 않았던 그는 1971년 4월 뉴욕에서 세상을 떠났어요.

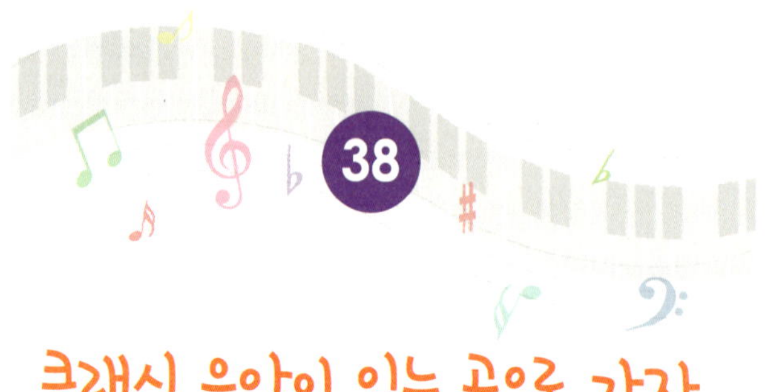

클래식 음악이 있는 곳으로 가자

클래식 음악의 거장들을 차례로 만나봤으니 이제 생생한 클래식 음악을 들으러 떠나볼까요? 바로 공연장이에요. 사실 공연장에 직접 가는 것보다 클래식 음악과 더 친해지는 방법은 없다고 할 수 있어요.

공연장은 우리나라에도 여러 곳이 있어요. 객석이 1,000석 이상인 곳도 있고, 수백 석 또는 그보다 작은 곳도 꽤 많아요. 요즘에는 클래식 음악을 해설해 주는 곳도 많고, 어린이를 위한 공연도 자주 열리기 때문에 잘만 고른다면 클래식 음악과 금방 친해지는 기회를 얻을 수 있답니다.

공연장에 처음 가면 여간 낯선 게 아니지요. 티켓은 어떻게 사야 하고, 어디에 앉아야 클래식 음악을 가장 잘 들을 수 있는지, 그리고 악기들이 어떻게 배치되는지도 모르죠. 게다가 연주회에서 언제 박수를 쳐야 하는지도 잘 몰라요.

그런 기본적인 관람 예절에 관해서는 선생님이 앞서 냈던 책 《선생님, 클래식이 뭐예요》에서 자세히 다루었어요. 여기서는 실제로 어떤 공연장이 있는지 알아보도록 할게요.

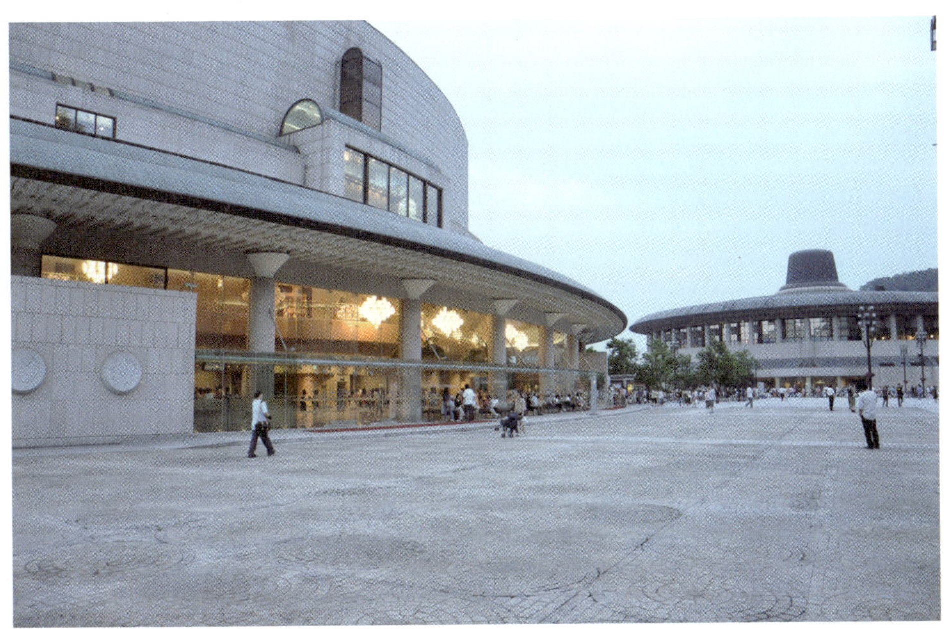

예술의 전당 음악당과 오페라하우스

　　우리나라에서 가장 대표적인 클래식 음악 공연장은 서울에 자리한 예술의 전당이에요. 예술의 전당은 1988년에 문을 연 음악당, 1993년에 문을 연 오페라하우스 같은 공연장과 미술관, 서예관, 자료관 등 전시 공간도 갖춘 복합 예술 공간이에요.

　　먼저 오페라하우스는 예술의 전당을 대표하는 건물이에요. 갓을 닮은 독특한 이 건물에는 오페라극장과 토월극장, 자유소극장 등 전문 공연장이 있어요. 이중 오페라극장은 2,200여 석을 갖춘 오페라 전문 공연장이에요. 오페라뿐만 아니라 발레와 뮤지컬 공연도 이곳에서 주로 열리지요. 토월극장에서는 중간 규모의 오페라나 연극, 뮤지컬 등을 주로 공연해요. 그리고 자유소극장에서는 연극을 비롯한 다양한 장르의 공연이 펼쳐집니다.

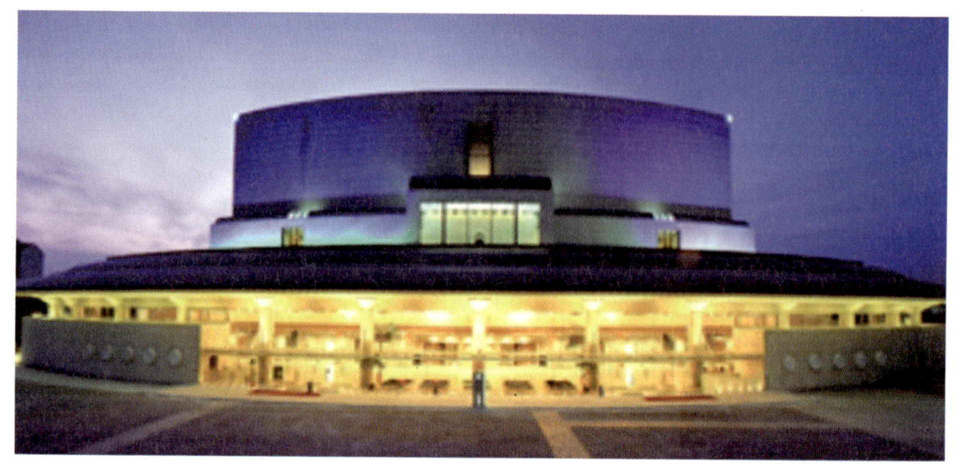

예술의 전당 음악당

음악당은 우리나라 전통 건축이 가미된 건물이에요. 서까래 모양이 아주 탐스럽지요. 음악당 내에는 콘서트홀과 리사이틀홀이 있습니다. 콘서트홀은 2,500석이 넘는 대규모 공연장이고, 리사이틀홀은 350여 석을 갖춘 아담한 공연장이에요.

공연을 자주 보는 사람이라면 이러한 공간이 매우 친숙하겠지만, 처음 가는 사람들은 음악당이나 콘서트홀이라는 공간이 매우 낯설게 마련이에요. 그래서 자신이 들어가야 할 공연장을 못 찾아서 헤매는 사람도 더러 있고요.

콘서트홀과 리사이틀홀은 매표소가 붙어 있고 위치도 바로 옆이라 한두 번 가 본 사람도 헷갈리는 곳이에요. 그러니 좀 헤맸다고 부끄러워할 일은 아니에요. 누구나 한 번쯤 겪는 일이니까요. 그럴 땐 주변에 있는 안내 직원들에게 물어보면 됩니다.

음악당은 우리나라에서 처음으로 만들어진 클래식 전용 공연장이에요. 아직까지 국내에서 가장 큰 클래식 음악 공연장이죠.

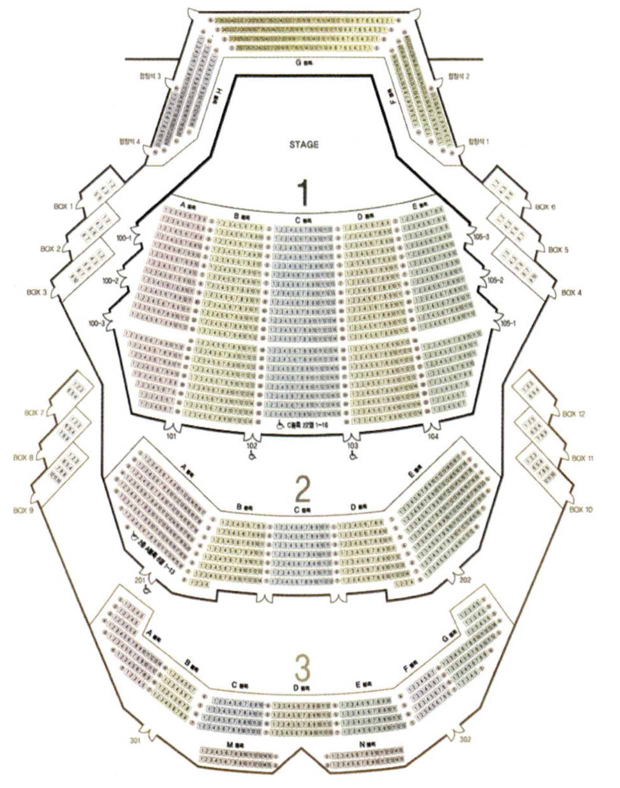

예술의 전당 콘서트홀 객석 배치도

총	2,523석
1층	1,242석
2층	578석
합창석	274석
3층	429석
휠체어석	**29석**
1층 16석 C블록 22열 1~16	
2층 13석 A블록 8열 1~13	

콘서트홀의 객석은 3층으로 이루어졌어요. 양쪽 벽면에는 돌출된 박스석이 있는데, 그곳은 VIP석이에요. 또 무대 안쪽에도 좌석이 많이 보여요. 그곳에 앉으면 소리가 아주 잘 들릴 것 같지만 청중이 앉는 곳이 아니에요. 베토벤의 《합창 교향곡》처럼 대규모 공연이 있을 때 합창단이 앉는 곳이랍니다. 단, 객석이 꽉 찰 경우에는 이곳을 개방하기도 해요. 무대 안쪽에서 들으면 아주 좋을 것 같지만, 음악 감상하는 곳으로 추천하고 싶지는 않아요. 오케스트라 연주 때는 그나마 악기

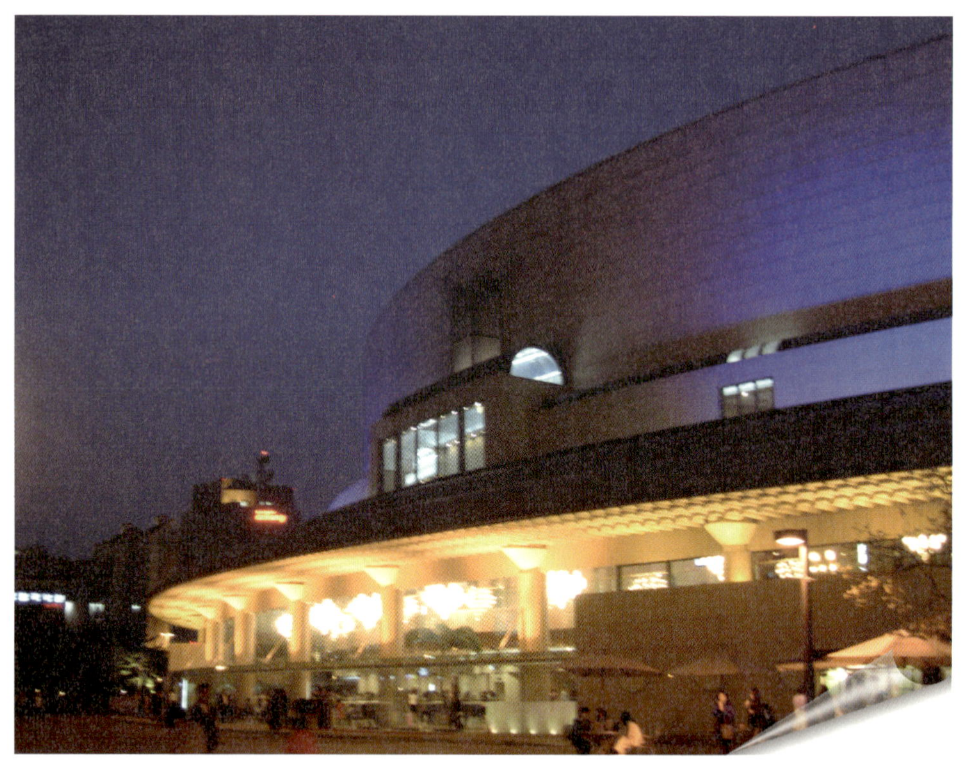

예술의 전당 밤 풍경

편성을 제대로 볼 수 있으니 한번 앉아볼 만은 해요.

객석이 많은 만큼 콘서트홀에서는 주로 규모가 큰 공연들이 열려요. 연주도 오케스트라 또는 체임버 오케스트라가 맡곤 하지요. 간혹 현악 4중주나 독주회 같은 작은 규모의 연주회가 열리기도 해요.

독주회나 실내악 같은 소규모 연주회가 열리는 곳은 리사이틀홀이에요. 공간이 아담한 만큼 연주자들의 숨결까지 느끼며 감상할 수 있는 장점이 있답니다.

공연 정보는 예술의 전당 홈페이지(www.sac.or.kr)에 들어가서 보는 것이 가장 정확해요. 홈페이지를 살펴보면 거의 매일 공연이 열리는 것을 알 수 있어요. 주말에는 하루에 두 차례씩 공연이 열리기도 하죠. 이것은 공연을 찾는 사람이 많아서가 아니라 공연을 하고 싶어하는 단체가 많아서랍니다. 외국의 공연 단체도 자주 볼 수 있고, 대학생이나 청소년들의 음악회도 자주 열려요. 그중 '세계 음악 순례'나 '클래식 순례'는 꼭 추천하고 싶어요.

날마다 연주회가 열리지만 성격은 많이 달라요. 청소년이나 대학생들은 아마추어로서 그들의 공연은 음악 발표회의 성격을 띱니다. 전문 연주 단체는 흥행을 위해 연주회를 갖습니다. 해외 단체도 물론 흥행을 목적으로 하지요. 초청 음악회는 주로 문화 교류 차원에서 열리는 경우가 많습니다. 그러나 유명한 음악가나 음악 단체들은 초청되었더라도 흥행이 목적인 경우가 많지요. 또 요즘은 기업에서 여는 음악회도 많아요. 회사 직원들이나 고객들을 위해 마련하는 것이지요.

음악회 제목을 보면 그 음악회가 어떤 성격인지 알 수 있어요. 하지만 초보자에게는 이것도 쉽지는 않아요. 자주 찾아가서 보고 듣고 경험을 쌓다 보면 저절로 터득하게 될 거예요.

그리고 전문 연주 단체가 개최하는 음악회도 성격이 다 달라요. 흥행을 목적으로 하는 음악회는 관객을 최대한 많이 불러들여야 하니까 자신들만의 고유한 프로그램을 만들어요. 그러니 '클래식 음악이면 다 비슷하겠지'라는 선입견은 버리는 게 좋아요.

마지막으로 한 가지 더. 음악회는 티켓이 다 비쌀 것 같지요? 물론 유명 음악가나 단체가 연주회를 열면 티켓 가격이 아주 비싸기도 해요. 그러나 무료로 열리는 음악회도 있고, 아주 저렴한 비용으로 감상할 수 있는 음악회도 많아요. 특히 어린이를 위한 음악회는 가격이 부담스럽지 않으니 잘 찾아서 꼭 가보도록 해요.

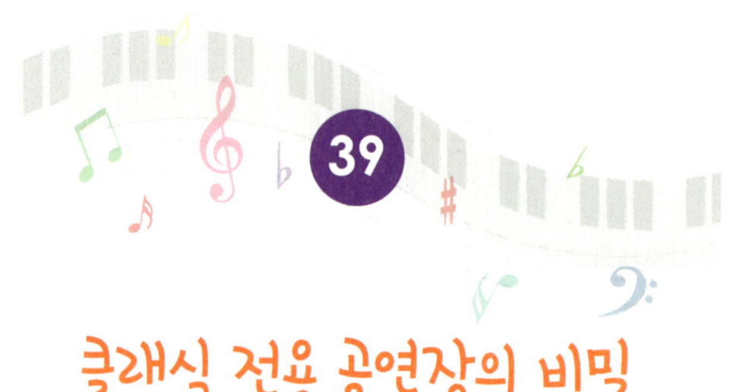

클래식 전용 공연장의 비밀

예술의 전당을 이곳저곳 둘러보면 대중가수가 공연을 해도 좋을 것 같다는 생각도 들어요. 하지만 클래식 음악이 아니면 무대에 올리지 않아요. 아주 가끔 팝송이나 가요 또는 민요를 올리기는 하지만, 어디까지나 클래식 음악 공연의 일부 프로그램일 뿐이에요. 가요나 대중음악만을 예술의 전당 무대에 올리는 것은 불가능해요.

아마 이런 생각이 들지도 몰라요. '그럼 대중가수들 차별하는 거야?' 그러나 클래식 음악 전용 공연장에 대해 잘 몰라서 하는 소리예요. 이것은 야구장에 가서 축구를 하겠다고 우기는 것과 다르지 않아요.

예술의 전당은 대중음악을 공연하기에는 적합하지 않은 무대예요. 아니, 공연을 할 수는 있어도 효과가 떨어져서 그다지 멋있게 들리지가 않아요. 그 이유는 내부 구조 때문이에요. 클래식 음악 전용 공연장은 아주 특별하게 설계되었어요. 무대에서 연주하는 음악이 객석에 또렷하게 전달되면서 적당한 울림도 있어야 감동이 느껴지기 때문에 건물의 구조와 내부 자재 등에 세심하게 신경을 쓴답니다.

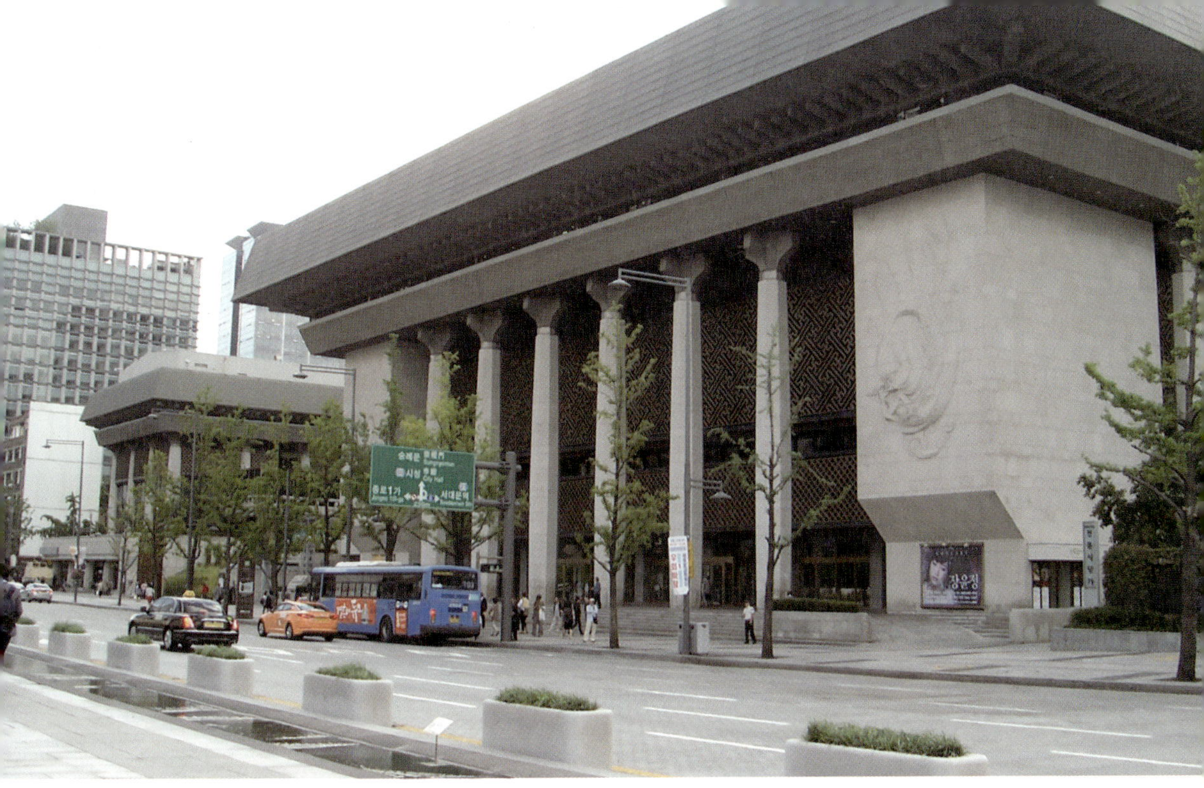

광화문 세종문화회관

오케스트라 연주라도 항상 웅장하고 화려한 소리만 내는 것은 아니에요. 아주 섬세하면서 여린 표현도 많거든요. 예를 들면, 모래알에 햇빛이 반짝반짝 부서지는 모습을 트라이앵글로 표현할 때 그 느낌이 관객들에게 전해져야 하죠. 그런 섬세한 소리까지 2,000명이나 되는 관객들에게 전달하려면 공간을 아주 특별하게 꾸며야 해요.

또 피콜로의 날카로운 고음과 더블베이스의 둔탁한 저음이 섞이고, 현악기와 목관악기, 금관악기, 타악기 등이 섞여서 화음을 만들어내야 해요. 그런데 이런 소리가 뭉쳐서 엉망이 되면 좋은 음악이 만들어질 수 없지요. 앰프나 마이크 같은 특별한 기계 장치 없이 클래식 음악을 제대로 전달한다는 것은 보통 문제가 아니에요.

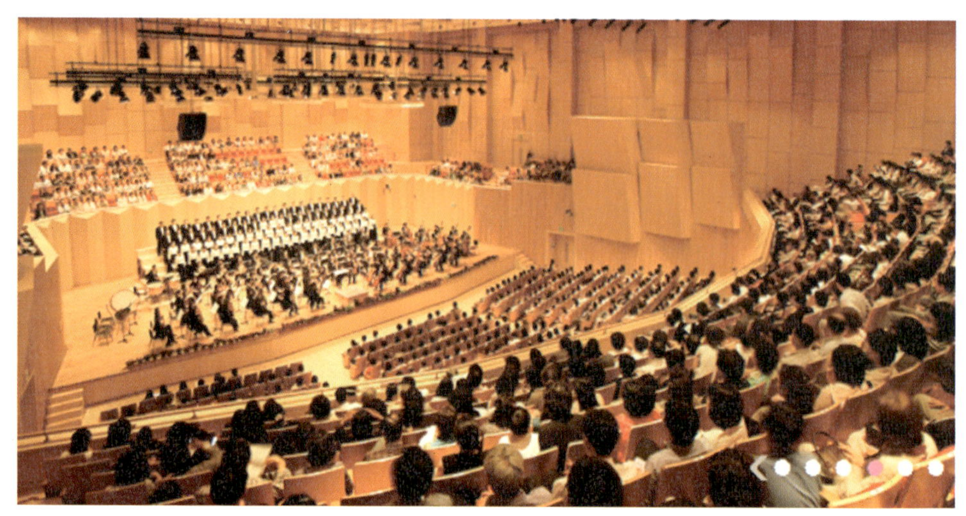

고양아람누리 아람음악당

　그래서 클래식 음악 전용 공연장은 내부에 소리가 반사되는 것까지 치밀하게 고려해서 공연장을 설계해요. 음향 전문가와 음악가들이 공연장 설계에 참여하는 것도 그 때문이지요. 음악을 잘 아는 과학자도 필요하고요. 소리를 흡수하는 흡음 자재와 소리를 차단하는 방음 자재, 그리고 음 반사 자재를 적절하게 활용하는 것이 중요해요.

　이러한 점들 때문에 클래식 음악 전용 공연장에서는 다른 공연을 하기 어려운 거예요. 또 그렇기 때문에 클래식 음악 전용 공연장이 드물기도 하답니다. 서울에서 1,000석이 넘는 클래식 전용 공연장은 예술의 전당이 유일해요. 전국적으로도 고양시 아람음악당, 성남시 성남아트센터 콘서트홀 외에는 대형 공연장이 없어요. 그나마 최근에 500석 이내의 클래식 음악 전용 공연장이 속속 들어서고 있어서 기대가 크지요.

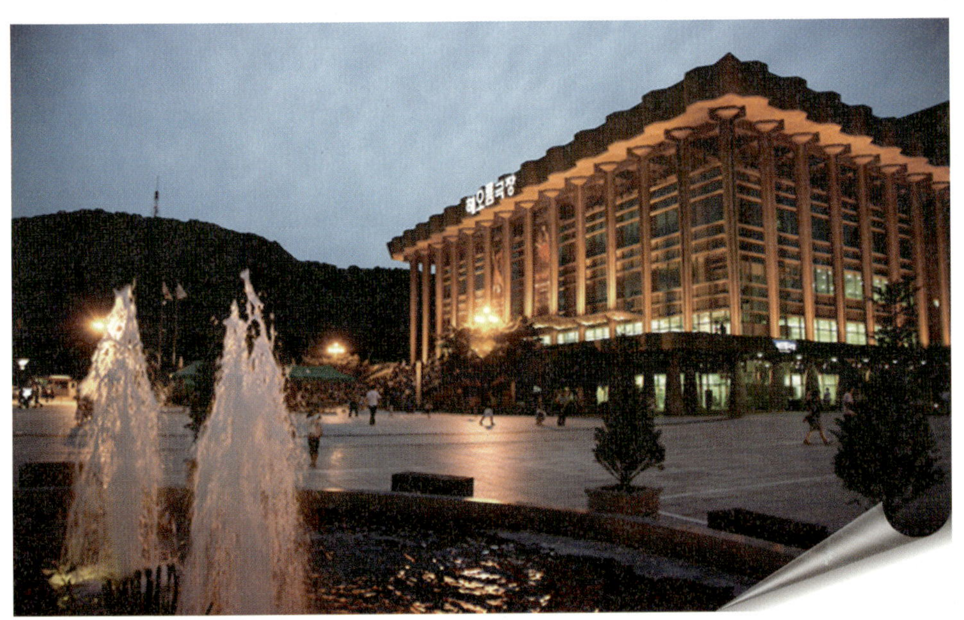

남산 자락에 있는 국립극장 해오름극장

　소규모 공연이 중요한 이유는 클래식 음악을 꾸준히 선보일 수 있다는 거예요. 특히 아직 이름이 덜 알려진 젊은 연주자들이 무대에 설 수 있는 기회를 제공하지요. 그리고 중견 연주자들도 꾸준하게 연주를 해 나갈 수 있고요. 무엇보다 중요한 것은 규모가 작은 만큼 연주자들의 생생한 연주를 가까이에서 느낄 수 있다는 점이에요.

　그런 곳에서 공연을 준비한다면 연주자들도 익숙한 클래식 음악보다는 자주 접하지 못하는 곡에 도전하는 경우가 많아요. 물론 그런 곡은 초보 관객들에게는 낯설기 그지없지만, 음악계 전체로 봐서는 훨씬 좋은 일이에요. 작은 공연장이 많다면 초보 관객들은 자신에게 맞는 공연을 골라서 가면 될 테니까요.

클래식 음악 전용 공연장은 아니지만 다양한 장르의 음악을 올릴 수 있는 복합 공연장이 늘어나고 있는 것도 좋은 현상입니다. 세종문화회관과 국립극장이 대표적인 곳이에요. 두 곳 다 예술의 전당이 문을 열기 전에는 클래식 음악을 많이 공연하던 곳이에요. 또 각 도시의 시민회관도 복합 공연장으로 많이 이용되고 있어요.

복합 공연장은 말 그대로 여러 가지 장르를 공연할 수 있도록 설계되었어요. 오페라와 뮤지컬뿐만 아니라 연극이나 무용도 무대에 올릴 수 있어요. 때로는 대중가수가 콘서트를 할 수도 있고요. 단, 클래식 음악을 무대에 올리려면 음향을 반사할 수 있도록 반사판을 별도로 설치해야 돼요. 음향 반사판은 넓은 무대에서 울리는 소리를 객석으로 모아주는 장치예요. 천장과 무대 뒷면, 양 측면을 막아주지요. 복합 공연장에서 쓸 경우에는 큰 장치가 필요하겠죠.

한 가지 아쉬운 것은, 복합 공연장이 클래식 음악보다는 뮤지컬이나 대중가수 등의 공연을 더 많이 올린다는 점이에요. 대중적으로 인기가 많은 공연을 올려야만 유지가 되니 어쩔 수는 없어요. 그런데 시민회관 같은 공공시설조차도 그런 현상을 따라가는 게 아쉬워요. 좋은 시설을 갖추고 훌륭한 연주자가 많은데도 제대로 들을 기회가 없으니 안타까울 뿐이에요.

이것은 각 공연장의 문제만이 아니라 우리의 문제이기도 해요. 우리가 그만큼 클래식 음악을 외면하고 있기 때문인 거죠. 지금부터라도 관심을 가지고 한두 달에 한 번은 꼭 클래식 음악 공연을 보러 가기로 약속해요.

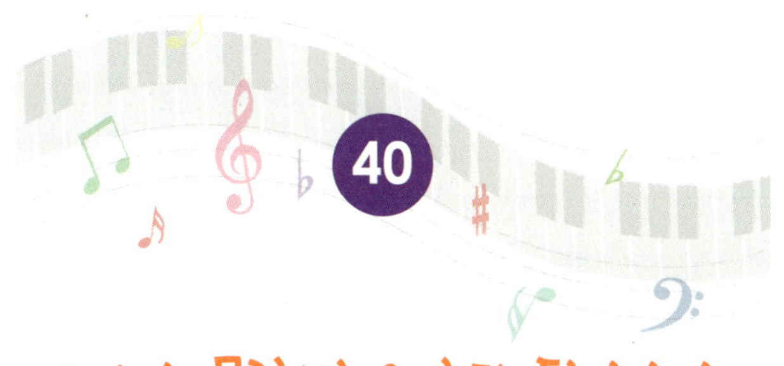

우리가 몰랐던 음악회 뒷이야기

앞에서 우리는 작곡가들도 알아보았고, 공연장도 살펴보았어요. 음악가와 유명 연주가에 관해서는 다른 책에서도 많이 소개하고 있어요. 그런데 우리에게 클래식 음악을 들려주는 연주가들이 실제 공연을 어떻게 준비하는지는 잘 알려지지 않았어요. 클래식 음악 연주가들이 평소 어떻게 연습하는지 궁금하지 않나요?

사실 많은 음악 애호가들은 오디오로 음악을 듣는 것을 좋아해요. 왜냐하면 공연장을 일일이 찾아다닐 시간도 부족하거니와, 사실 공연을 한번 보려면 돈도 상당히 지출해야 하거든요. 또 오늘날은 녹음 기술이 발달해서 오디오로 들어도 마치 공연장에서 듣는 것처럼 감동이 전달되니까요.

그러나 엄밀히 말하자면 CD나 레코드 혹은 TV나 영화, 광고 속의 음악은 생생한 음악이 아니에요. 어떤 틀 안에 갇혀 있는 소리라고 볼 수 있어요. 음악은 박제된 예술이 아니에요. 그냥 눈으로 보는 것이 아니라 소리를 듣는 것이지요. 악보는 악보일 뿐 음악은 아니잖아요.

최고로 좋은 감상법은 공연장에서 연주자가 직접 연주하는 음악을 감상하는 거예요. 그래서 음악을 '살아 움직이는 예술'이라고 하지요. 클래식 음악과 더 빨리 친해지려면 기회가 있을 때마다 공연장에 가서 살아 있는 음악을 만나는 것이 가장 좋아요.

예술의 전당을 비롯한 많은 공연장에서는 하루도 빠지지 않고 클래식 음악을 무대에 올리고 있어요. 관심을 갖고 가까이 다가가려고 하면 분명 클래식 음악과 아주 가까워질 수 있을 거예요.

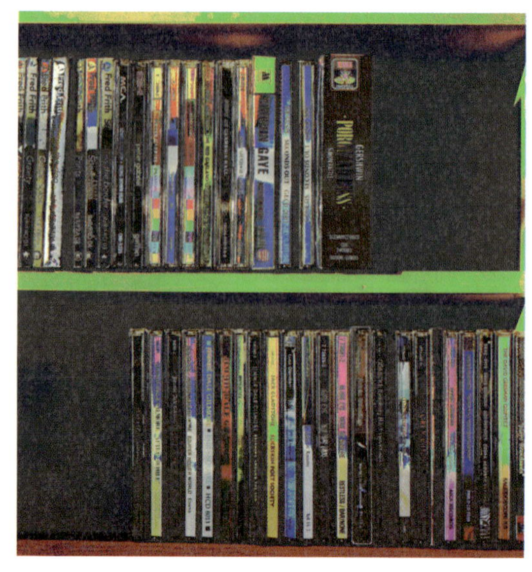

CD가 나오면서 클래식 음악을 접할 수 있는 기회가 많아졌어요.

자, 그럼 연주가들은 실제로 어떻게 공연을 준비할까요? 대부분의 전문 연주가들은 공연 이외의 시간은 대부분 연습에 매달립니다. 우리가 상상할 수 없을 정도로 혹독하게 연습하는 이들도 아주 많아요. 음악가의 길에 들어선 그 순간부터 평생 동안 연습을 한다고 보면 틀림없어요. 그렇게 하지 않으면 연주가의 길을 걸을 수 없거든요. 그래서 음악가들 사이에는 이런 명언이 돈답니다.

"하루를 연습하지 않으면 내가 안다. 이틀을 연습하지 않으면 평론가들이 알아차린다. 만약 사흘을 연습하지 않으면 관객들도 안다."

과학자들은 연주를 잘하기 위해 필요한 것이 무엇인지 밝혀내려고 연구도 했어요. 하지만 결론은 단 하나, 끊임없는 노력뿐이라는 답을 얻었답니다. 음악은

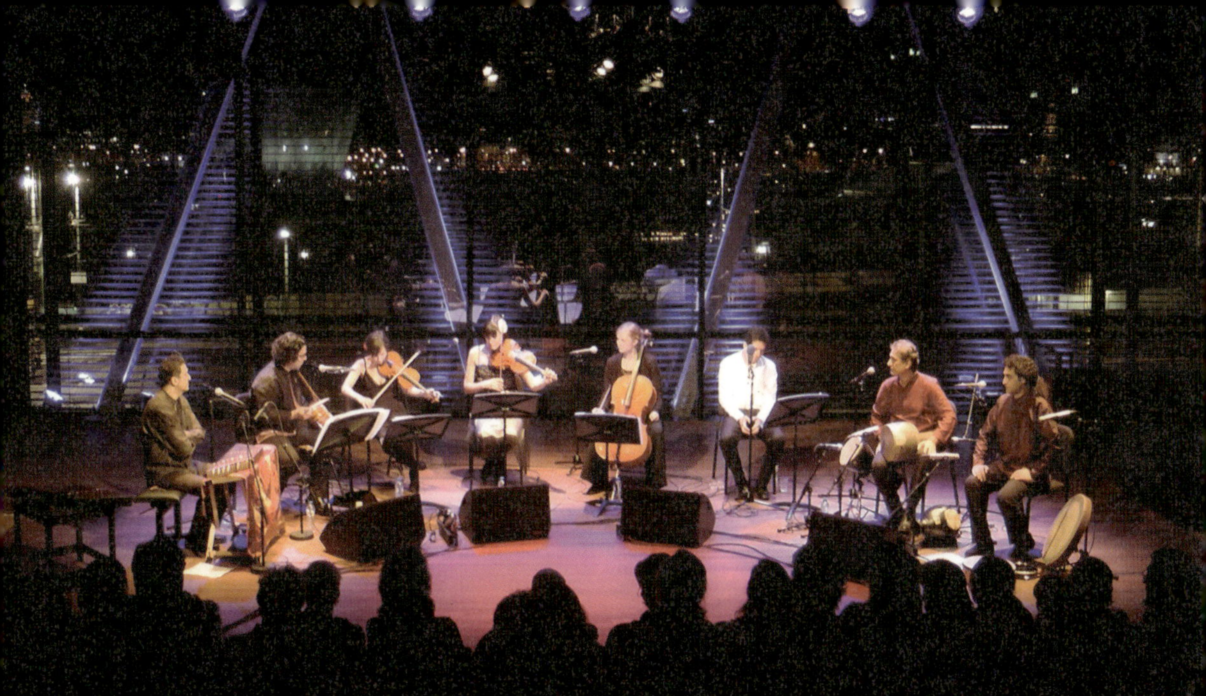

연주자의 숨결을 가까이서 느낄 수 있는 음악회

어느 정도 선천적인 재능이 필요한 분야이지만 그것만으로는 부족해요. 연습이 절대적으로 필요한 까닭이지요.

이제 연주가들이 연주할 때를 생각해 보도록 해요. 연주를 할 때 그들이 얼마나 많은 에너지를 소모하는지 짐작이 되나요? 이렇게 말하면 '가만히 앉아 있는데 무슨 에너지를 소모해?'라고 생각할지도 몰라요. 하지만 연주를 할 때는 두뇌 활동과 신체 활동이 매우 활발하게 이루어져요. 특히 여럿이 연주하는 합주라면 동료들과 호흡을 맞추기 위해 무척 신경을 써야 해요. 연주를 마치면 온몸에서 힘이 다 빠져나가 녹초가 될 정도지요.

만일 연주가 악보에 쓰인 대로 소리를 내는 것이 다라면 연주가는 필요가 없을지도 몰라요. 왜냐하면 악보대로 소리 나게 하는 것은 이제 컴퓨터도 할 수 있는 일이거든요. 그것도 아주 정확하게. 그러나 그것은 진짜 음악이 아니에요. 연주가

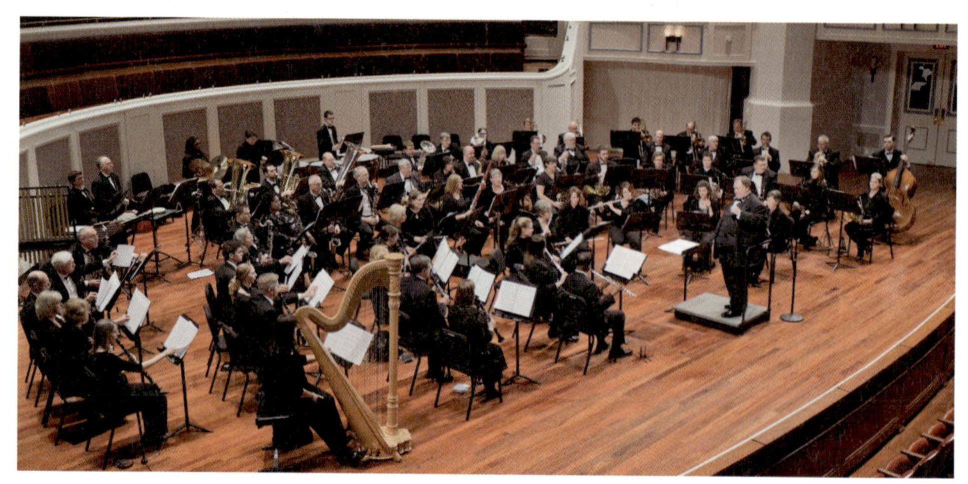

동료 연주자와의 호흡이 중요한 오케스트라

의 생생한 숨결이 담겨 있지 않은 기계음에 불과하지요. 그래서 연주만큼은 앞으로도 로봇이 해내지 못할 거라고 장담합니다.

공연장에 가면 입구에서 팸플릿을 얻을 수 있어요. 거기에 무슨 음악회라는 안내 이외에 연주가들의 프로필이 보일 거예요. 대개 어느 학교 출신이고, 어떤 연주회에 참가했는지 적혀 있어요. '촌스럽게 이런 건 왜 적었지?' 하는 생각이 들지도 모르겠네요. 하지만 이것은 연주가에게 아주 중요한 것이에요. 스승이 누구인가는 그 연주가를 이해하는 데에 큰 단서가 되기 때문이에요.

우리나라에도 음악을 배우는 곳이 많아요. 서울대학교 음악대학이나 한국예술종합학교는 국립 음악학교예요. 이 밖에도 여러 고등학교와 대학교에서 음악을 배웁니다. 음악대학에 들어가는 것은 쉬울 것 같지만 경쟁률이 아주 높아요. 연주가들은 해외 유학도 많이 다녀오지요.

콩쿠르에서 훌륭한 성적을 거둔 사람도 많아요. 콩쿠르에서 입상했다면 연주 실력을 검증받은 것이에요. 우리나라에서 열리는 콩쿠르 중에는 1961년부터 열린 동아음악 콩쿠르가 가장 권위가 있어요. 만 17세 이상이면 참가할 수 있고, 각 부문 1위는 병역 혜택까지 받을 수 있는 대회예요. 이 밖에도 1975년부터 시작된 중앙음악콩쿠르와 한국음악협회에서 주최하는 해외 파견음협콩쿠르도 유명해요.

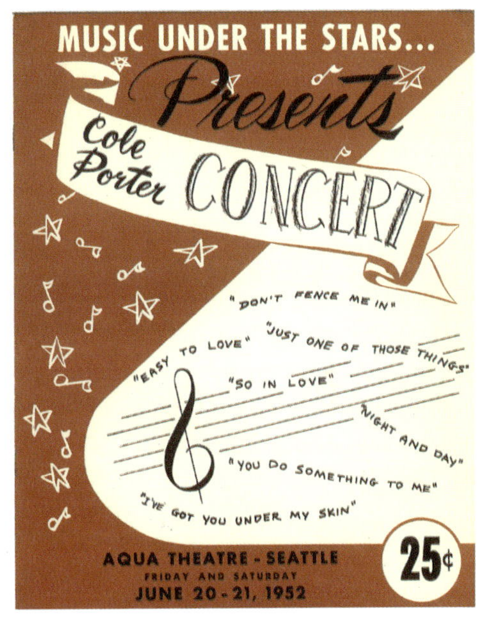

음악회의 팸플릿

한편, 해외에는 권위 있는 콩쿠르가 30개 정도 있어요. 우리나라와는 달리 한 부문, 즉 피아노면 피아노, 바이올린이면 바이올린만 겨루는 콩쿠르가 많아요. 피아노 부문의 쇼팽 콩쿠르와 차이코프스키 콩쿠르, 퀸엘리자베스 콩쿠르를 세계 3대 콩쿠르라고 해요. 이 밖에도 바이올린 부문의 파가니니 콩쿠르, 첼로 부문의 로스트로포비치 콩쿠르가 유명하답니다.

많은 연주가들이 어려서부터 음악을 배우고, 좋은 스승을 만나 실력을 닦고, 각종 콩쿠르에 도전하고, 연주회를 위해 노력하고 있어요. 한 곡을 연주하기 위해 그들이 얼마나 오랫동안 연습을 해왔고, 또 음악가의 길을 걷기 위해 얼마나 눈물겨운 노력을 했을지 생각해 봐요. 그리고 그들의 연주를 공연장에서 직접 느껴 봐요. 분명 하나 하나가 전과는 다르게 보이고, 새롭게 들릴 거예요. 이제 무한한 감동을 안겨주는 클래식 음악의 세계로 여행을 떠나 볼까요?